Heidi Maria & Martin Kuhnle

Schwarzwald Der Süden

Wandern für die Seele

20 Wohlfühlwege

Alle Touren auf einen Blick

AUSZEITEN

WEITBLICKE

GENUSS

ENTSCHLEUNIGUNG

ERFRISCHUNG

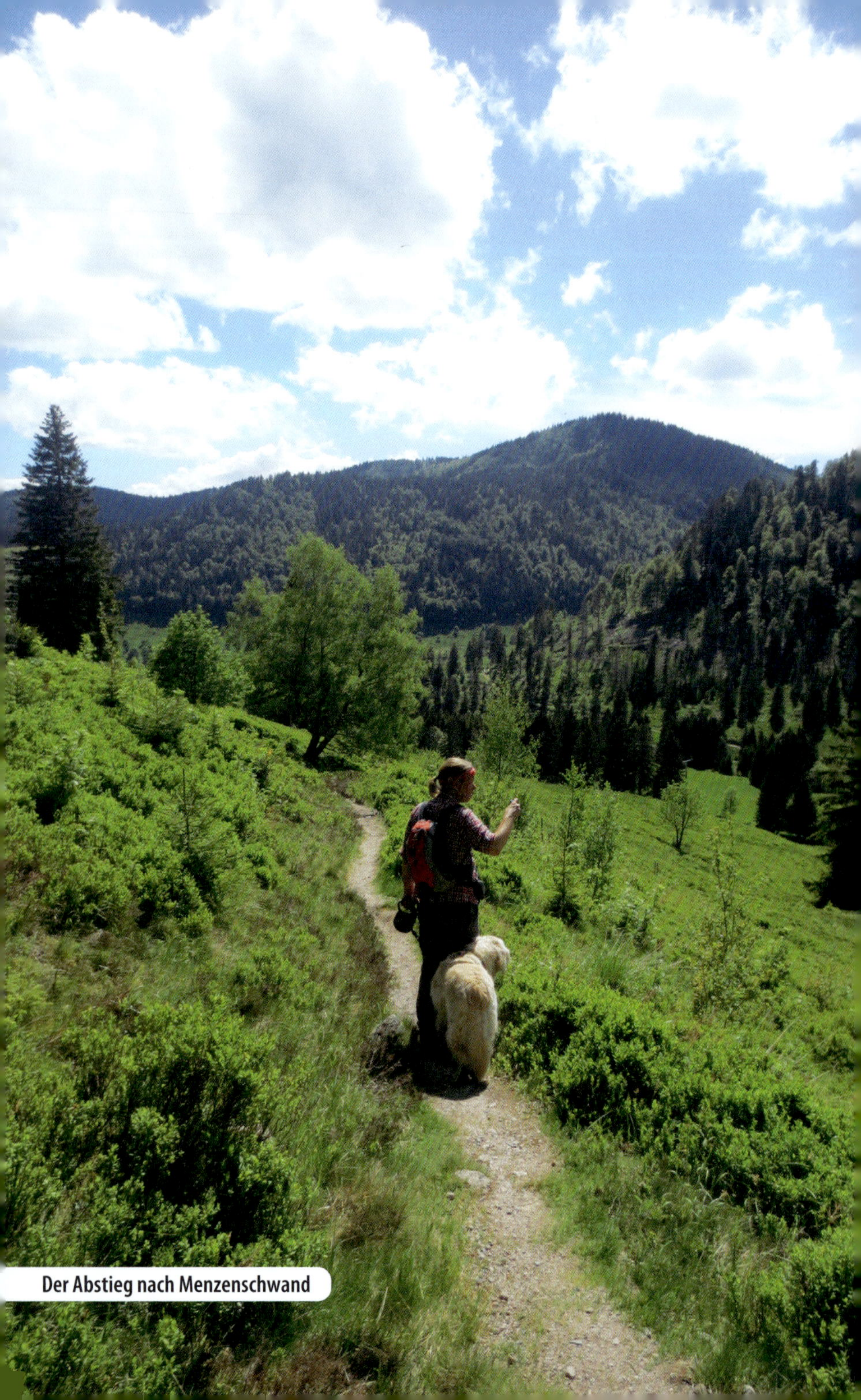

Der Abstieg nach Menzenschwand

Liebe Genusswanderer,

was gibt es Schöneres, als fernab von Stress und Hektik einfach mal den Alltag zu vergessen, Kraft zu tanken, die Seele baumeln zu lassen und Körper, Geist und Seele in Einklang zu bringen? Tauchen Sie ein in die **grandiose Landschaft** des Südschwarzwalds im Südwesten Baden-Württembergs. Seine Berge bieten bei klarer Sicht sogar einen Blick bis zu den schneebedeckten Schweizer Alpengipfeln.

Seelenwandern im Südschwarzwald, das sind einzigartige **Traumtouren** auf Saumpfaden, das ist Waldbaden inmitten einer himmlischen Naturkulisse, das ist Wandern mit allen Sinnen, das ist Heimat. Unsere Wanderungen führen zu den schönsten Plätzen des höchsten deutschen Mittelgebirges. Jede Tour ist wie ein kleiner Urlaub. Windumbrauste Gipfel, grüne Täler, kristallklare Bergseen, ungeahnte Weitblicke und obendrauf noch Hochgenuss für den Gaumen – dies alles und noch viel mehr findet man in dieser populären Urlaubsregion. Lassen Sie sich von ihr faszinieren.

NATUR
KULTUR
GENUSS
TOUR
GPS-Tracks zum Download

Beiläufig möchten wir bemerken, dass wir versucht haben, die schönsten Ziele im südlichen Teil des Schwarzwalds zu berücksichtigen. Allerdings fiel es uns schwer, bei der Größe der Region eine entsprechende Auswahl zu treffen, es gibt noch zahlreiche weitere schöne Touren.

Als Autorenteam sind wir seit vielen Jahren im Schwarzwald unterwegs und haben dort schon unzählige Stunden verbracht. Dieses Wanderbuch ist für uns ein Herzensprojekt. Die ausgewählten Touren entführen Sie zu einzigartigen **Kraftplätzen,** bei denen Sie mit den heilsamen Energien der Natur in Berührung kommen können.

Viel Spaß im Südschwarzwald

Heidi Maria & Martin Kuhnle

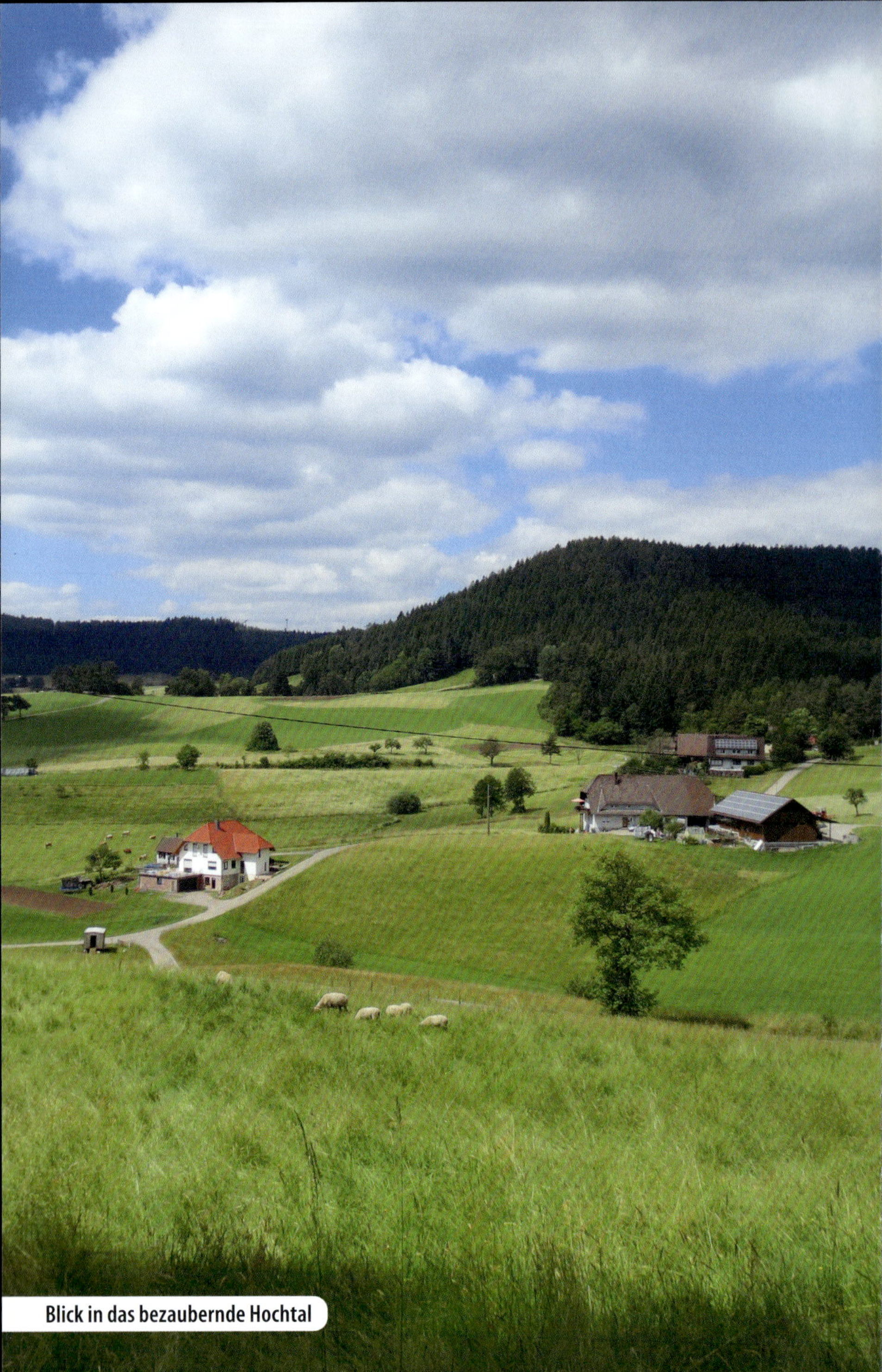

Blick in das bezaubernde Hochtal

Stille Weite

Auf dem Fohrenbühl

Unser heutiges Ziel ist der herrlich gelegene Fohrenbühl. Die kleine Ansiedlung auf der Passhöhe liegt idyllisch eingebettet inmitten einer ursprünglichen Landschaft. Hier können sich Fuchs und Hase noch ungestört gute Nacht sagen.

Auf der Passhöhe des **Fohrenbühls** angelangt, bleiben wir erst einmal stehen und atmen tief die klare Schwarzwaldluft ein. Unmittelbar stellt sich ein Gefühl von Heimkommen ein, so magisch wirkt das Dörfchen auf uns. Dabei ist es schlichtweg egal, von welcher Seite und wie wir angereist sind, ob mit Bus, Motorrad, Fahrrad oder Pkw. Erhaben stehen wir zwischen den beiden Städten Hornberg und Schramberg, nur eben wesentlich weiter in der Höhe. Übrigens verlief hier früher die Grenze zwischen Baden und Württemberg.

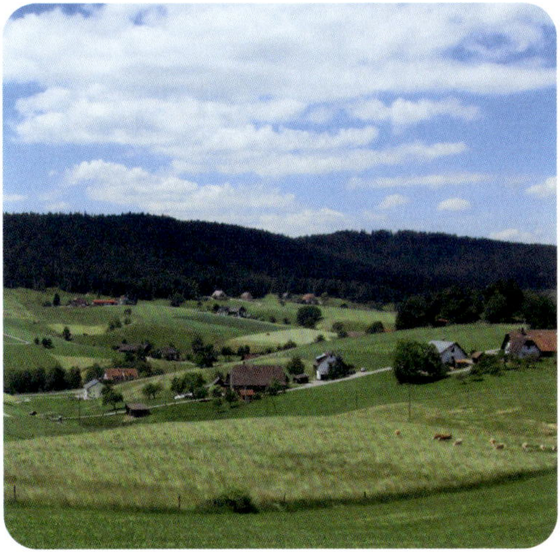

Kilometer: 12,1
Höhenmeter: 440
Stunden: 4
RUNDWEG

Auf der Passhöhe des Fohrenbühls (786 m) orientieren wir uns kurz, und gleich fällt der Blick auf die Wanderwegmarkierung des **Mittelwegs.** Diese ist in Form einer roten Raute mit einem mittig weißen Strich auf weißem Grund gekennzeichnet. Der Mittelweg, der Pforzheim mit Waldshut verbindet, leitet als Fernwanderweg mitten durch den Schwarzwald, daher auch sein Name. Inspiriert von der schönen Natur folgen wir dem Weg in Richtung Nordosten und steigen auf einem wurzelüberwucherten Waldboden hinauf zum Gedächtnishaus Fohrenbühl. Beim genauen Hinsehen erkennen wir am Boden viele kleine Walderdbeeren. Die Stille des Waldes ist ein guter Ausgleich für unsere stressgeplagten Gemüter. Am **Gedächtnishaus Fohrenbühl** angelangt, befinden wir uns auf der Anhöhe des **Mooswaldkopfes.** Im Gasthof Der Turm kann man einkehren, doch da wir uns auf einem Rundkurs befinden, beschließen wir kurzerhand hier auf dem Rückweg zu rasten und dann auch den Turm zu besichtigen. Wir sind schon gespannt, denn es heißt, dass man an klaren Tagen eine Fernsicht teilweise bis zu den Alpen haben soll!

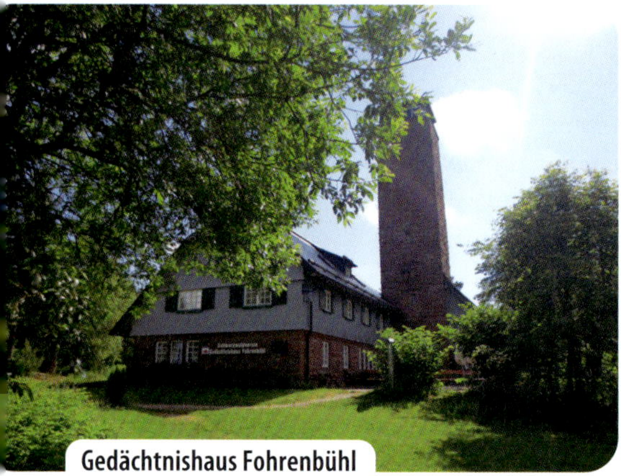

Gedächtnishaus Fohrenbühl

*Wem die Bauweise des **Kapfhäusle** gefallen hat und wer noch mehr bezaubernde Fachwerkhäuser sehen möchte, dem sei nach dieser Wanderung ein Besuch des Städtchens Schiltach ausdrücklich empfohlen.*

Voller Vorfreude wenden wir uns links dem Teerweg zu und biegen nach 200 Metern rechts zu dem abzweigenden Waldpfad ab. Der Boden unter unseren griffigen Wanderschuhen fühlt sich weich an. Das liegt daran, dass wir auf sandigem Waldboden wandern. Im leichten Gefälle geht es hinab zum **Kohlplatz,** der auf 830 Metern Höhe ist. Dort folgen wir einem Hohlweg rechts abwärts, genau so lange, bis wir eine Wiesenfläche vor uns entdecken. Vor der Wiese wandern wir nach links und erfreuen uns unterhalb des Waldrands an dem weitläufigen Blick ins Sulzbachtal – ein wahrer Sehnsuchtsort mitten im Herzen der Natur. Wir wandern beflügelt weiter. Mit jedem neuen Schritt bietet sich auch ein neuer Blick, der bei klarer Sicht bis zur 50 Kilometer entfernten Schwäbischen Alb reichen kann. Ohne nennenswerte Anstrengung erreichen wir das hübsch anzuschauende ❶ **Kapfhäusle** mit seinem hölzernen Fachwerk und dem Reetdach.

Für die Seele

Die Einblicke in das Landleben lassen uns abschalten und den hektischen Alltag für ein paar Stunden vergessen.

Die Lauterbacher Hochtalrunde folgt jetzt weiter dem Mittelweg sowie dem **Kinzig-Neckar-Weg** hinab in den Talgrund. Achtung, wer mit einer veralteten Landkarte unterwegs ist, sollte wissen: Der Mittelweg nahm hier vor Jahren noch einen anderen Verlauf! Im Talgrund leitet ein Holzbohlenweg über die Feuchtwiese zu einer Fahrstraße und der Ortschaft **Rotwasser** (732 m). Nur um keine Verwirrung zu stiften – hier beim Parkplatz ist eigentlich der offizielle Startpunkt der Lauter-

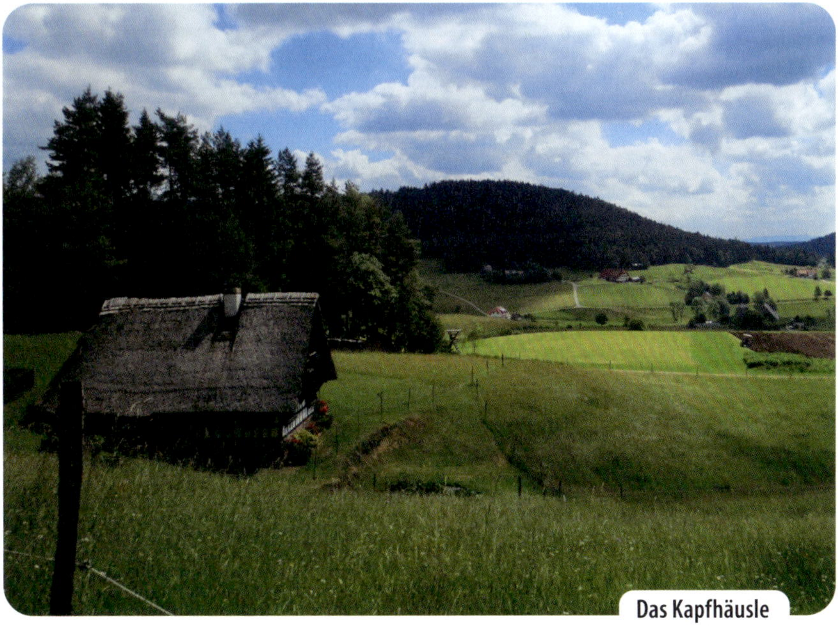

Das Kapfhäusle

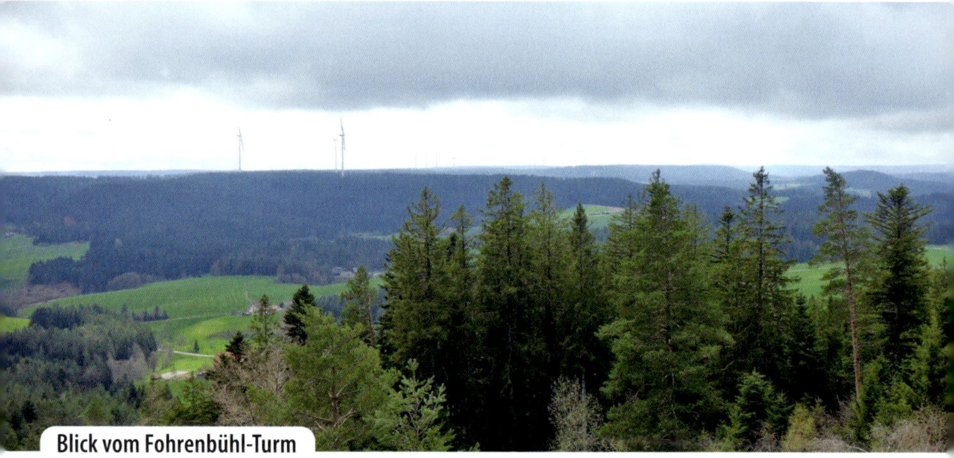
Blick vom Fohrenbühl-Turm

bacher Hochtalrunde. Da wir aber die Schlusseinkehr in Fohrenbühl geplant haben, startet unsere Tour dort.

Wir halten uns jetzt links und schreiten neben dem Feldrand in Richtung Nordosten weiter. Inmitten ländlicher Idylle erreichen wir den **Wegepunkt Hasen** und wandern von dort halb rechts, dem kleinen Waldstück entgegen. Danach schreiten wir entlang einer zart duftenden Heuwiese. Mit dem Bilderbuchblick in das Sulzbachtal wandern wir gleich doppelt so entspannt und erfahren hier oben die unendlich scheinende Weite dieses Hochtals. Es dauert nicht lange, dann folgen wir der Markierung auf einem angenehm weichen Waldweg. Blaubeerbüsche säumen dort den Wegrand und laden uns im Sommer immer wieder zum Naschen ein. An einer steinernen Sitzgruppe können wir uns in einem Wandergästebuch verewigen. Bald darauf gelangen wir zu dem überaus verträumt wirkenden **2 Weiler Kienbronn.**

Vor einem kleinen Weiher biegen wir nach rechts ab und wandern umgeben von saftig grünen Weideflächen in einer lang gezogenen Linkskurve zu dem **Wegetreff Bruckdobel.** Hier biegen wir rechts ab und gehen in Richtung Südwesten, den Häusern von Sulzbach entgegen. Weiter geradeaus führt unser Weg, den nächsten Rechtsabzweig beim Finsterbachhof lassen wir unberücksichtigt. Bei der Bushaltestelle überqueren wir umsichtig die **Kreisstraße K 5528** und halten anschließend die Richtung bei. Im weiteren Wegverlauf passieren wir den reizvollen ❸ **Bruckhof,** eine gute Adresse für stressgeplagte Menschen. Hier kann man sich eine Auszeit gönnen oder auch im Einklang mit der Natur einen längeren Urlaub verbringen.

Nach diesem kurzen Abstecher geht's weiter über freies Gelände dem **Mooserhof** entgegen. Im Hochreutewald biegen wir mit der Lauterbacher Hochtalrunde nach rechts ab und wandern zum **Wegweiser Welschdorf.** Hier gehen wir kurz rechts und gleich wieder links und folgen der Pfadspur aus dem Wald. Entlang des Hochtals geht's weiter, so schön kann Landlust sein. Wir gelangen zu den Anwesen **Welschdorf** und **Spittel,** biegen danach zweimal links ab und steigen im Forst hinauf zum 800 Meter entfernten Wegtreff **Am Mooswaldkopf.** Rechts gehen wir hinauf zum Gedächtnishaus Fohrenbühl, wo es lohnt, einzukehren. Das ❹ **Gasthaus Der Turm** wurde bereits 1905 vom Schwarz-

Weiher in Kienbronn

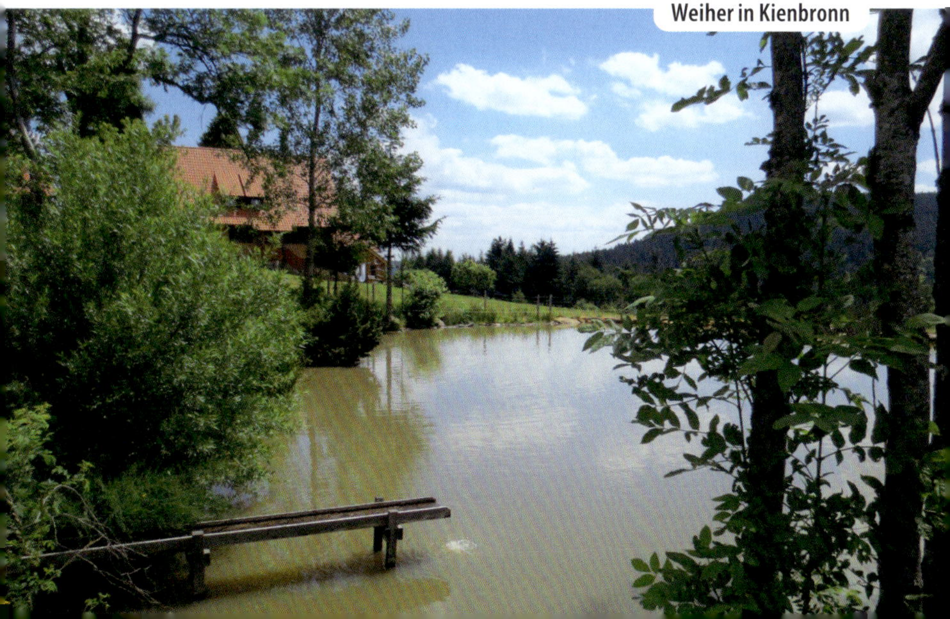

waldverein erbaut. Nach einer herzhaften Stärkung können wir den Aufstieg zum **Aussichtsturm** mühelos bewältigen. Falls die Sicht zu trüb sein sollte und der Fernblick nicht bis zu den Alpen reicht, ist das nicht weiter schlimm, denn auch der Blick über die grünen Hügel des Schwarzwaldes hat seinen ganz besonderen Reiz. Vor allem aber sieht es gigantisch schön aus, wenn sich, je nach Licht und Stimmung, die bewaldeten Kuppen und Hügel wie Meereswellen hintereinander aufreihen. Wir haben Glück, denn vom Turm bietet sich heute ein großartiger Blick in die Ferne. So schauen wir nach Süden, wo sich zahlreiche Schwarzwaldhöhen gleichmäßig ausbreiten. In Richtung Südosten erblicken wir die Baaralb, den Lupfen und den Spaichinger Taleinschnitt mit dem lang gestreckten Dreifaltigkeitsberg. Stolz ragt dort das Kloster auf dem Pilgerberg auf. Im weiteren Verlauf erkennen wir die Felsen des Klippenecks, die im Sonnenlicht glitzern. Weiter links ragen markant der Kegel mit der Burg Hohenzollern und der breite Dreifürstenstein auf. Das Bild in Richtung Norden ist auch phänomenal: Wir schauen zu den Bergen des Mittelschwarzwalds rund ums Kinzigtal und erkennen am fernen Horizont die

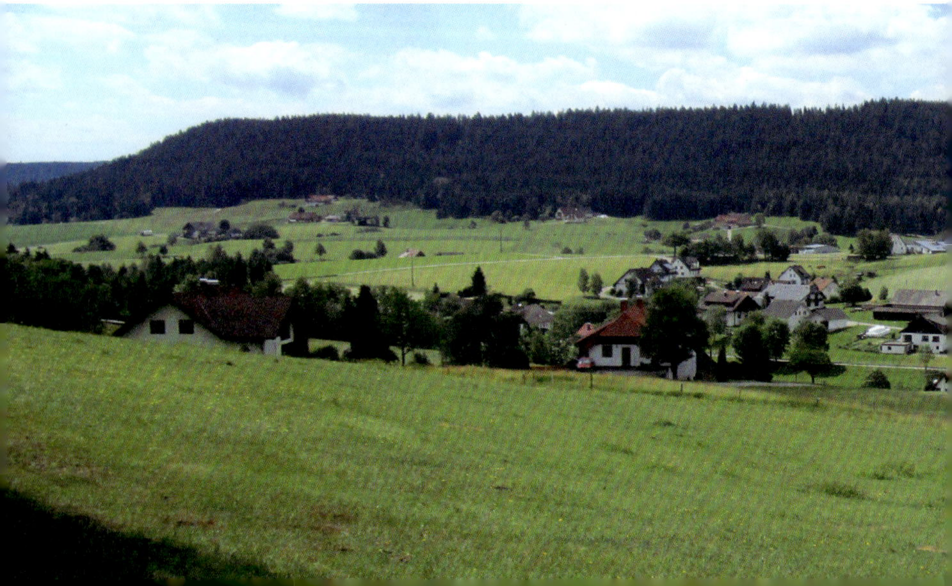

tiefen Wälder des Nationalparks Schwarzwald. Auch den Brandenkopf, den Rohrhardsberg sowie den Kandel gilt es zu entdecken. Ganz im fernen Südwesten ragt das Feldbergmassiv auf.

Fasziniert von den tollen Ausblicken steigen wir gemächlich wieder hinunter und machen uns langsam auf den Rückweg. Voller Wehmut, dass sich die heutige Wanderung bereits ihrem Ende zuneigt, schreiten wir auf bekanntem Weg hinab zur Passhöhe des Fohrenbühls. Zielsicher weist uns die Raute des **Mittelwegs** dorthin zurück. Wenn wir Glück haben, können wir im dichten Tannenwald noch ein Eichhörnchen entdecken! Warum? Vielleicht ist das Schwarzwaldmärchen „Das kalte Herz“ von Wilhelm Hauff bekannt. Hier hat der arme Kohlenmunk Peter beim Glasmännchen einen Wunsch frei. Dieses zeigt sich allerdings nur Sonntagskindern, ansonsten ist es als Eichhörnchen „Schatzhauser“ im Wald unterwegs.

Als Sonntagskind kannst du das Glasmännchen anrufen, vielleicht erfüllt es dir ja auch einen Wunsch. Aber Obacht, bedenke gut, was du dir wünschst, es könnte in Erfüllung gehen … So ruft man als Sonntagskind nach dem Glasmännchen:

*Aufgrund seiner wunderschönen Fachwerkarchitektur ist **Schiltach** besonders sehenswert. Kein Wunder, dass die Kleinstadt schon häufig Drehort für Filmproduktionen war. Selbst die Familie Brinkmann war bei Dreharbeiten der legendären TV-Arztserie „Schwarzwaldklinik“ immer mal wieder hier zu Gast.*

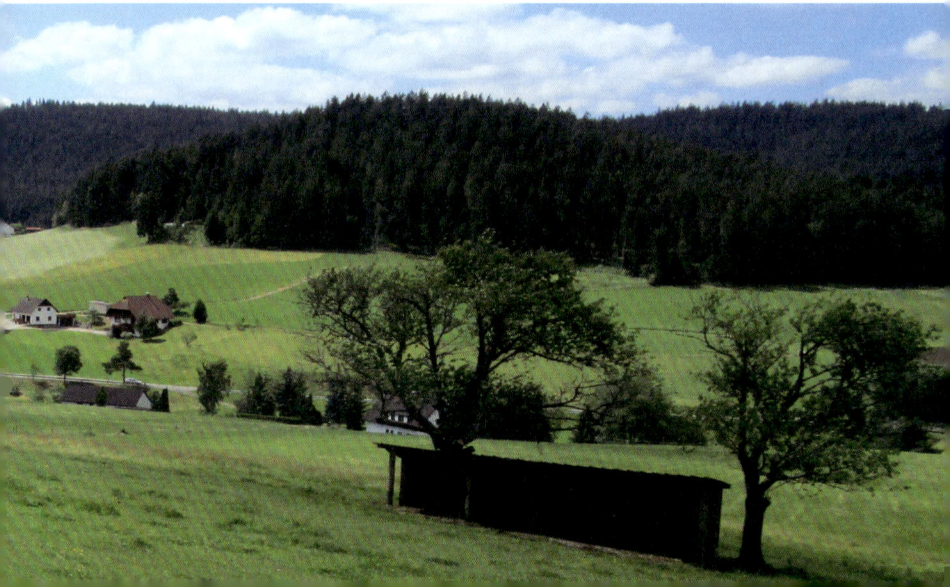

Schatzhauser im grünen Tannenwald,
bist schon viel hundert Jahre alt.
Dir gehört all Land, wo Tannen stehn,
lässt dich nur Sonntagskindern sehn.

*Auf dem **Fohrenbühl** verlief bis April 1952 die Grenze zwischen Baden und Württemberg.*

In Fohrenbühl angekommen, entscheiden wir kurzerhand nochmals einzukehren, um den Tag gebührend zu beschließen. Die Wahl fällt schwer, da es in dem schnuckligen Ort gleich drei Gastronomiebetriebe gibt: den ❺ **Gasthof Adler,** das ❻ **Landhaus Lauble** und den ❼ **Landgasthof Schwanen.** Wir lassen unser Bauchgefühl entscheiden, warten zufrieden auf unsere Käsespätzle und lassen den herrlichen Tag noch einmal Revue passieren. Heute haben wir im wahrsten Sinne des Wortes unser Wanderglück gefunden.

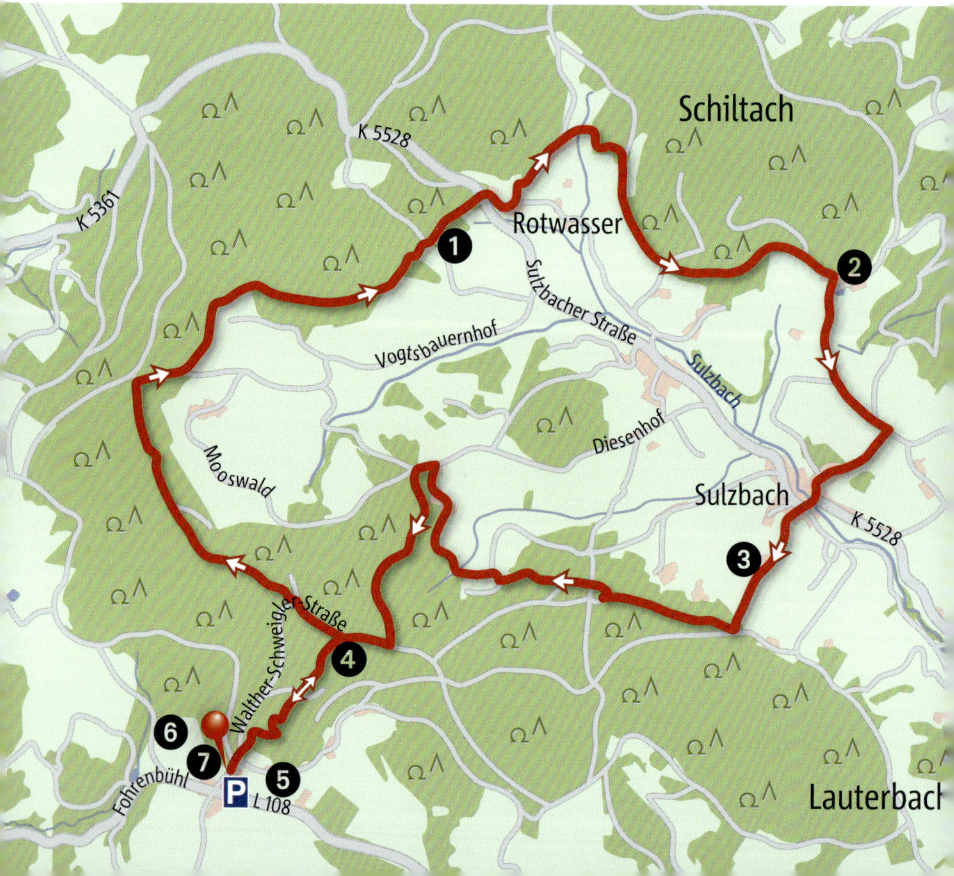

ALLES AUF EINEN BLICK

Entspannung

Abenteuer

Vielfalt

WIE & WANN

Wunderschöner Wanderweg; beste Wanderzeit von April bis Oktober

HIN & WEG

Auto: Passhöhe Fohrenbühl zwischen Schramberg und Hornberg; Wanderparkplatz am Wald, 78730 Lauterbach (GPS: 48.236191, 8.295069)

ÖPNV: Busverbindung zwischen Schramberg und Hornberg

ESSEN & ENTSPANNEN

4 **Gedächtnishaus Fohrenbühl,** auch **Gasthof Der Turm** genannt, Fohrenbühl 12, 78730 Lauterbach, Tel. (0 74 22) 44 61, www.fohrenbuehl-schwarzwald.de und www.der-turm-fohrenbuehl.de

5 **Gasthof Adler,** Fohrenbühl 1, 78730 Lauterbach, Tel. (0 74 22) 9 53 80, www.adler-fohrenbuehl.de

6 **Landhaus Lauble,** Fohrenbühl 65, 78132 Hornberg/Schwarzwald, Tel. (0 78 33) 9 36 60, www.landhaus-lauble.de

7 **Landgasthof Schwanen,** Fohrenbühl 66, 78132 Hornberg/Schwarzwald, Tel. (0 78 33) 93 57 90, www.landgasthof-schwanen.de

ENTDECKEN & ERLEBEN

1 **Kapfhäusle**

2 **Weiler Kienbronn**

3 **Bruckhof**

4 **Aussichtsturm des Gasthofs Der Turm**

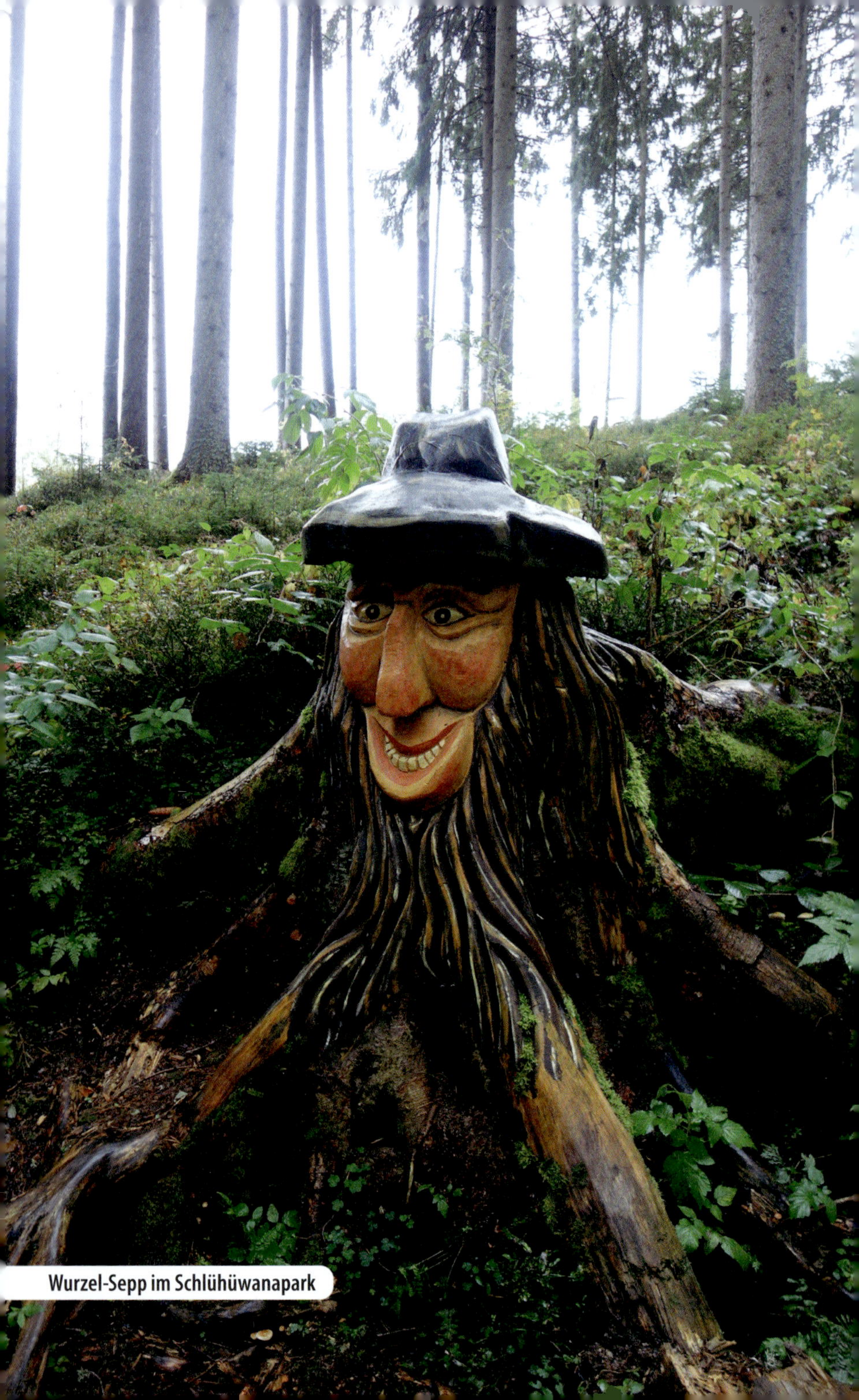

Wurzel-Sepp im Schlühüwanapark

Wie im Märchen

Am Schlüchtsee im Rothauser Land

Die heutige Tour verspricht uns gleich mehrere Höhepunkte: die „Staatsbrauerei Rothaus", den geheimnisvoll gelegenen Schlüchtsee sowie das Hüsli, das ehemalige Wohnhaus der Brinkmanns aus der legendären 1980er-Jahre-Kultserie „Die Schwarzwaldklinik". Vom **Parkplatz der Badischen Staatsbrauerei Rothaus** schreiten wir hinab zum Kreisverkehr und überqueren dort die zum Schluchsee führende Straße. Auf einer stolzen Höhe von 965 Meter folgen wir dem breiten Fußweg direkt neben der Straße nach Grafenhausen in südliche Richtung. Bald schon gehen wir an einer Bushaltestelle vorbei, überqueren kurz danach den Fürstabt-Gerbert-Weg und erreichen so das **Haus Alpenblick von Brünlisbach.**

Weiter führt unsere Tour beständig in südliche Richtung, und wir bemerken bald schon, dass das

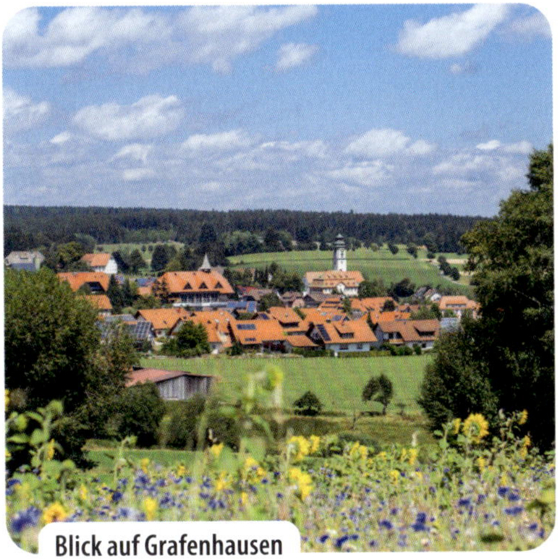

Blick auf Grafenhausen

Kilometer: 5,8

Höhenmeter: 95

Stunden: 2

RUNDWEG

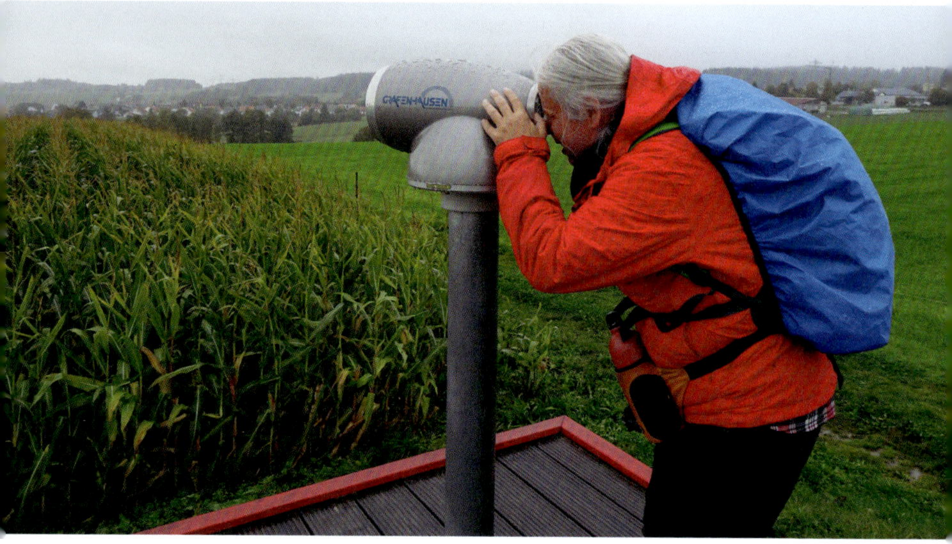

Haus Alpenblick seinen klangvollen Namen nicht umsonst trägt, denn kurz darauf blicken wir, gutes Wetter vorausgesetzt, zu den Alpen. Die Wanderschilder weisen jetzt nach Grafenhausen, und wir folgen schnurgerade dem breiten, beinahe ebenen Wanderweg. Nach rechts schauend fällt unser Blick zu den Schluchsee-Bergen und -Hügeln im Rothauser Land – welch eine Augenweide. Fast eben gehen wir an einer Ferienanlage vorbei und lassen danach die schräg von rechts kommende Straße unberücksichtigt. Halb links vor uns erkennen wir nun die weiß getünchte Grafenhausener Kirche stolz aufragen. Von hier aus wirkt der gemütliche Ort fast wie eine Einöde. Wir gehen gut 300 Meter weiter geradeaus, bis wir rechts auf ein Industriegebiet treffen, biegen dann allerdings dort noch vor der ins Gewerbegebiet führenden Straße nach links über die Landstraße zu einem Feldweg ab. Entspannt führt unser Weg an einem Marienbildstock sowie einem Denkmal vorbei, bis wir direkt auf das aufwendig gestaltete **1 Viscope** treffen. Das spezielle Fernrohr steht auf einer großen Holzplattform und zeigt beim Durchblick sogar die Namen der Alpengipfel an. Gigantisch, welch ein grandioses Panorama-Spektakel. Links blicken wir zu dem Hegau-Vulkanhügel Hohenhewen und dem Schweizer Randen bei Schaffhausen am Rheinfall. Rechts daneben erkennen wir das Lechquellengebirge mit der Braunarlspitze (2649 m) und der Roten Wand (2704 m), die Appenzeller Alpen, das Rätikon, die Glarner Alpen in der Zentralschweiz mit dem markanten Tödi (2614 m) und dem Titlis (3283 m) sowie die Berner Alpen mit dem bekannten Jungfraujoch (3466 m).

Für die Seele

Der von Nostalgie umwehte Schlüchtsee versetzt uns in eine Zeit, als die Welt noch ein bisschen entspannter schien.

Fasziniert von dem Bauwerk sowie dem gigantischen Alpenpanorama nehmen wir uns eine kleine Auszeit, um alle Eindrücke in uns aufzusaugen. Voller Euphorie steigen wir dann von der hölzernen Plattform herab und behalten noch für weitere 100 Meter die Richtung bei, bis wir dann den **Wegweiser Krumsteig** erreichen. Hier biegen wir noch vor dem Ackerland nach links zum Schlüchtseeweg ab. Die gel-

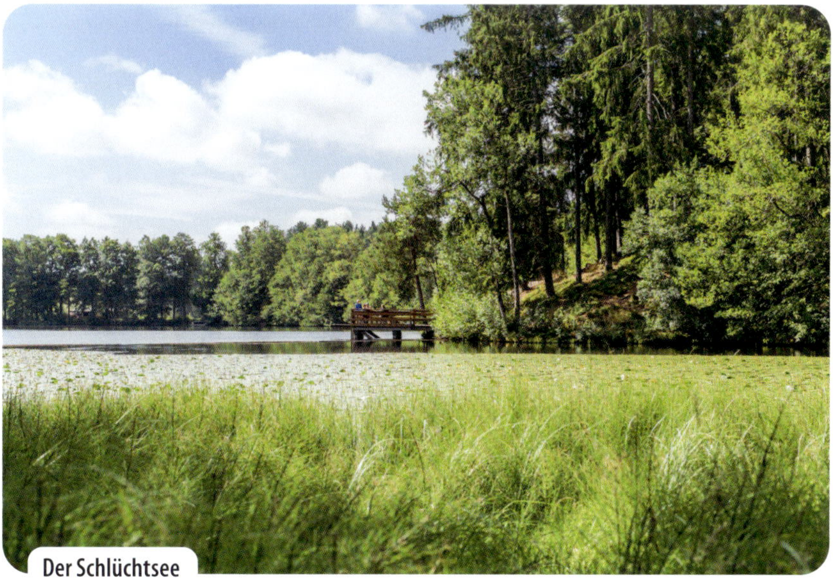

Der Schlüchtsee

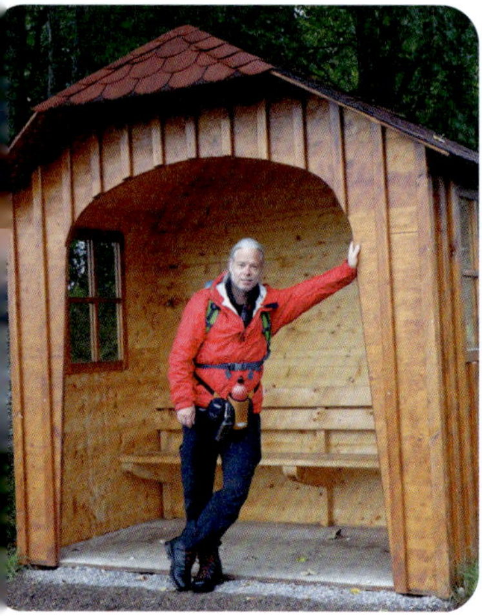

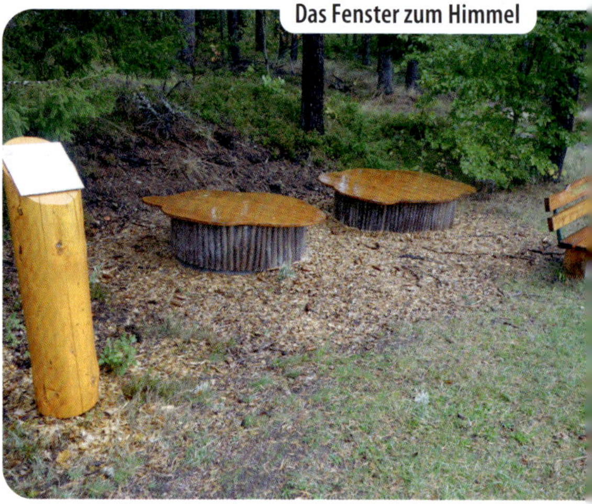

Das Fenster zum Himmel

be Raute weist uns zielsicher den Weg. Vor einem kleinen Wäldchen wandern wir an einem hölzernen Unterstand vorbei, unterqueren eine Stromleitung und biegen kurz danach rechts ab. In der Mulde zur rechten Seite erkennen wir hinter der weitläufigen Weidefläche den hübsch gelegenen Schlüchtseehof. Nun führt uns unser Weg im leichten Abstieg dem Nadelwald entgegen. Dort finden wir am Waldrand eine hölzerne Picknickinsel mit Sitzmöglichkeiten sowie **„Das Fenster zum Himmel“.** Wir legen uns entspannt auf die Holzliegefläche und schauen nach oben. Wir hören hinein in die Stille und fokussieren die Wolken, die Baumwipfel oder schauen zu den Vögeln hinauf. Wir lassen unseren Gedanken nun freien Lauf und können vollkommen entspannen.

Nach diesem besonderen Erlebnis wandern wir leichten Fußes weiter und wenden uns zum querenden Weg nach rechts. Weitere 2 Minuten später biegen wir dann nach links zum Natur- und Baumpfad ab. Der Baumlehrpfad mit zahlreichen Schildern ist nicht nur ein Highlight für Botaniker, sondern bietet auch Laien interessante Infos zu den Bäumen, die hier natürlich wachsen oder extra angepflanzt wurden. Kurz darauf erreichen wir das Ufer des ❷ **Schlüchtsees.** Wie ein verwunschener See aus dem Märchen liegt er vor uns – ein grandioses Fotomotiv. Unser Traumpfad führt uns weiter entlang des Ufers durch den Wald. Besonders attraktiv ist die aus Holz erbaute Plattform, die über 13 Stufen erreichbar ist. Dort genießen wir für ein paar Augenblicke das süße Nichtstun. Inmitten des grünen Waldes liegt der See beinahe paradiesisch vor uns. Beim Seezufluss **Tiefmatt** gehen wir rechts und wandern durch eine breite Lichtung hinein in das Naturschutzgebiet. Das sanfte Plätschern eines wilden Baches begleitet uns auf dem Weg zum **Glasbühl,** wo wir plötzlich ein Schild entdecken: „Biergarten mit Seeblick in 100 Metern rechts". Einen 24-Stunden-Getränke-und-Snack-Automaten soll es da ebenfalls geben …

Natürlich gehen wir nach rechts und sind jetzt mächtig gespannt auf das, was uns wohl erwarten wird. Rechts des Seeufers finden wir ein stabiles Holzgeländer, und links im Wald wird es felsiger. Dann erkennen wir im See gegenüberliegend die Holzplattform, auf der wir vorhin gestanden haben. Kurz darauf taucht ein nostalgisches Umkleidehäuschen mit direk-

*Im Hochsommer ist das **Strandbad am Schlüchtsee** ein kleiner Geheimtipp. Die kühlende Erfrischung im klaren Bergquellwasser ist garantiert.*

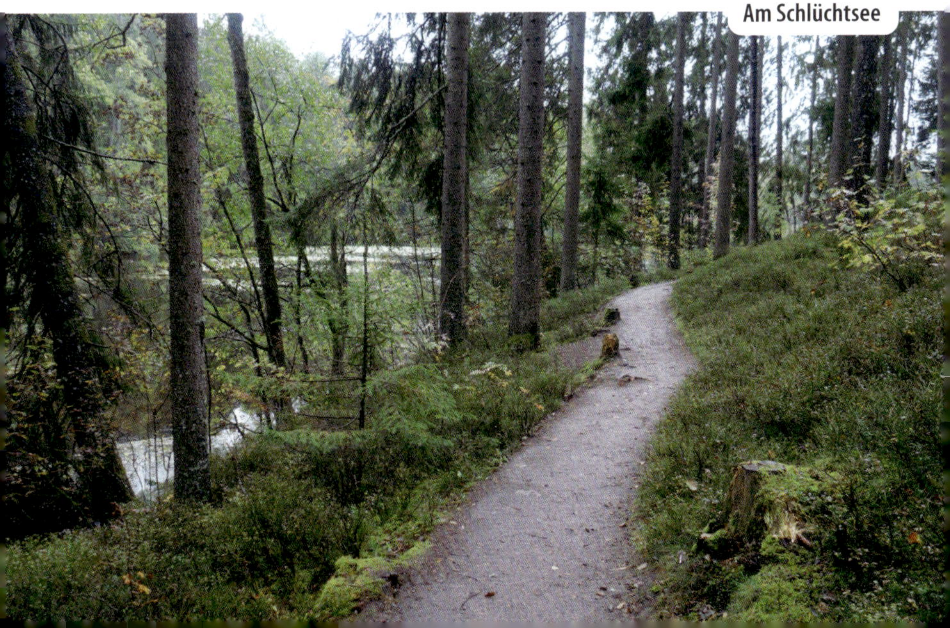
Am Schlüchtsee

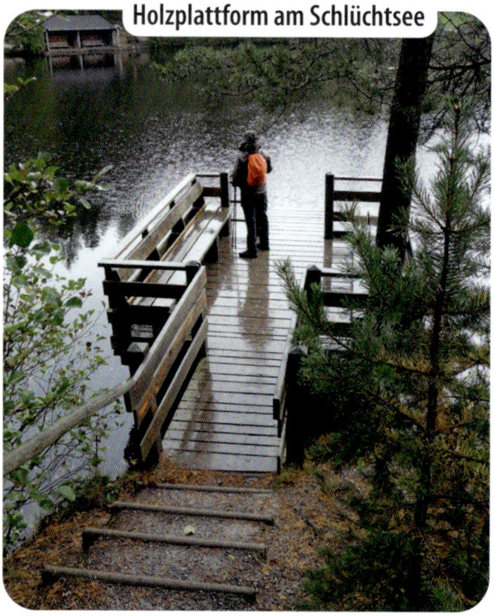

Holzplattform am Schlüchtsee

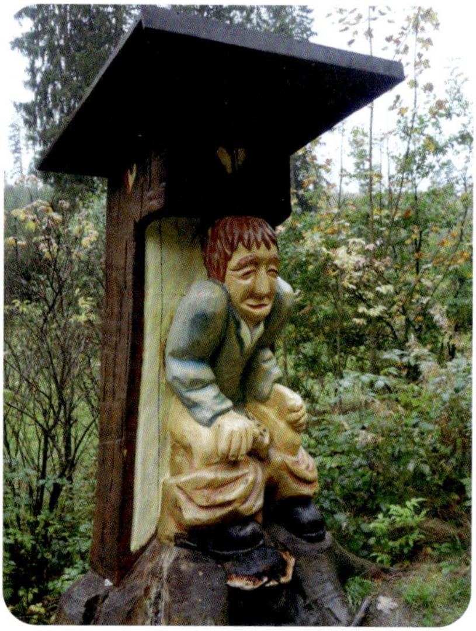

tem Seezugang auf. Zwar sind wir bereits längst schon die zuvor angegebenen 100 Meter gegangen, aber es ist immer noch kein Biergarten in Sicht. Als wir uns suchend umblicken, entdecken wir noch ein zweites Schild – jetzt sollen es nur noch 20 Meter sein. Also schreiten wir halb links hinauf und finden tatsächlich inmitten der grünen Oase ein Holzhaus mit **3 Sommerkiosk** und einen Getränke- und Süßigkeitenautomaten zur Selbstbedienung. Wahrlich eine tolle Idee. Respekt! Bewusst machen wir hier eine kleine Rast und genießen die Ruhe.

Entspannt wandern wir zurück zum Wegweiser Glasbühl, jedoch nicht, ohne vorher noch kurz rechts zu den Felsen hinaufgeklettert zu sein. Mit der blauen Raute im Blick setzen wir unsere Wanderung auf dem Naturpfad entlang des beschaulichen Wiesentals fort und entdecken jetzt im Wald kunstvoll geschnitzte Figuren. Aufwendig gestaltet und liebevoll bemalt sind sie der absolute Hingucker. Auch ein Insektenhotel ziert den Wegrand. Der Weg entpuppt sich als regelrechter Geheimtipp. Er ist überaus abwechslungsreich, denn alle paar Meter stoßen wir auf ein neues Kunstwerk. Unmerklich geht es bergauf, und bei einer Brücke teilt sich der Weg. Hier haben wir die Qual der Wahl, rechts moderne Skulpturen oder links die kunstvoll geschnitzten. Wir gehen zum „Ort der Stille", schließen kurz die Augen und hören ganz tief in uns hinein. Die Entscheidung ist gefallen: Wir nehmen den linken Weg mit den aufwendigen Schnitzereien. Ohne große Anstrengung steigen wir weiter bergauf, und bald lichtet sich der Wald. Wir kreuzen einen Barfußpfad. Am Ausgang des Figurenparks angekommen, bemerken wir, dass wir wohl im **4 Schlühüwanapark** gewesen sind.

*Der hübsch angelegte **Barfußpfad** im Schlühüwanapark ist auf jeden Fall einen Besuch wert. Schuhe ausziehen – und genießen!*

Von hier aus stehen wir ein zweites Mal vor dem Haus Alpenblick, allerdings direkt gegenüber der Straße. Jetzt führt unser Weg weiter nach rechts. Wir passieren den **Tannenhof,** einen Parkplatz, sowie die Tourist-Information und schreiten halb rechts hinüber zum **5 Hüsli.** Wer möchte, kann das dort beheimatete Museum besuchen, aber auch schon von außen ist der Blick auf das bekannte Schwarzwaldhaus sehenswert. Sofort kommt uns die Melodie der Serie „Die Schwarz-

Hüsli

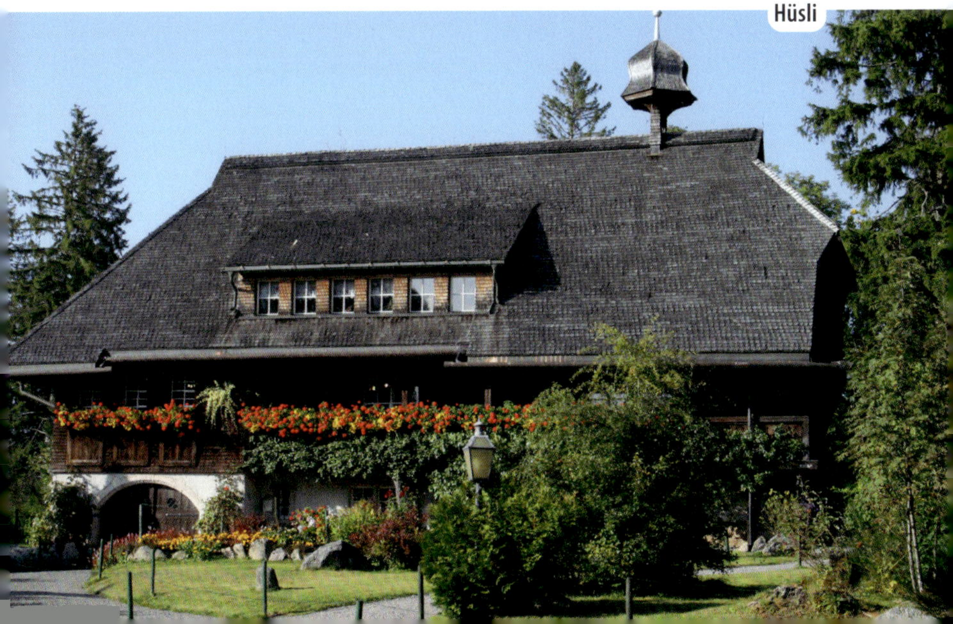

waldklinik" in den Sinn! Dieses Haus war nämlich in der TV-Arztserie die Kulisse zum Wohnhaus der Brinkmanns. Klaus Jürgen Wussow, Gabi Dohm, Sascha Hehn, Barbara Wussow, Evelyn Hamann, Christian Kohlund und viele mehr spielten hier eine große Rolle. Wir folgen jetzt dem schmalen Pfad entlang des Zaunes nach links und gelangen durch das dichte Grün geradewegs wieder zur 6 **Rothaus-Brauerei.** Eine abschließende Brauereibesichtigung mit Einkehr im **Brauereigasthaus Rothaus** sei an dieser Stelle wärmstens empfohlen. Natürlich sollte man auch kurz im Rothaus-Shop vorbeigehen, um sich eine kleine Erinnerung an diesen wunderschönen Wandertag mitzunehmen.

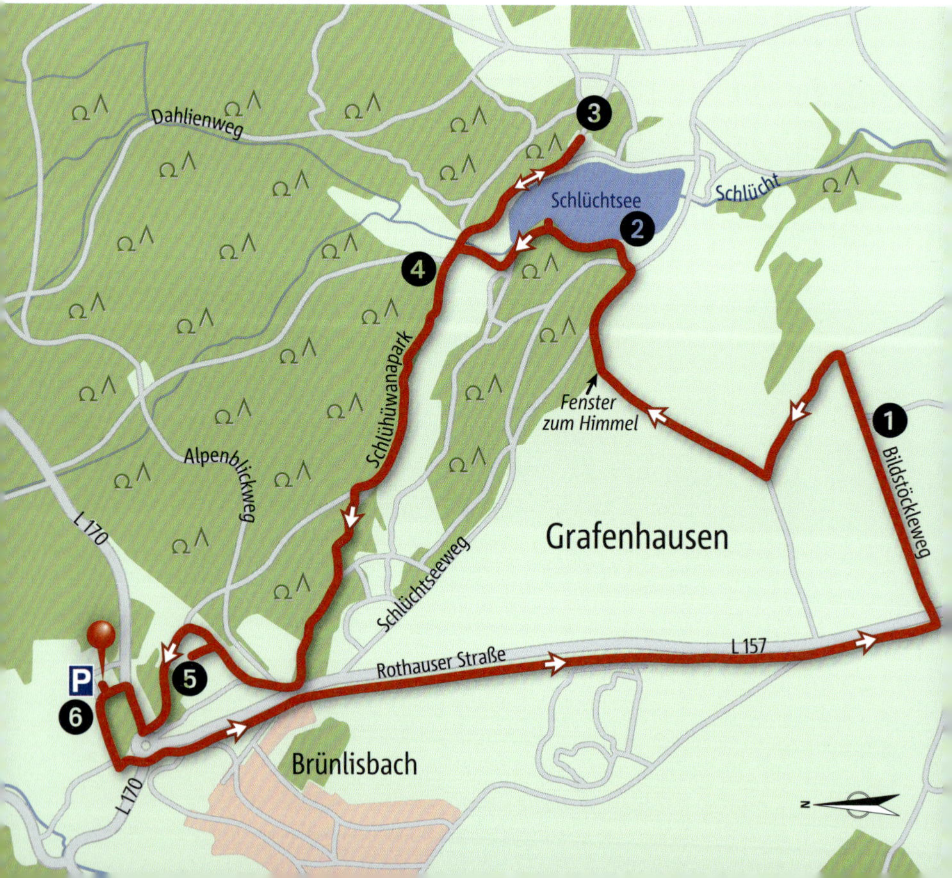

ALLES AUF EINEN BLICK

Entspannung ●●●●●
Abenteuer ●●●●○
Vielfalt ●●●●○

WIE & WANN

Leicht begehbarer Weg, der keine großen wandertechnischen Anforderungen stellt; beste Wanderzeit Mitte April bis Mitte November, solange kein Schnee liegt

HIN & WEG

Auto: Parkplatz an der L 170, 79865 Grafenhausen (GPS: 47.795279, 8.246742)
ÖPNV: Busanschluss bei Rothaus und Bahnanschluss am Schluchsee

ESSEN & ENTSPANNEN

3 **Sommerkiosk am Schlüchtsee, Strandbad-Kiosk** (im Sommer geöffnet), Schlüchtseeweg 1, 79865 Grafenhausen

6 **Brauereigasthaus Rothaus,** Rothaus 2, 79865 Grafenhausen, Tel. (0 77 48) 5 22 96 00, www.rothaus.de

ENTDECKEN & ERLEBEN

1 **Viscope**
2 **Schlüchtse**
3 **Strandbad Schlüchtsee**
4 **Schlühüwanapark**
5 **Hüsli**
6 **Rothaus-Brauerei,** siehe ESSEN & ENTSPANNEN

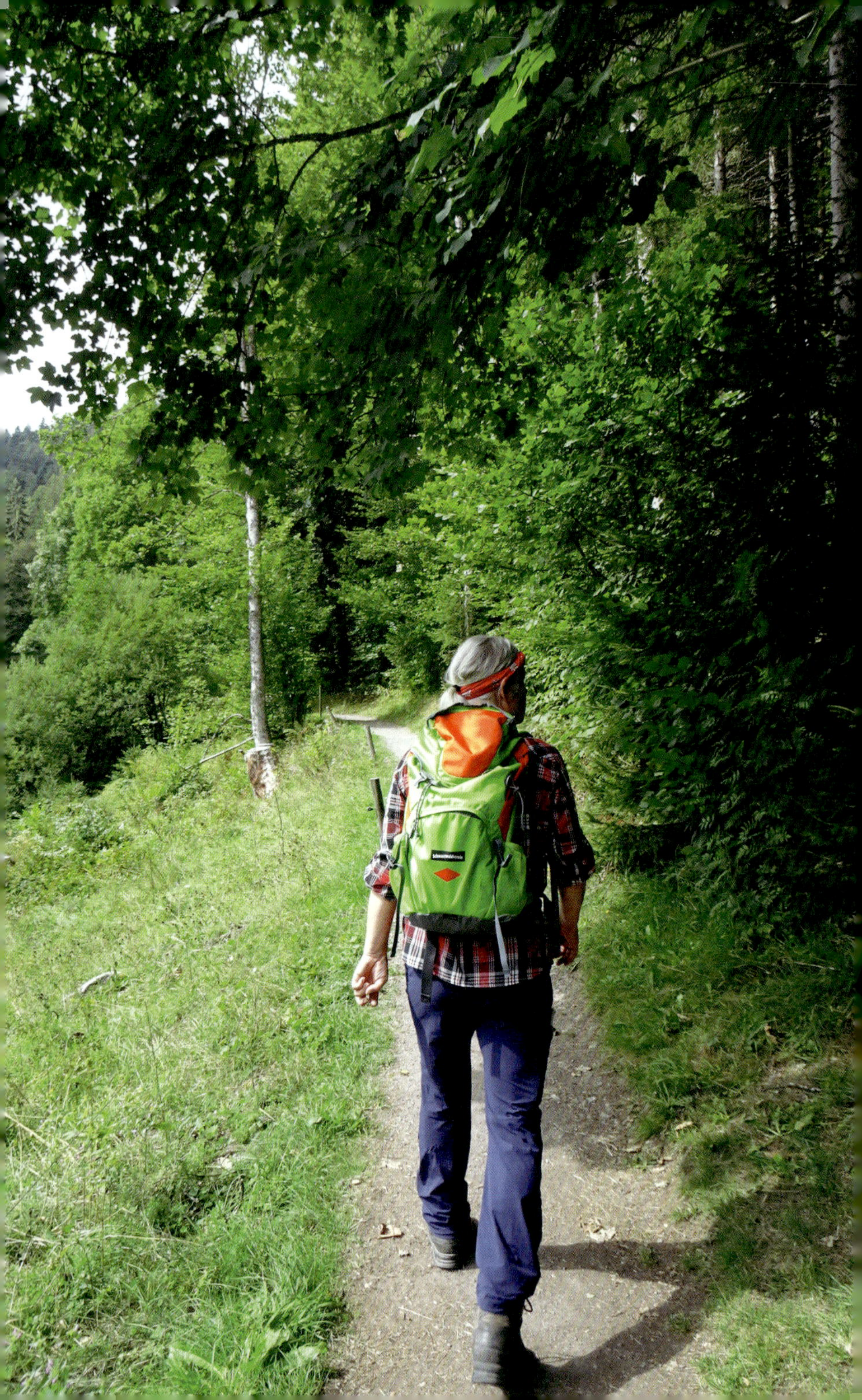

Sagenhafte Spuren

Der Säbelthomaweg

Im Luftkurort Hinterzarten gehen wir hinter dem Kurhaus zum **Portal Säbelthoma** (883 m). Hier beginnt unsere heutige Wanderung auf den Spuren des einstigen Dorfpolizisten Thomas Steiert. Wir laufen auf feinem Schotter in Richtung Südwesten an einem Spielplatz vorbei und setzen auf der Holzbrücke über den lustig plätschernden **Zartenbach.** Vor dem Herchenwäldle biegen wir links ab und schreiten neben dem Bach zum Windeckweg, den wir queren. Im angrenzenden Waldstück biegen wir beim Schwefelmättle nach rechts ab. Nebenan kann man sich auf dem Walderlebnispfad mit einer leichten Kletter- und Balanciereinlage die Zeit vertreiben. Im **Wolfsgrund** biegen wir links ab. Vor uns erkennen wir die markante Adlerskisprungschanze. Nach einem weiteren Spielplatz wenden wir uns halb rechts dem Hugenbergweg zu. Auf einem schottrigen Untergrund steigt unser Waldweg in Richtung der Häuser des kleinen Ortes ❶ **Keßlerberg** 936 Meter an. Hier gehen wir halb links zum **Altoschwilliweg.** Typische Schwarzwaldhäuser säumen nun rechts und links unseren Weg. Beim Hotel Sonnenberg treffen wir auf den **Westweg** und folgen jetzt der roten Raute rechts hinein in den Wald. Der schmale und steinübersäte Pfad steigt mäßig an. Links unten im Tal rauscht immer noch sanft der Zartenbach. Bald erreichen wir einen ❷ **kleinen See** und können uns hier auf einer Tafel an einer Geschichte über den Säbelthoma erfreuen. Wenn sich kurz darauf linksseitig der Wald öffnet, folgen wir weiter dem bekanntesten

Kilometer: 11,9
Höhenmeter: 410
Stunden: 4
RUNDWEG

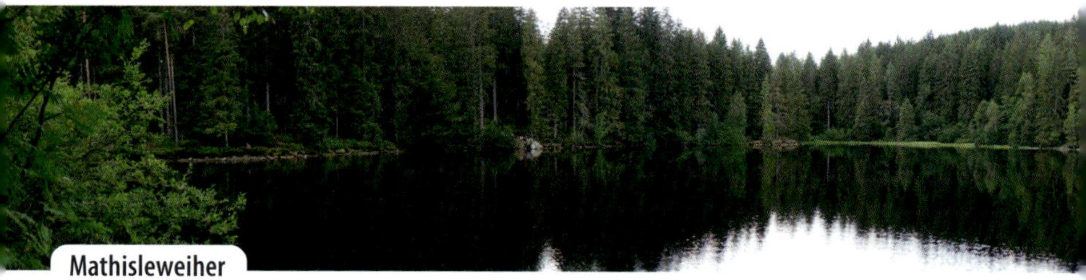

Mathisleweiher

Schwarzwälder Fernwanderweg bis zum **Wegweiser „Am Herrenberg“,** wo wir den Westweg vorerst wieder verlassen. Jetzt biegen wir mit der gelben Raute im Blick nach links ab. In der Senke wandern wir geradeaus weiter. Der breite Weg durchstreift den Wald. Immer wieder halten wir kurz inne und füllen unsere Lungen mit der glasklaren, herrlichen Luft.

Beim querenden Forstweg wenden wir uns nach links. Beide Rechtsabzweige lassen wir unberücksichtigt und steigen den Stuckwaldweg hinauf zum Eckle (999 m). Vor dem Fahrweg biegen wir scharf rechts zum traumhaft schönen Waldpfad ab. Farne, Heidelbeerbüsche und moosgrünbewachsene Steine säumen den Weg. Nach gut 400 Metern stoßen wir auf einen Forstweg und folgen diesem nach rechts. Der Silberbergweg bringt uns nach 300 Metern zum **Wegetreff „Drei Wege“,** hier wandern wir rechts weiter. Hinter einer Schranke gehen wir zu einer Weggabel, laufen dort rechts weiter und erreichen bald den idyllisch gelegenen **3 Mathisleweiher.** Am Seeufer biegen wir links ab und können hier die Geschichte des Rübezahl nachlesen. Rund um den Weiher findet man unzählige schöne Stellen, um zu verweilen und die entspannte Atmosphäre dieses Ortes zu genießen.

Danach passieren wir das Südwestufer des Natursees und halten nach dem Seezufluss die Richtung bei. Im Anstieg kommen wir an der **Altenvogtshütte** vorbei. Mit jedem neuen Schritt können wir den Alltag ein kleines Stückchen hinter uns lassen. Herrlich blüht das Heidekraut. Bei diesem Anblick vergessen wir sogar,

*Lohnenswert ist eine Rast am **Häuslebauernhof** an der Getränkestation (Milchisli). Gegen einen kleinen Obolus kann man hier wassergekühlte Getränke erhalten. Ein paar hölzerne Sitzbänke laden ein zum gemütlichen Verweilen.*

dass unsere Route jetzt steil hinaufführt in Richtung Westweg. Dann verläuft der Weg nur noch leicht bergwärts, bis er in einen Naturweg übergeht. Von hier aus wandern wir durch den Wald und können entspannt unseren Gedanken freien Lauf lassen. Nach einer Schranke öffnet sich der Wald, und wir erreichen den sagenhaft schön gelegenen **4 Häuslebauernhof** mit seiner Selbstbedienungsgetränkestation. Zu unserer linken Seite sehen wir das mächtige Feldbergmassiv aufragen – welch ein Prachtpanorama! Wer Lust hat, läuft vor bis zum Hof. Dort gibt es eine Sonnenuhr, bei der man die genaue Uhrzeit ablesen kann. Ein Bilderbuchidyll vom Feinsten bietet sich uns hier. Auf einer grünen Weide grast Vieh, dann der Bauernhof mit seinem blühenden Garten, oberhalb grüßt der Feldberg zu uns herüber – mehr Heimatgefühl gibt's nur im Film. Wir würden am liebsten noch ewig hier sitzen bleiben, um diesen Anblick in uns aufzusaugen.

Für die Seele

Der altehrwürdige Häuslebauernhof am Fuße des alles überragenden Feldbergs ist ein wahrer Sehnsuchtsort.

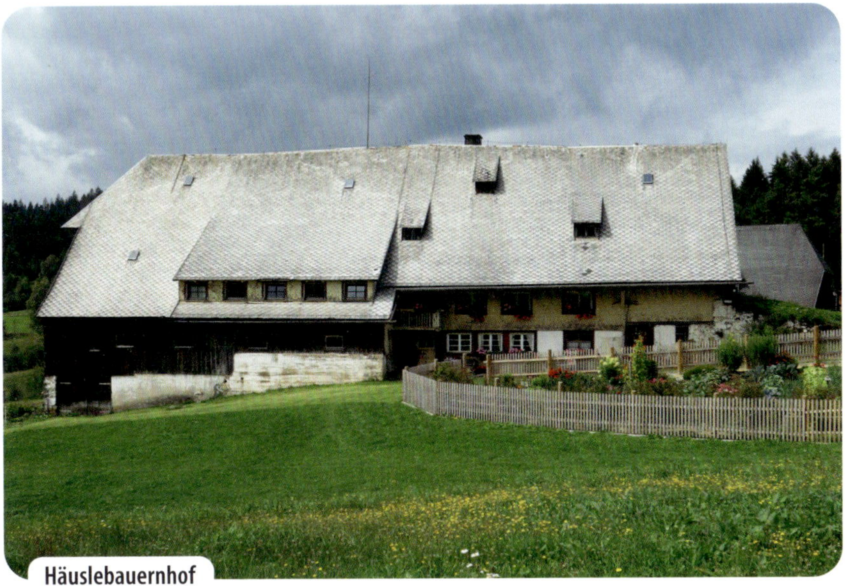

Häuslebauernhof

Als wir uns dann endlich losreißen können, müssen wir etwa 50 Meter zurück zum Wegabzweig wandern. Wir folgen dem Weglein, das uns links hinauf zum Hummelberg führt. Neben einem alten Bauernhaus passieren wir einen Holzbrunnen und wandern bei einer Sitzbank hinein in den Wald. Auf weichem Boden steigen wir bergwärts und biegen am querenden Forstweg nach links ab. Wenig später wandern wir **Am Hummelberg** (1131 m) geradeaus zum unbefestigten Waldweg weiter, hier folgen wir der Genießerpfadmarkierung durch den Wald. Der romantische Pfad führt uns durch einen dichten Nadelwald. Im Anstieg kreuzen wir dann einen Forstweg und wandern zum **Windeckkopf-Sendemast** auf 1182 Metern. Den Funkmast lassen wir schnellstens hinter uns und folgen dem breiten Forstweg in nordwestliche Richtung. Der Windeckkopfweg leitet zum **Stein mit der Tafel „De Deifel“,** hier biegen wir rechts ab und überwinden die vor uns liegende Kuppe. Bereits wenig später erreichen wir den ❺ **Skilift Windeckkopf,** 1186 Meter. Gefesselt von der grandiosen Sicht blicken wir hinab nach Hinterzarten und zur Weißtannenhöhe gegenüber. Weiter rechts erkennen wir den markanten Hochfirst aufragen, auch sein Turm ist deutlich erkennbar. Der Platz

Ausblick nach Hinterzarten vom Windeckkopf

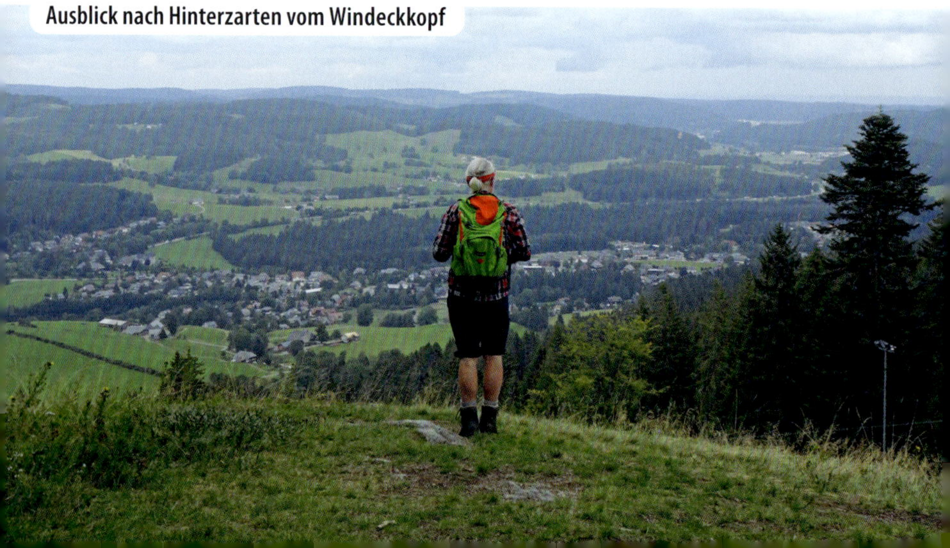

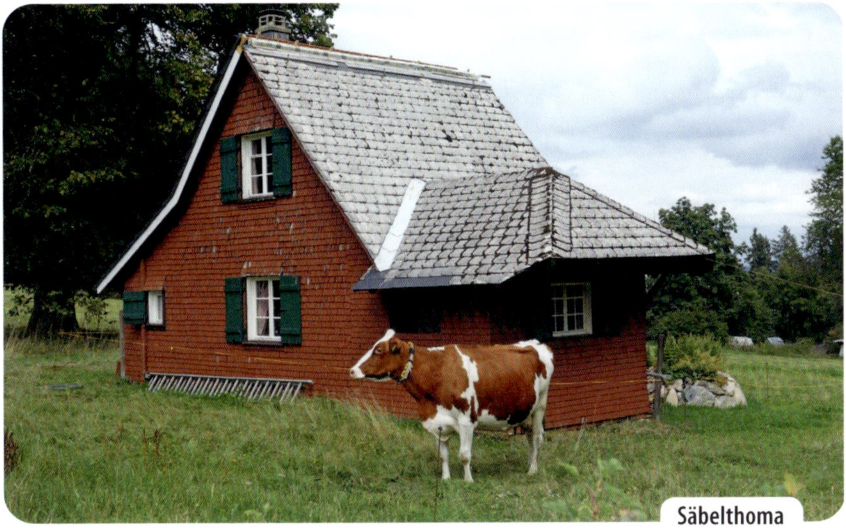

Säbelthoma

ist ideal, um eine kurze Pause einzulegen und das mitgebrachte Rucksackvesper zu genießen.

Als wir uns wieder auf den Weg begeben, unterqueren wir zunächst den Skilift und folgen dann dem Pfad in den Wald hinein. Der schmale Weg bringt uns im Abstieg zurück nach Hinterzarten, rasch verlieren wir wieder an Höhe. Hinter einem Forstweg führt eine breite Waldschneise weiter talwärts. Im Winter ist dies der flutlichtbeleuchtete Abfahrtshang. Dort, wo die Piste nach links schwenkt, führt unser Weg geradeaus in den Wald hinein. Der Wald öffnet sich bald wieder, und wir gehen rechts entlang des Waldrandes zu einem festen Weg. Dieser leitet uns links zum Ospelewaldweg in den beschaulichen Weiler ⑥ **Säbelthoma.** Friedlich weidende Rinder lassen sich hier in dem kleinen Dörfchen beobachten, das gerade einmal aus einer Handvoll Häusern besteht. Am Hugenberg schreiten wir geradewegs in den Wald und verlassen den Fahrweg in seiner Linkskurve. Ein weicher Waldweg führt in den **Herchenwald,** wo wir auf schmalem Pfad einen Hang durchqueren. Noch einmal genießen

*Einst in der Mitte des 19. Jahrhunderts übernahm der Dorfpolizist Thomas Steiert die ehrenwerte Aufgabe, den Dorfleuten die aktuellsten Nachrichten zu verkünden. Da er stets einen Säbel bei sich trug, nannte man ihn den **„Säbelthoma“.***

wir die Stille des Waldes, bevor wir wieder in das touristische Leben des Kurortes Hinterzarten eintauchen. Ohne nennenswerte Anstrengung wandern wir zunächst beständig bergab und können vom **7 Vinzenz-Zahn-Felsen,** 925 Meter, einen schönen Blick auf die Hinterzartener Wallfahrtskirche „Maria in der Zarten“ mit ihrem barocken Kirchturm genießen. Nach dem Felsen gehen wir für wenige Meter retour, dann bringt uns der weitere Abstieg in Serpentinen rasch hinunter in den Talgrund des Zartenbachs. Der Rückweg zum Kurhaus ist ab hier bereits bekannt. Zufrieden mit dem heutigen Wandertag und den vielen herrlichen Ausblicken beschließen wir den Tag mit einem wohlverdienten Abendessen.

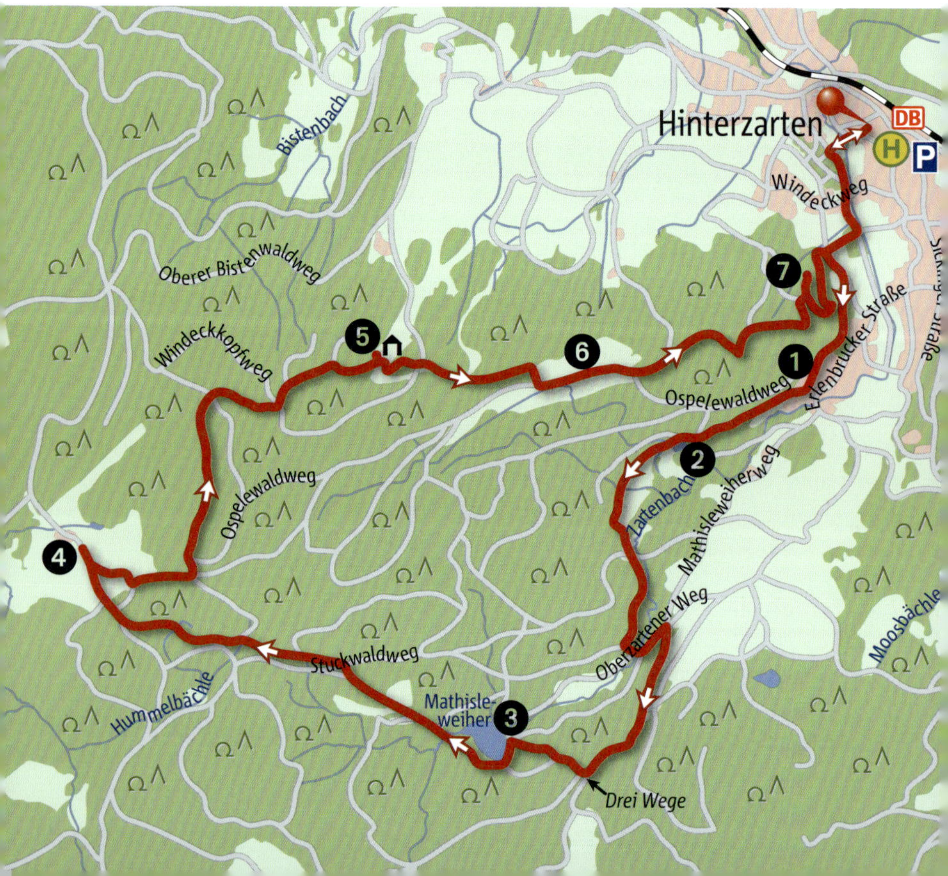

ALLES AUF EINEN BLICK

Entspannung 5/5
Abenteuer 5/5
Vielfalt 4/5

WIE & WANN

Die Wegbeschaffenheit ist durchweg sehr gut, beste Wanderzeit von Mai bis Oktober.

HIN & WEG

Auto: Parkplatz hinter dem Kurhaus, Freiburger Straße 1, 79856 Hinterzarten (GPS: 47.906030, 8.104231)
ÖPNV: Höllentalbahn oder Bus nach Hinterzarten

ESSEN & ENTSPANNEN

4 **Selbstbedienungsgetränkestation beim Häuslebauernhof,** Am Feldberg 4, 79856 Hinterzarten

Diverse Einkehrmöglichkeiten in Hinterzarten

ENTDECKEN & ERLEBEN

1 **Keßlerberg**
2 **Kleiner See**
3 **Mathisleweiher**
4 **Häuslebauernhof,** siehe ESSEN & ENTSPANNEN
5 **Skilift Windeckkopf**
6 **Säbelthoma**
7 **Vinzenz-Zahn-Felsen**

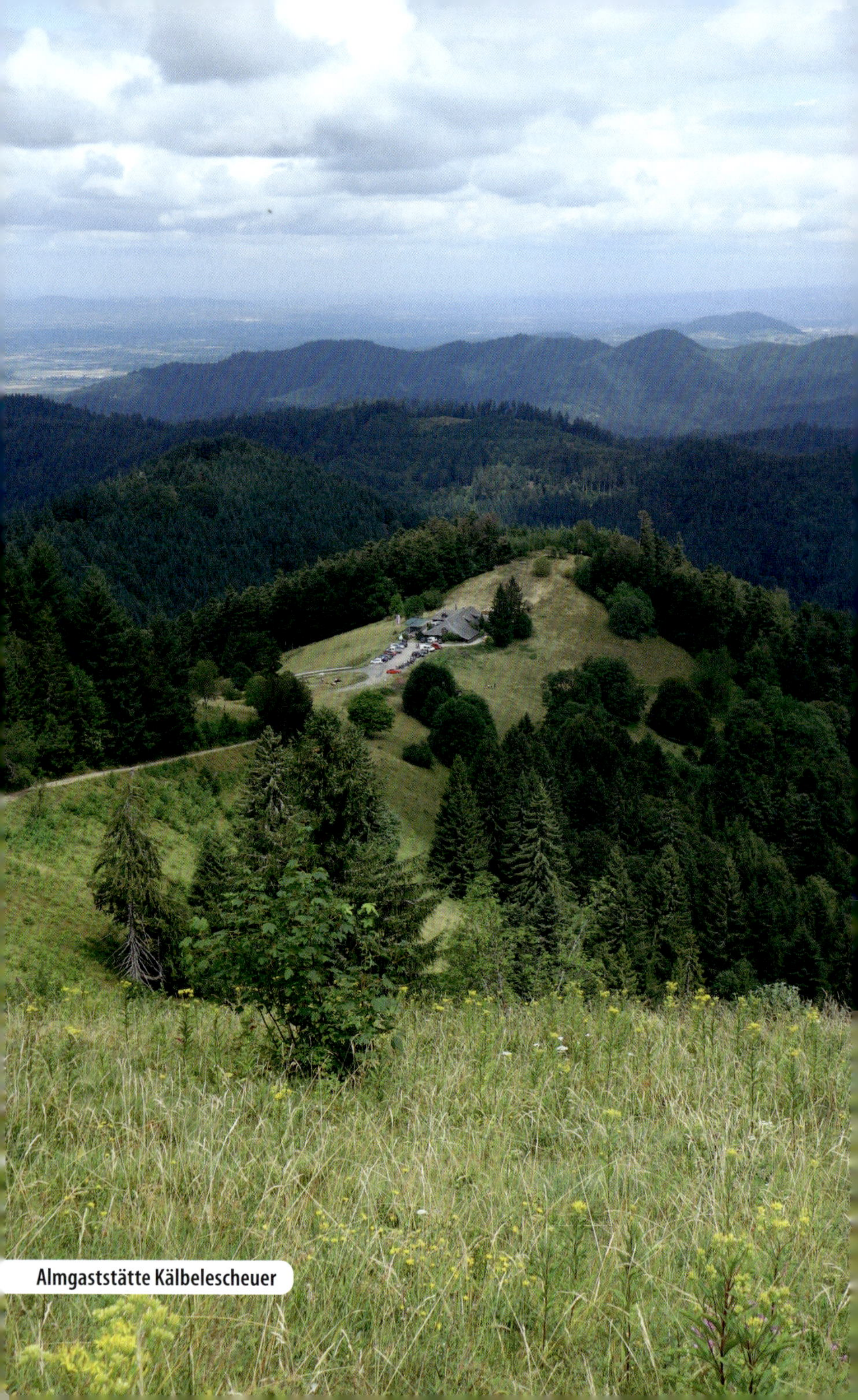

Almgaststätte Kälbelescheuer

Alm-Abenteuer

Kälbelescheuer mit Belchen-Blick

Allein schon die Anfahrt durch das Münstertal verspricht auf der kurvenreichen Bergstraße nach dem Ort Münsterhalden wahre Fahrfreuden. Vom **Parkplatz bei der Almgaststätte Kälbelescheuer** (976 m) wandern wir zum Wegweiserpfosten und folgen anschließend dem Wiesenweg in Richtung Süden. Dabei haben wir das Gasthaus im Rücken und die gelbe Raute als Wegmarkierungszeichen im Blick. Vereinzelte Schwarzwälder Kirschbäume und saftig grüne Weidewiesen säumen unseren Weg, der teils mit groben Steinen bedeckt ist. Schauen wir während des Anstiegs nach links, dann erkennen wir den mächtigen Bergrücken des **Belchens** aufragen – welch eine Naturgewalt. Vor uns sehen wir in dem fast baumfreien Gebiet deutlich den weiteren Wegverlauf, der nach links den Hang traversiert. Mit jedem Schritt gewinnen wir etwas mehr

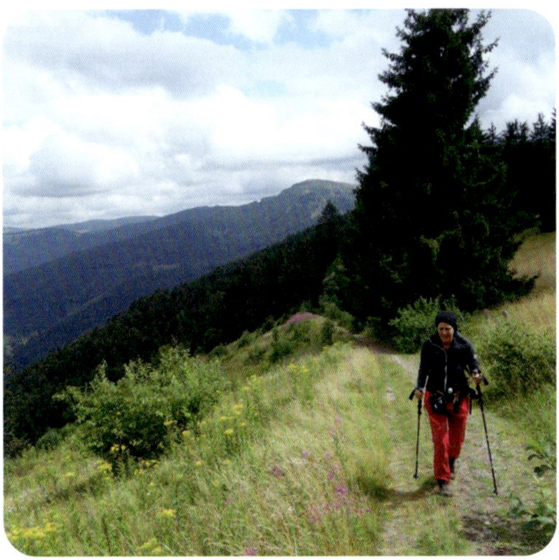

Kilometer: 9,7

Höhenmeter: 285

Stunden: 3

RUNDWEG

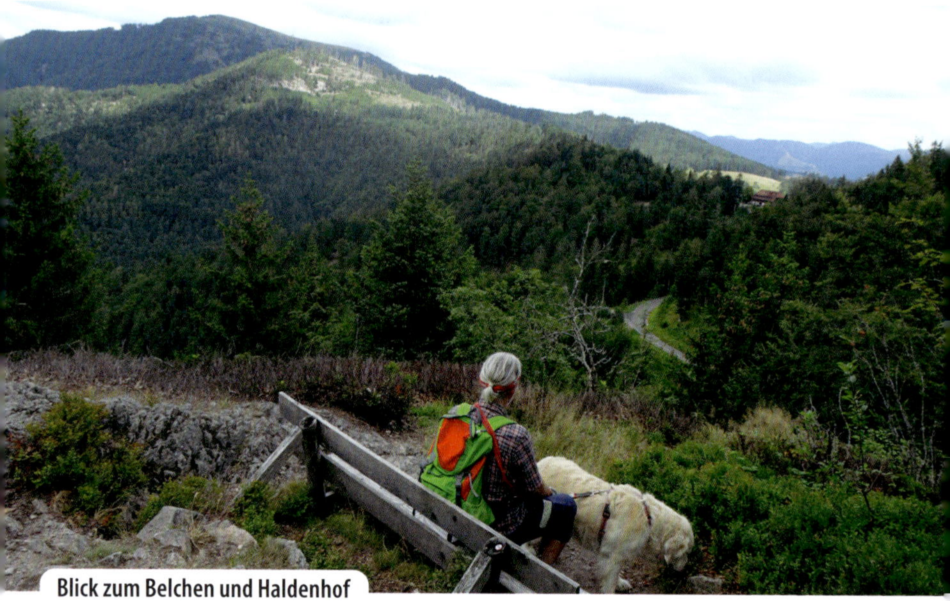

Blick zum Belchen und Haldenhof

an Höhe. Die im Sommer wild sprießende Blumenpracht begeistert ungemein. Während der Hangquerung können wir wild wachsende Heidelbeeren naschen und blicken dabei tief hinab zur Kälbelescheuer und weit über das breite Rheintal bis zu den Vogesen nach Frankreich.

Immer mehr verschwindet der Belchen hinter den Bäumen, dann knickt unser Weg nach rechts ab und führt hinauf zum aussichtsreichen **1 Sirnitz.** Kurz vor seinem Gipfel biegen wir neben einer Holzhütte links ab. Der ebene, grasbewachsene Weg leitet in Richtung Osten in den Mischwald. Im leichten Abwärtsmarsch schreiten wir durch den Forst und können dabei saftige Himbeeren pflücken. Unterhalb des 1143 Meter hohen Weiherkopfs führt uns der Kälbelescheuerweg zum **Kreuzweg-Skilift** (1071 m). Bei der Bushaltestelle kreuzen wir direkt auf der Passhöhe den Westweg und setzen vorsichtig über die Fahrbahn der Landstraße L 131, die Hinterheubronn mit Müllheim verbindet. Wir wandern zum südlichen Ende des Kreuzweg-Parkplatzes und folgen dort vor dem Wald der gelben Raute links hinab. Der liebliche Postkartenblick zum Belchen und über den Südschwarzwald beeindruckt gewaltig. Während des Abstiegs erblicken wir die Häuser des Weilers Hinterheubronn. Dann sind wir immer mehr von Buschwerk umgeben und gelangen zu einem Querweg, bei dem wir rechts in den Wald abbiegen. Kurz hinter einer Schranke passieren wir einen Wasserspeicher und haben weiter die gelbe Raute im Visier. Jetzt wandern wir gemächlich durch den Forst, und wenn wir uns bewusst darauf fokussieren, dann entdecken wir sogar vereinzelte reife Walderdbeeren.

Für die Seele

Runterkommen und den Alltag ein Stückchen hinter sich lassen, dies gelingt bei dieser herrlichen Wanderung.

Öffnet sich der Wald wieder, erkennen wir linksseitig erneut Hinterheubronn und vor uns den Belchen mitsamt dem Belchenhaus. Eine hölzerne Sitzbank lädt zum Verweilen ein. Auf ihrer Rückenlehne ist ein wahrlich passender Spruch eingraviert: „Chumm hogg e wenig ane un rueh di us“, was übersetzt so viel bedeutet wie: Komm, setz dich eine Weile hin und ruh

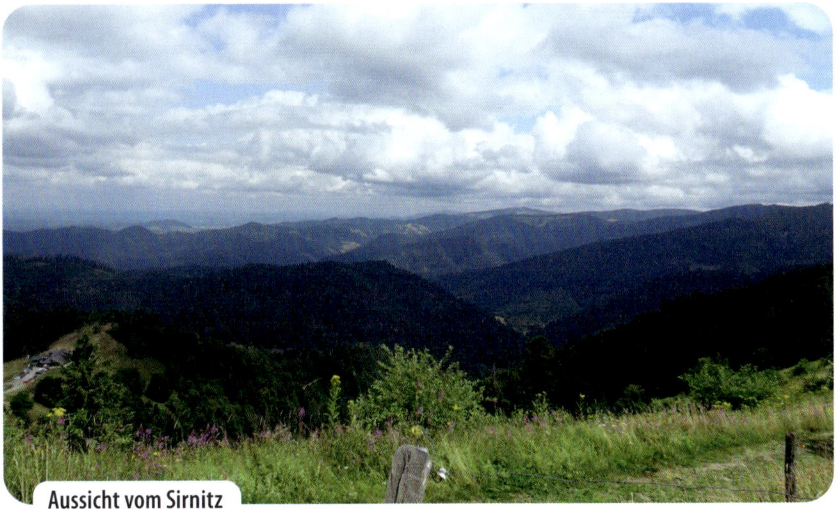

Aussicht vom Sirnitz

„Pack die Badehose ein …“, wie es so schön in Cornelia Froboess' Schlager aus den 1950er-Jahren heißt. Aber tatsächlich kann man an heißen Sommertagen am ***Nonnenmattweiher*** *einen Badestopp einplanen und die Seele baumeln lassen. Am Seeufer gibt es eine kleine Badebucht.*

dich aus“. Und das tun wir auch. Danach durchstreifen wir den lauschigen Nadelwald und erreichen in einer Rechtskurve den Wegweiser **Althütte.** Jetzt folgen wir der blauen Raute geradeaus ins Naturschutzgebiet. Eine hübsche Lichtung breitet sich aus, dann führt der Weg weiter talwärts. Bald blicken wir hinab zu der glitzernden Wasseroberfläche des malerisch gelegenen Nonnenmattweihers und bestaunen eine kurze Weile dieses Naturschauspiel. Nachdem wir uns wieder auf die Wanderung begeben haben, säumen auch schon ein paar Felsen den Wegrand. Kurze Zeit später erreichen wir den Karsee **2 Nonnenmattweiher.** An seinem Ufer können wir frische Energie tanken. Dann führt unser Weg rechts des Ufers weiter zum Seeabfluss. Wir

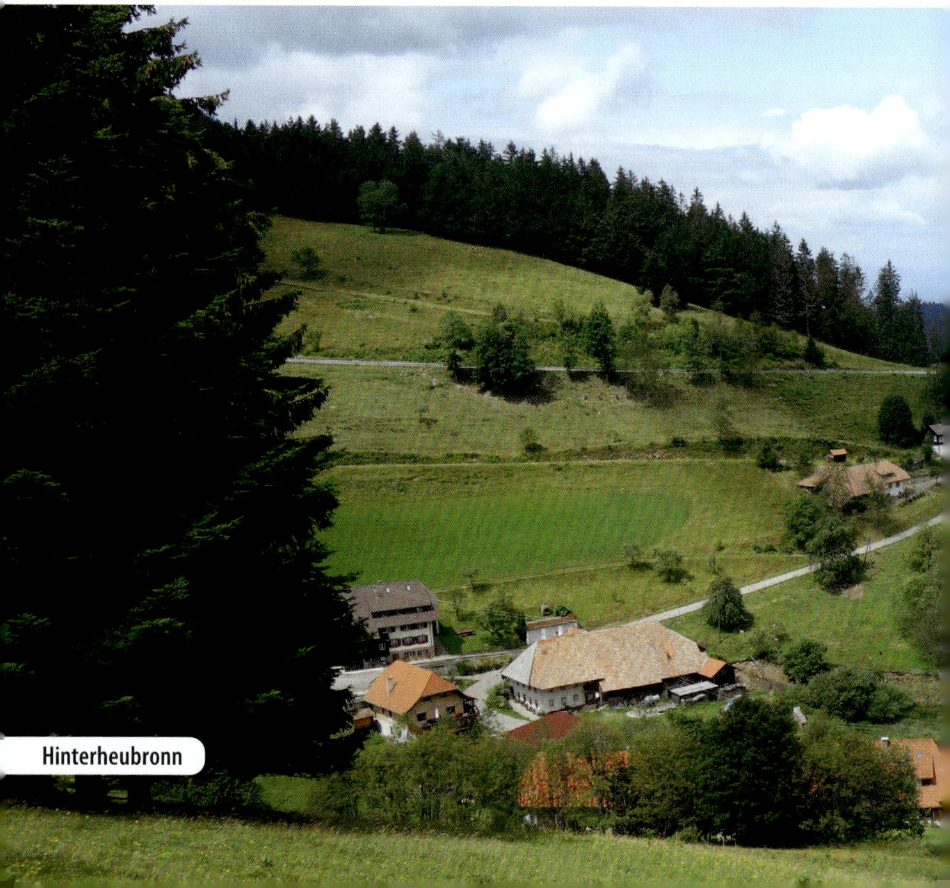

Hinterheubronn

biegen links ab, folgen der gelben Raute und wandern auf dem Schotterweg zur 200 Meter entfernten **3 Fischerhütte,** wo regionale Köstlichkeiten auf der Speisekarte stehen.

Kurz nach dem Gasthaus entscheiden wir uns an der Weggabel für den linken Abzweig und durchwandern ein weitflächiges Weidegebiet. Dabei blicken wir erneut zum Belchen und genießen die Natur in ihren Farbnuancen. Unser Weg beschreitet einen weiten Linksbogen, leitet uns leicht bergwärts und dem **Sägewald** (945 m) entgegen. Dort biegen wir am Verzweig halb rechts ab und folgen der blauen Raute hinüber zum bereits sichtbaren Ort Hinterheubronn. In der ländlichen Ortschaft setzen

Fischerhütte

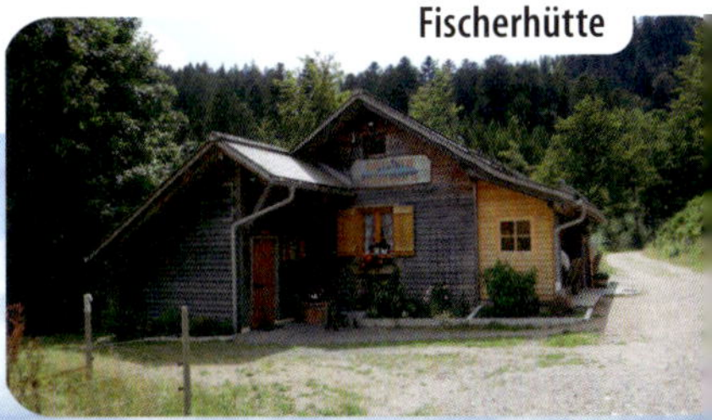

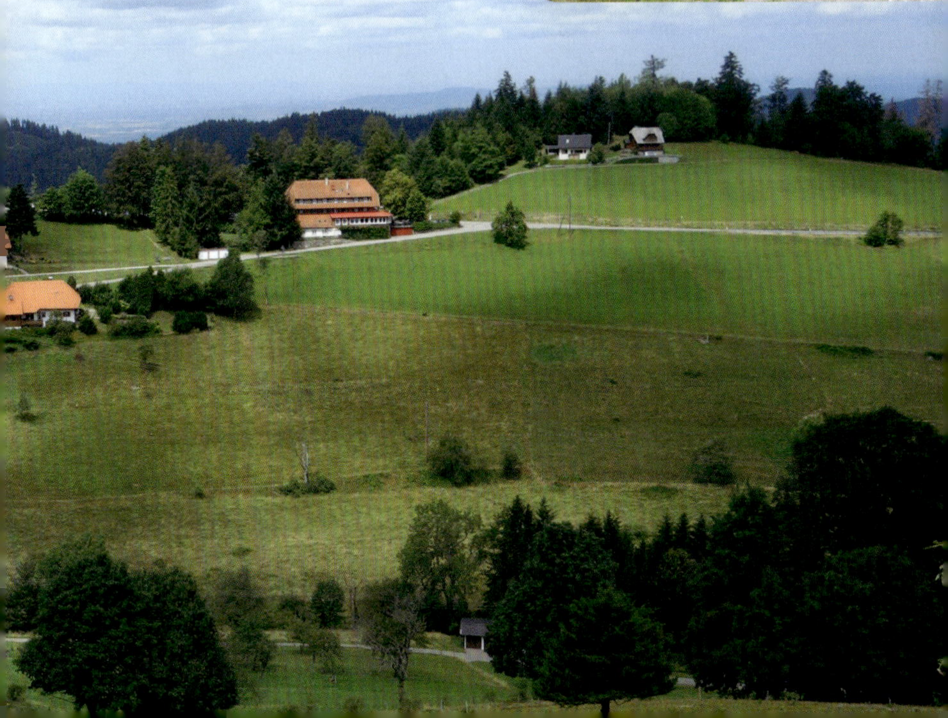

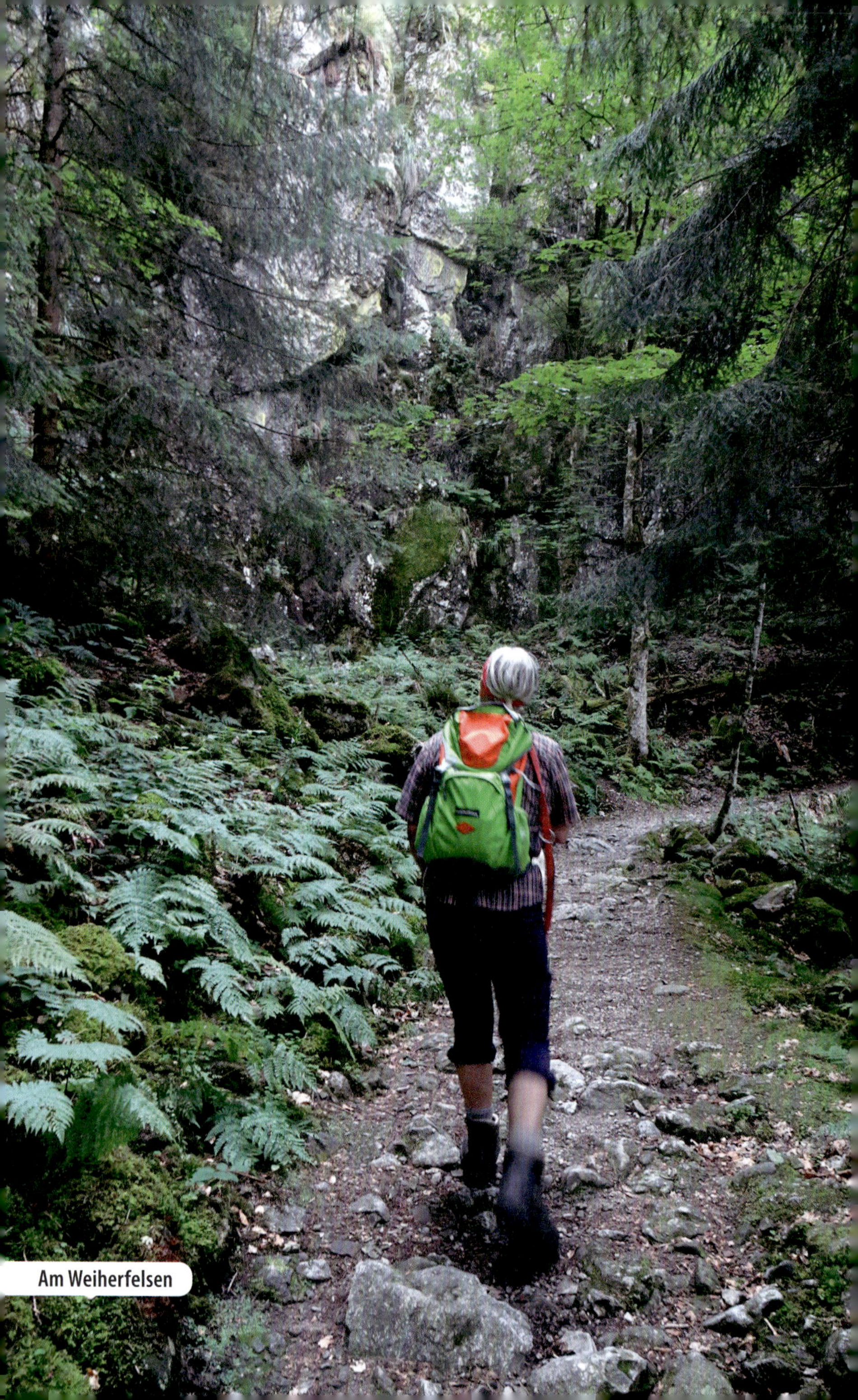
Am Weiherfelsen

wir über das Kreuzbächle und gehen zwischen altehrwürdigen Bauernhäusern in einer Rechtskurve empor zum ④ **Landgasthof Haldenhof.** Hier bietet sich jetzt bereits das zweite Mal die Möglichkeit zur kulinarischen Einkehr. Frisch gestärkt folgen wir der Landstraße und dem Westweg für ein paar wenige Meter nach links und lassen den Straßenabzweig ins Münstertal unberücksichtigt. Bei der Bushaltestelle wenden wir uns dem halb rechts abzweigenden Wanderpfad zu. Dieser ist mit einer blauen Raute markiert. Der schmale Pfad führt durch den Wald und beschert pures Wandervergnügen. Moosbedeckte große Steinbrocken lagern neben dem Weg, dann taucht urplötzlich der mächtige **Weiherfelsen** vor uns auf. Schon beeindruckend, wie klein wir doch im Vergleich zu dem mächtigen Felsklotz sind. Rechtsseitig lichtet sich der Wald, und wir gehen am Rand der Lichtung zu einer Sitzbank, die auf einem Felsen thront. Noch einmal grüßt der Belchen zu uns herüber, rechts davon erken-

*Regionale Köstlichkeiten genießen, im Herzen des Südschwarzwalds. Dies ist besonders schön auf dem Freisitz bei der **Kälbelescheuer** mit grandiosem Vogesen-Panorama.*

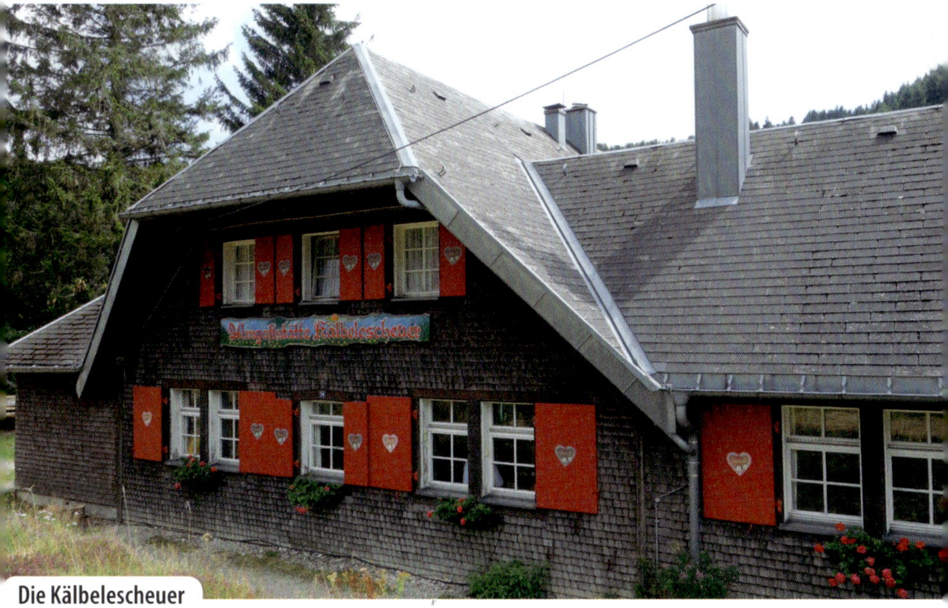

Die Kälbelescheuer

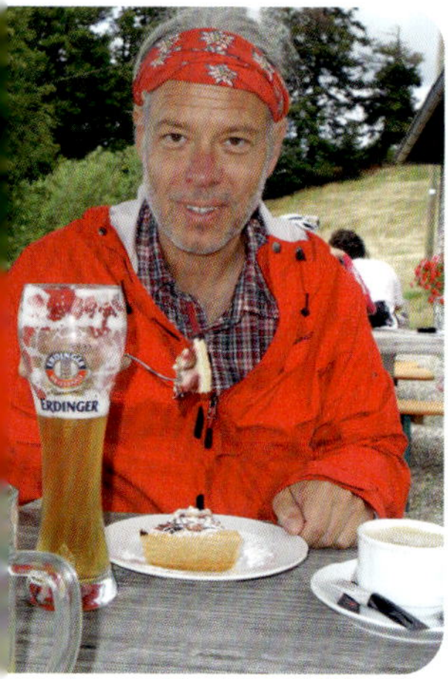

nen wir den Haldenhof. Unser Weg macht einen Linksknick und führt wieder in den Wald. Kurzfristig wird der Pfad ein klein wenig steiniger, bereitet aber mit griffigen Wanderschuhen keinerlei Probleme. Bald passieren wir einen hölzernen Unterstand, der bei einem Regenguss genügend Schutz bietet. Der Pfad schlängelt sich am Hang entlang und erreicht das quirlige Sirnitzgrundbächle. Farne wachsen hier am Wegrand. Schon bald öffnet sich der Wald wieder und zur **5 Almgaststätte Kälbelescheuer** ist es nicht mehr weit. Nach der Wanderung lassen wir uns von den Köstlichkeiten der Küche verwöhnen und genießen einen fantastischen Wanderausklang in uriger Atmosphäre.

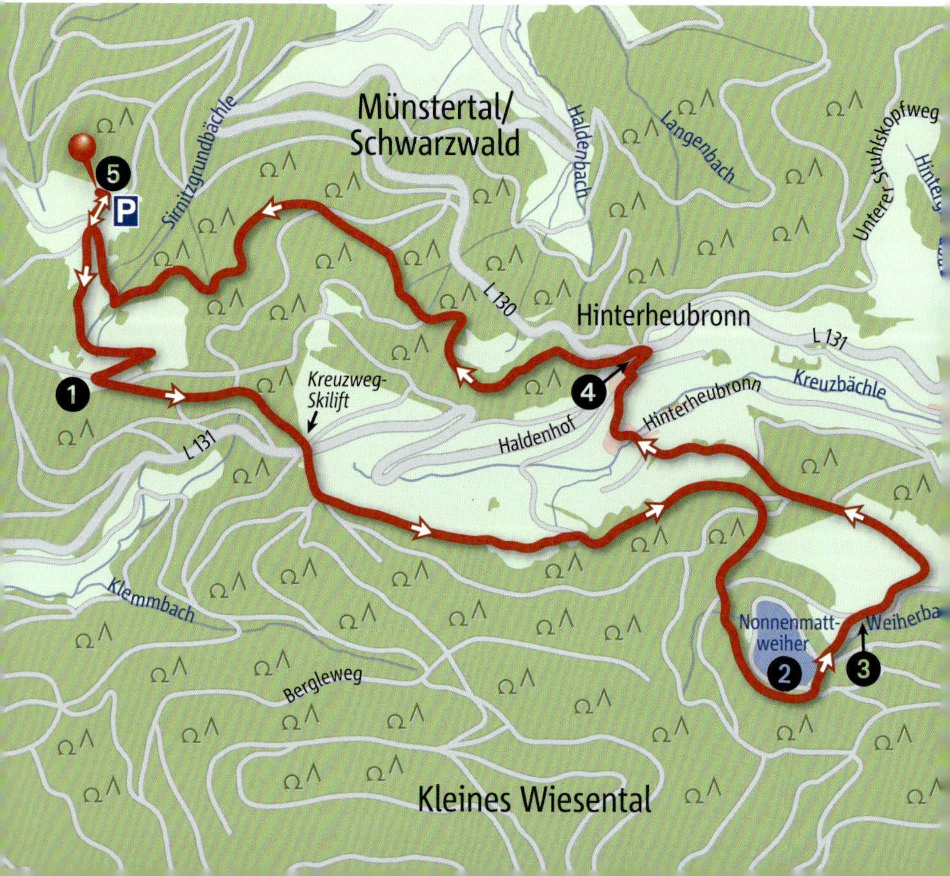

ALLES AUF EINEN BLICK

Entspannung

Abenteuer

Vielfalt

WIE & WANN

Durchweg gute Wegbeschaffenheit, beste Wanderzeit von April bis Oktober

HIN & WEG

Auto: Parkplatz bei der Kälbelescheuer, Kälbelescheuer 1, 79244 Münstertal/Schwarzwald (GPS: 47.807201, 7.768757)
ÖPNV: Bushaltestellen auf dem Kreuzweg-Pass und am Haldenhof;
bei Anreise mit dem Bus hier Startpunkt der Wanderung

ESSEN & ENTSPANNEN

3 **Fischerhütte Nonnenmattweiher,** Vorderheubronn 3, 79692 Kleines Wiesental (Neuenweg), Tel. (0 76 73) 93 23 81, www.fischerhuette-nonnenmattweiher.de
4 **Berggasthof Haldenhof,** Haldenhof 1, 79692 Kleines Wiesental (Neuenweg), Tel. (0 76 73) 2 84, www.haldenhofberggasthofschwarzwald.de
5 **Almgaststätte Kälbelescheuer,** Kälbelescheuer 1, 79244 Münstertal/Schwarzwald, Tel. (0 76 36) 78 88 87

ENTDECKEN & ERLEBEN

1 **Sirnitz**
2 **Nonnenmattweiher**

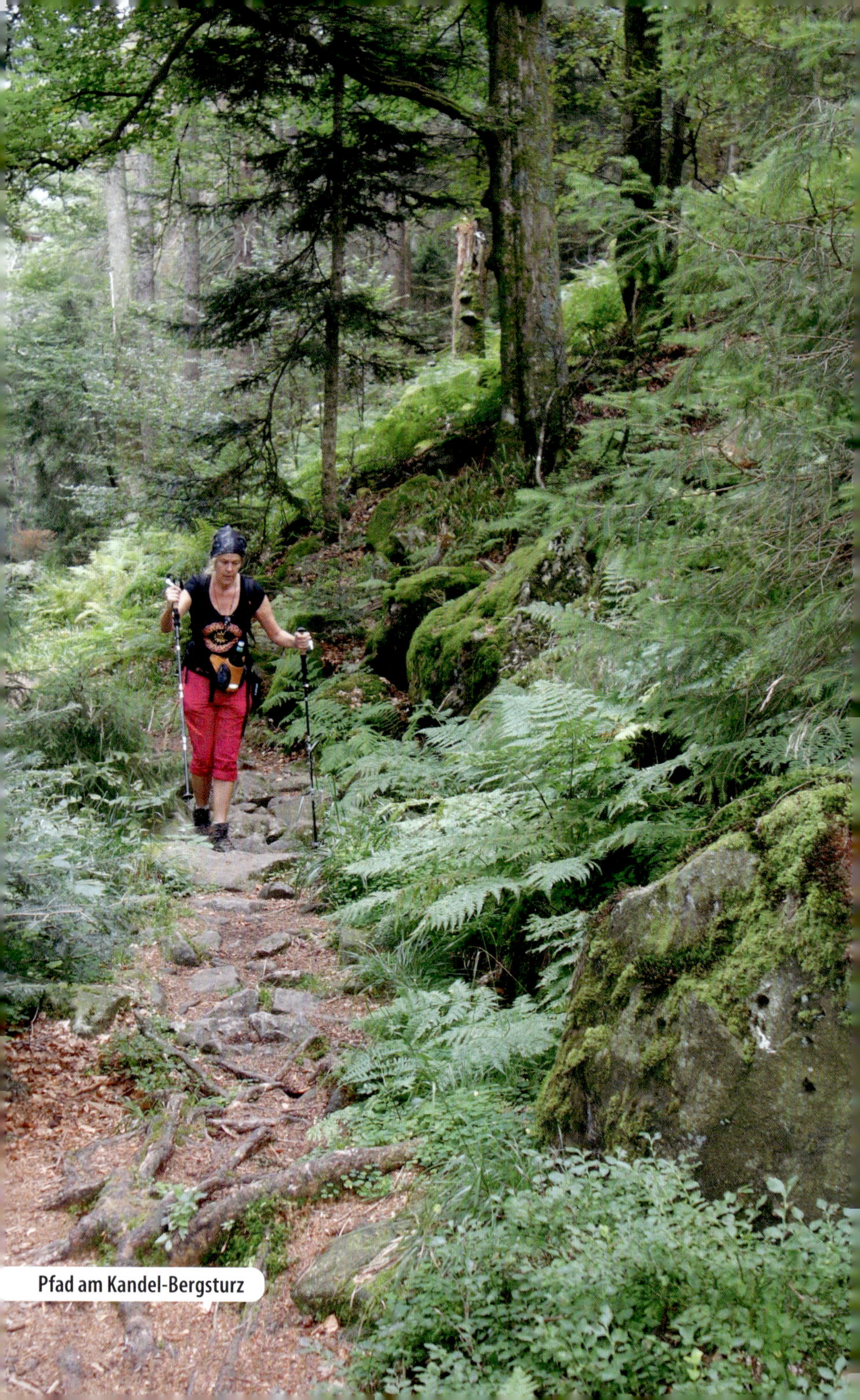

Pfad am Kandel-Bergsturz

Beim Fensterli-Wirt

Der Felsensteig am Kandel

Nach einer stressgeplagten Woche freuen wir uns auf eine vielversprechende Wanderung. Majestätisch und erhaben ragt der mystische und sagenumwobene Kandel zwischen dem Glottertal und dem Elztal bei Waldkirch auf. Sage und schreibe 1000 Meter Höhenunterschied sind es von der Orgelstadt Waldkirch bis hinauf zum Gipfel. Das ist für den Schwarzwald richtig viel! Die Auffahrt ist mit dem Bus, aber auch mit dem Privatfahrzeug möglich. Wir fahren die abenteuerliche Kurvenstrecke hinauf und lassen uns dabei schon jetzt vom Kandel faszinieren. Oben angekommen, bestaunen wir zuallererst den weiten Ausguck über das Rheintal bis hinüber zu den Vogesen nach Frankreich.

*Als in der Sonntagnacht zum 5. Dezember 2004 die Erde bebte, lag das Epizentrum 10 Kilometer tief unter dem Kandel. Mit der Stärke von 5,4 auf der Richterskala waren die **Erdstöße** im Umkreis von bis zu 250 Kilometern zu spüren.*

Wir starten diese großartige Wanderrunde direkt auf der Kandel-Passhöhe an der **Kandelwiese** (1200 m). Gegenüber dem Platz des ehemaligen Kandelhotels entdecken wir den rot-weißen Wegweiser „Kandel-Tour-Josef-Seger-Weg“ und folgen gleichzeitig auch der gelben Raute zum Wiesenweg, der über das Borstengras in Richtung Nordosten führt. Schnell lassen wir den Trubel auf der Passhöhe hinten uns und folgen dem schmalen Wanderpfad hinein in den harzig duftenden Nadelwald. Dort begleitet uns ein Forstweg zur rechten Seite, und wenn wir diesen erreichen, dann gehen wir links. Etwas an Höhe verlierend gelangen wir bald zu einem Linksabzweig und folgen hier dem Weg jetzt leicht steigend hinauf zum **Sattel** auf 1170 Meter. Die Wegkreuzung ist von Bäumen umgeben und besteht aus fünf Wegen, wir wählen den zweiten

Kilometer: 7,6

Höhenmeter: 260

Stunden: 3

RUNDWEG

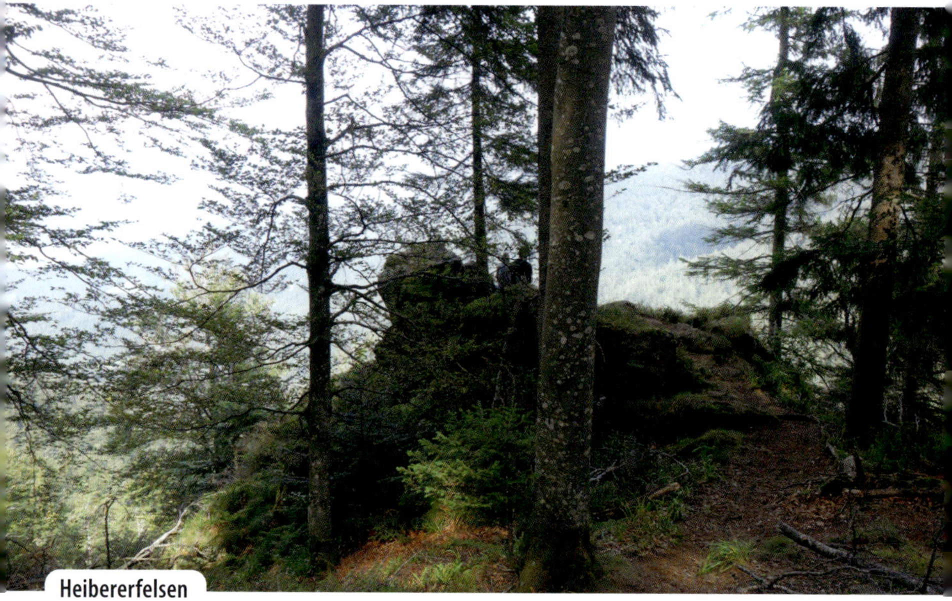

Heibererfelsen

Es war in der Walpurgisnacht 1981, als vom Kandelfelsen die gewaltige ***Teufelskanzel*** *abbrach. Etwa 6000 Tonnen Gestein donnerten zu Tale. Einheimische berichten, dass das Grollen bis nach Waldkirch hinab hörbar gewesen war. Trotzdem steht immer noch ein großes Stück des Felsens oben im Wald.*

von links. Der schmale Pfad ist weiterhin mit der gelben Raute sowie der Kandel-Tour gekennzeichnet. Schon bald gelangen wir zu einer großen Freifläche und blicken jetzt tief hinab ins Tal. Der ausgetretene Bergweg ist recht schmal und kann nach Regenfällen durchaus etwas rutschig sein. Konzentriertes Gehen, Schwindelfreiheit und Trittsicherheit sind jetzt wichtige Voraussetzungen. Es dauert nicht allzu lange, dann erreichen wir den markanten ❶ **Heibererfelsen.** Wir bleiben erst einmal staunend stehen, denn der wunderschöne Aussichtspunkt begeistert uns total.

Völlig beeindruckt wandern wir danach auf dem alpin anmutenden Bergpfad weiter und queren dabei vorsichtig den baumbewachsenen Hang. Mit jedem neuen Schritt entschleunigen wir etwas mehr aus dem Alltag und erreichen völlig entspannt eine Weggabel. Dort wandern wir geradeaus weiter. Im ständigen Bergabmarsch treffen wir beim Wegepunkt **Sautränke** auf einen Forstweg, zu dem wir nach links abbiegen.

Im leichten Gefälle wandern wir zu einem Picknick- und Grillplatz. Bereits wenig später biegen wir bei dem kleinen Parkplatz halb links zum Waldpfad ab, der hinüber zu den **Kohlplätzen** führt. Hier kreuzen wir einen Waldweg, den Kandel-Höhenweg, und queren kurz darauf die Kandel-Pass-Straße. Gegenüber der Fahrbahn führt ein Waldpfad hinab und schwenkt nach links. Beinahe mühelos durchstreifen wir den Wald. Bald führt uns unser Weg relativ nah an den Pass heran, und wir können die durchtrainierten Radsportler beobachten, wie sie im gleichmäßigen Rhythmus die steile Straße hinauftreten. Unser Weg wird zwischenzeitlich etwas steiniger, dann kommt von unten ein Forstweg herauf. Wir gehen nach links, aber bereits nach 50 Metern wenden wir uns dem rechts abzweigenden Waldpfad zu und durchschreiten erneut kurz ein steiniges Terrain. Relativ eben geht's durch den Wald. Immer weiter entfernen wir uns von der Straße und finden jetzt auch wieder die Stille des Waldes.

Für die Seele

Auf dem Kandel und bei der Gummenhofhütte einfach mal abschalten und die Seele baumeln lassen.

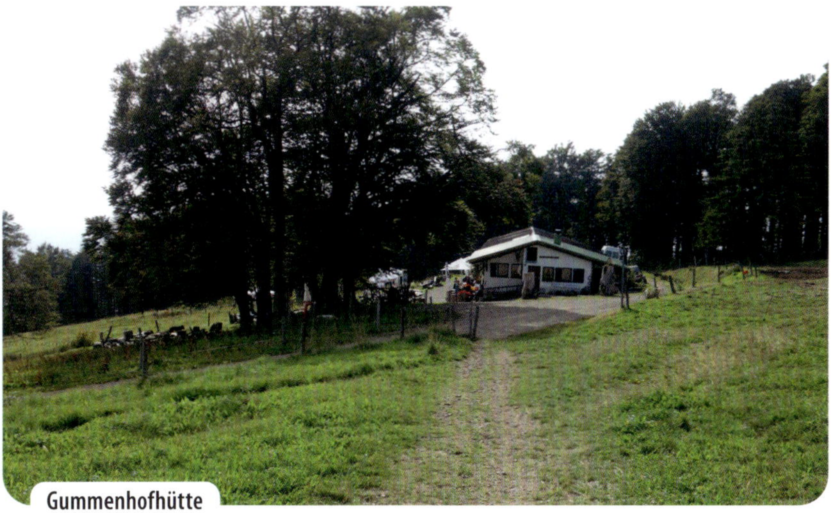

Gummenhofhütte

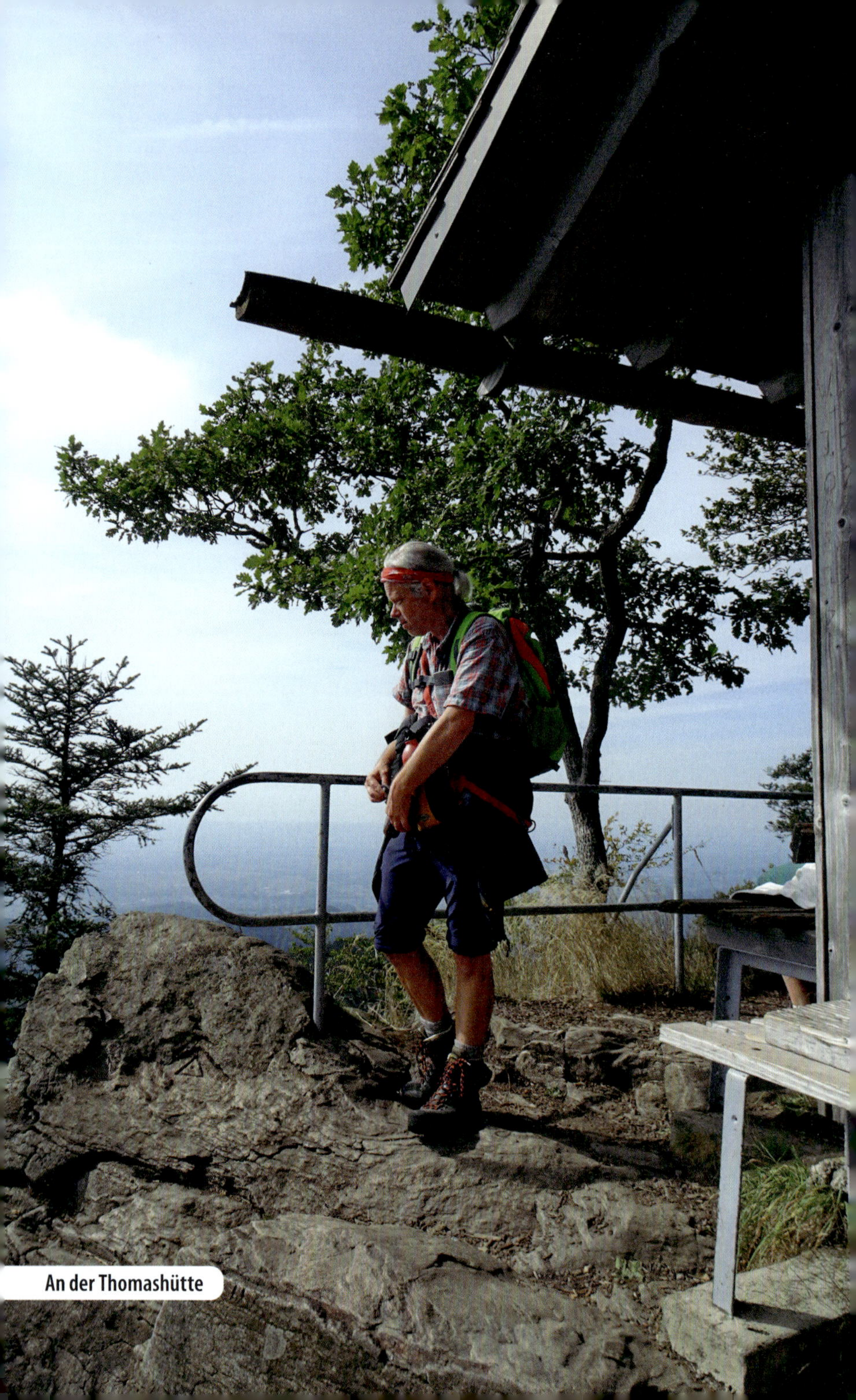

An der Thomashütte

Am Standort **Serpentine** setzen wir rechts versetzt die Kandel-Tour fort. Eine kleine Wasserrinne kreuzt unseren Pfad, dann queren wir eine große, farnbewachsene Lichtung. Danach erwecken die moosgrünen Steine und Farne den Eindruck eines Zauberwaldes. Ein Schild warnt: „Achtung, Felssturzgefahr! – Nicht stehen bleiben!" Und schon bald gelangen wir in eine spektakuläre Felsenlandschaft. Unterhalb des ❷ **Großen Kandelfelsen,** 1025 Meter, passieren wir die beeindruckende Szenerie des Kandelfelssturzes. Vorsichtig gehen wir über die steinige Passage und weiter zum **Wegetreff „Großer Kandelfelsen".** Hier queren wir den sogenannten **Damenpfad** und folgen weiter dem oberen der beiden rechts führenden Wege. Beim breiten Weg gehen wir links bergwärts und setzen im Anstieg über einen Forstweg hinweg. Langsamen Schrittes steigen wir auf – aber die Mühe wird nicht umsonst sein. Das wissen wir spätestens dann, wenn wir zum Zweitälersteig stoßen und diesem für 150 Meter nach rechts zur ❸ **Thomashütte** folgen. Die Thomashütte steht auf dem Kleinen Kandelfelsen und wurde Dr. Emil Thoma (1854–1932) gewidmet. Thoma war Oberbürgermeister von Freiburg sowie Präsident des Schwarzwaldvereins. Der Platz ist perfekt ausgewählt, denn die Aussicht tief hinaus ins Glottertal ist einfach grandios. Ganz

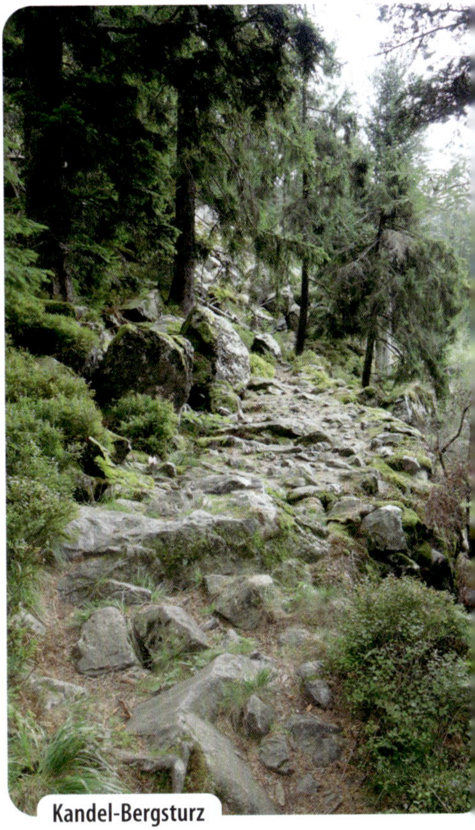

Kandel-Bergsturz

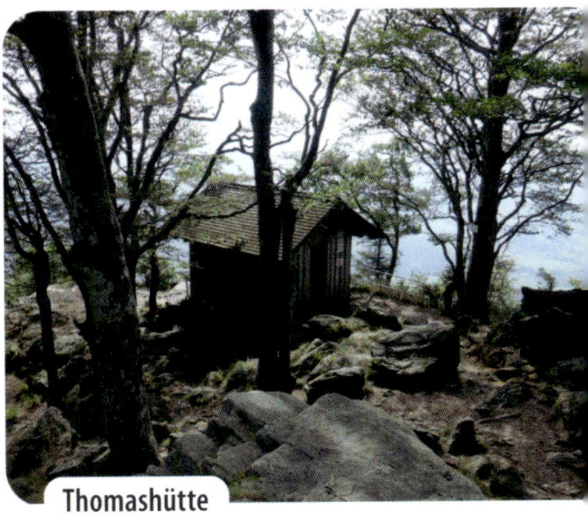

Thomashütte

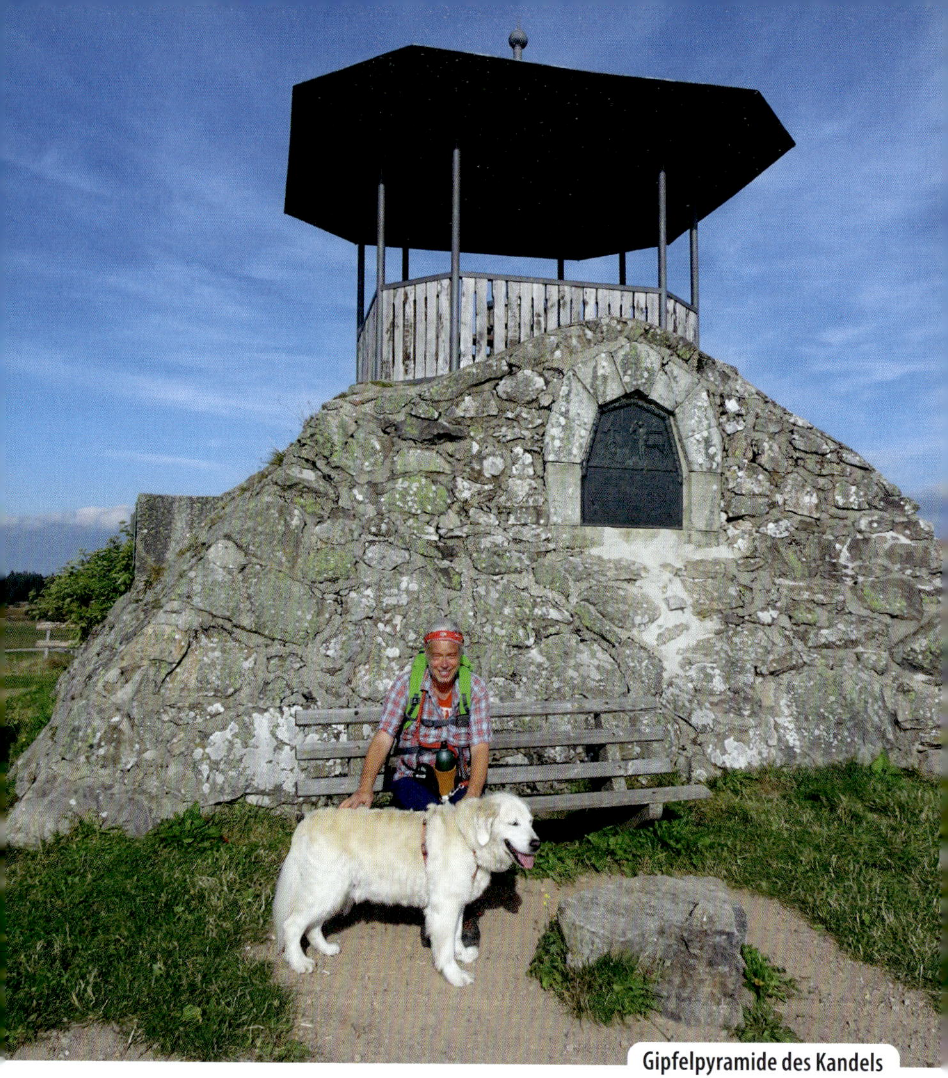

Gipfelpyramide des Kandels

Panorama beim Kandelabstieg

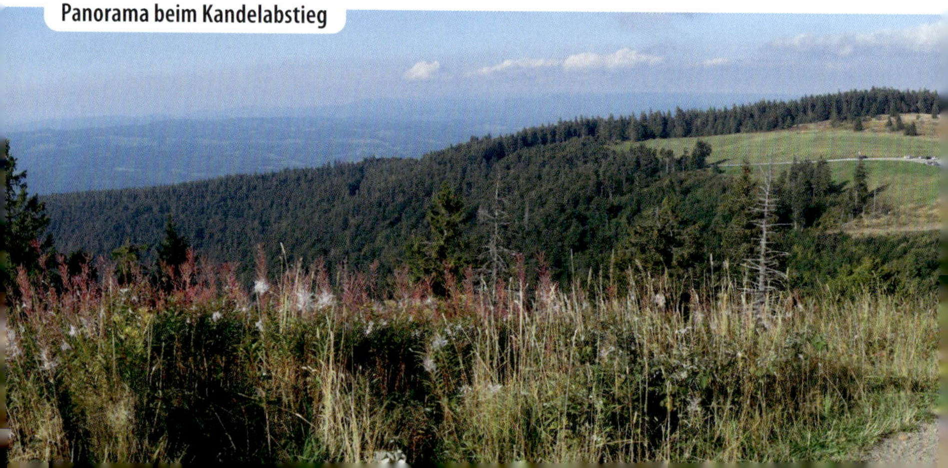

weit hinter dem Tal erhebt sich der Feldberg – der Anstieg hat sich gelohnt!

Wir gehen den Stichweg zurück. Die grüne Raute mit dem roten Herzen des Zweitälersteigs weist uns den Weg durch den Wald zum hölzernen **4 Hoschgetkreuz.** Wir biegen mit der gelben Raute im Blick nach rechts ab und ein Hinweis zum Fensterli-Wirt sagt uns, dass es zur Hüttenrast lediglich noch 433 Meter sind. Der Magen knurrt bereits, aber schließlich öffnet sich der Wald, und wir stehen direkt vor der **5 Gummenhütte Fensterliwirt.** Irgendwie ist alles ganz locker hier oben – jeder ist mit jedem per Du! Die Wirtin bedient im Dirndl-Look und der Hüttenwirt mit „Motörhead-T-Shirt". Yeah, Lemmy lebt. Rock´n Roll. Irgendwie empfinden wir sofort eine „Um-mich-herum-Geborgenheit".

Frisch gestärkt verlassen wir die viel besuchte Wanderhütte und gehen zu dem Wiesenpfad bergwärts zum Drachen- und Gleitschirmfliegerplatz. Nach der Wiese durchschreiten wir ein Weidegatter sowie einen kleinen Wald und gelangen zum **Parkplatz Kaibeloch.** Zwischen dem Wäldchen und der Viehweide wandern wir den Wiesenweg hinauf in Richtung Nordwesten und behalten am **Kreuzacker** die Richtung bei. Nach wenigen Minuten stehen wir auf dem Gipfel des **Kandels,** dessen höchsten Punkt eine **6 Gipfelpyramide,** 1241 Meter, ziert. Eine runde Richtungstafel hilft uns bei der Orientierung: Wir blicken zur Schwäbischen

Der Wirt der ***Gummenhütte*** *wird gerne auch Fensterli-Wirt genannt, da die Küche sich im Keller befindet und die Speisen und Getränke durch ein offenes Fenster serviert werden. Urige Atmosphäre, junge, lustige Leute, gutes Essen inmitten der Natur und ein schöner Fernblick.*

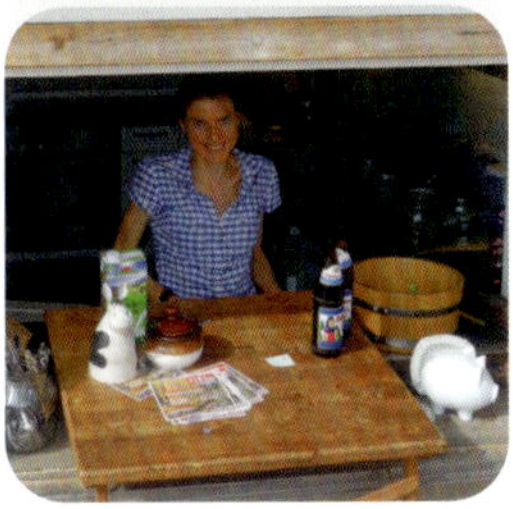

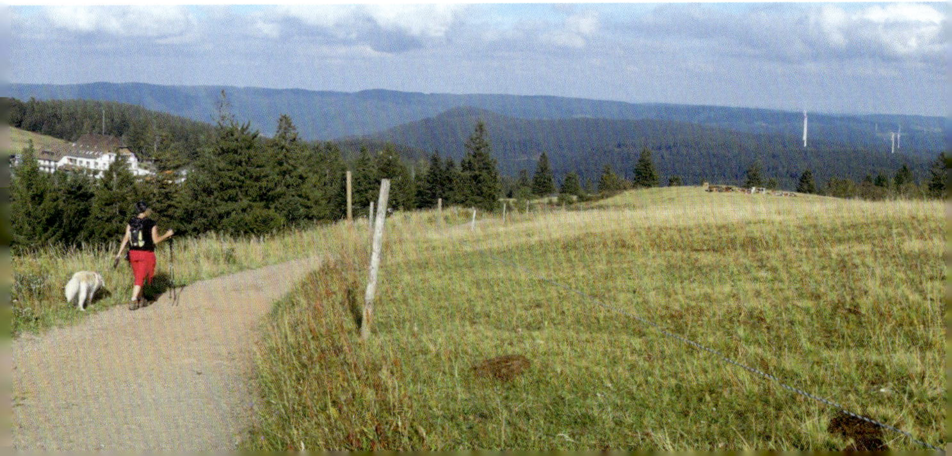

Alb, zu Hochfirst, Feldberg, Schauinsland und Belchen. Aber auch der Kaiserstuhl und die Vogesen zeigen sich in ihrer vollen Pracht im Westen. Was für ein Rundblick! Bei klarer Sicht beginnt der Alpenblick links mit der Zugspitze und endet rechts mit dem 3282 Meter hohen Ritzlihorn in den Berner Alpen.

Den Abstieg zurück zur Kandel-Passhöhe bewältigen wir auf dem Damenpfad und gleichzeitig dem Zweitälersteig. Noch einmal steht absolutes Traumwandern auf dem Programm. Zum Abschluss können wir an der 7 **Bergwelt Kandel Berggaststätte** oder aber im 8 **Berggasthaus Kandelhof** einkehren. Im Tal besuchen wir entweder noch die Orgelstadt Waldkirch oder gehen noch im Glottertal vorbei.

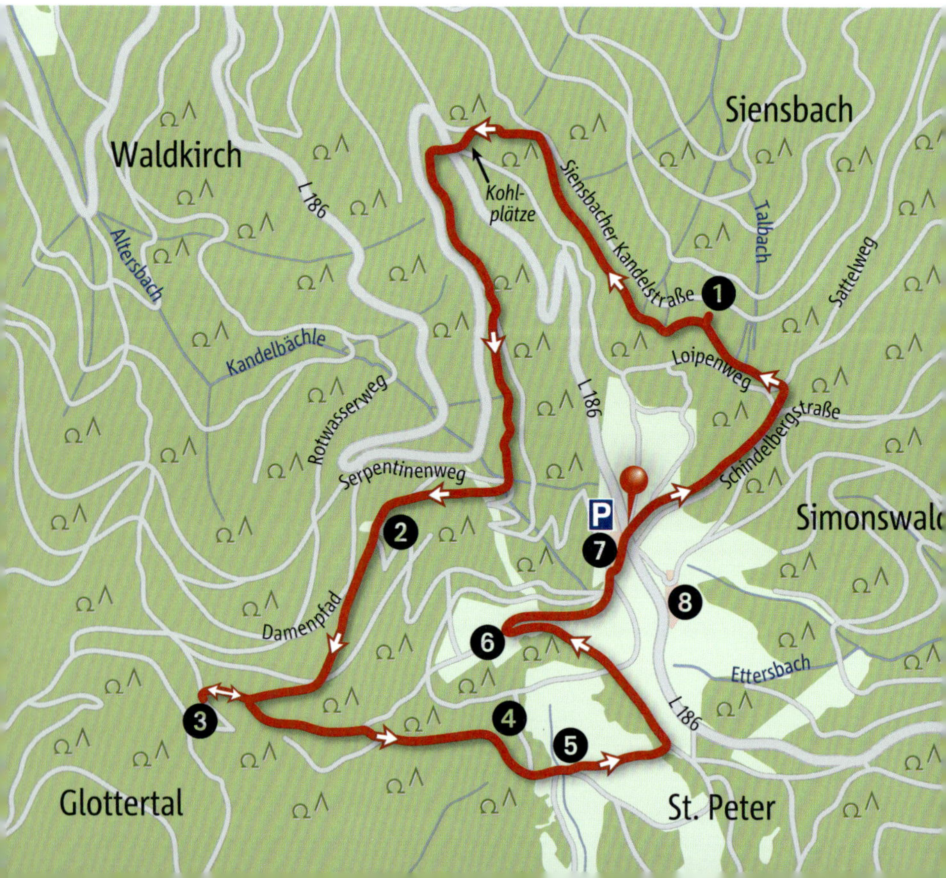

ALLES AUF EINEN BLICK

Entspannung
Abenteuer
Vielfalt

WIE & WANN

Wege teilweise schmal und felsig; beste Wanderzeit von Mai bis Oktober

HIN & WEG

Auto: Parkplatz, L 186, 79183 Waldkirch (GPS: 48.065423, 8.016094)
ÖPNV: Bushaltestelle direkt auf der Passhöhe

ESSEN & ENTSPANNEN

5 **Gummenhütte Fensterliwirt,** Kandel 6, 79183 Waldkirch, Tel. (01 75) 4 72 70 66, www.gummenhuette.g-valley.de
7 **Bergwelt Kandel Berggaststätte,** auf der Passhöhe, Tel. (0 76 81) 4 93 58 58, www.bergwelt-kandel.de
8 **Berggasthaus Kandelhof,** Kandel 1, 79271 St. Peter, Tel. (0 76 60) 2 50 00 00, https://kandelhof.de

ENTDECKEN & ERLEBEN

1 **Heibererfelsen**
2 **Großer Kandelfelsen**
3 **Thomashütte**
4 **Hoschgetkreuz**
6 **Gipfelpyramide auf dem Kandel**

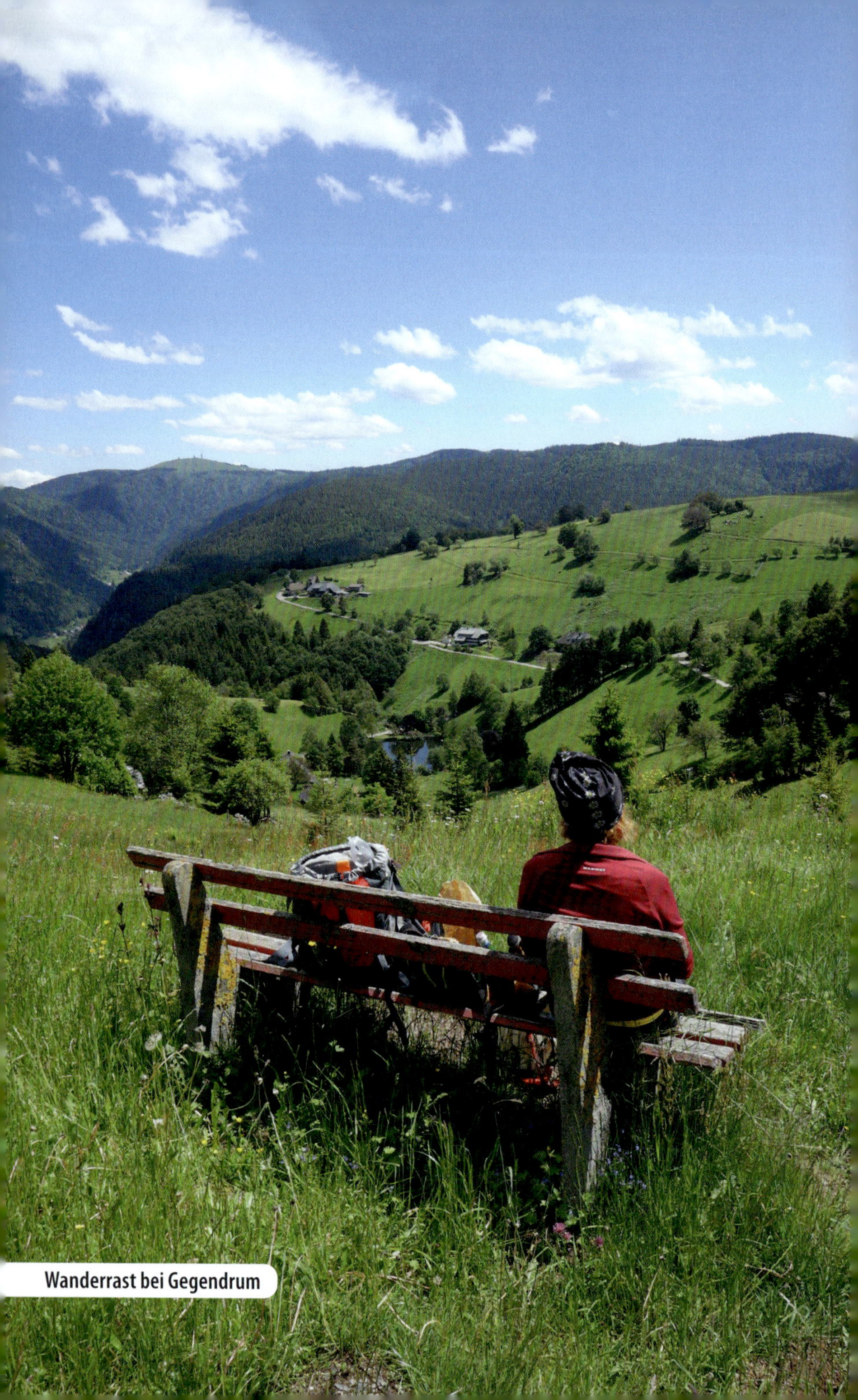

Wanderrast bei Gegendrum

Bis zum Horizont

Der Schauinsland

Der Schauinsland ist unumstritten der Freiburger Hausberg. Egal ob man die Auffahrt zu dem panoramagewaltigen Berg mit der Bergkabinenbahn oder mit dem Bus bewältigt oder die kehrenreiche Passstraße selbst hinauffährt, spannend sind alle Varianten. Wer selbst gesteuert zum Schauinsland fährt, sollte allerdings rücksichtsvoll auf die vielen Radsportler achten, denn die Straße ist ein beliebtes Trainingsgelände.

Zwar gibt es direkt neben der Bergstation der Gondelbahn einen Parkplatz, der ist aber wegen der Gipfelnähe häufig sehr stark frequentiert, weshalb wir unsere Gipfelpanorama-Traumtour ein paar Meter weiter vom nächsten Parkplatz aus starten. Achtung, wer mit dem Bus anreist: Dieser hält dort nicht, deshalb am besten bereits bei der Bergbahn aussteigen.

Die ***Schauinslandbahn*** *wurde 1930 erbaut und ist Deutschlands längste Kabinen-Umlaufseilbahn. Sie ist stolze 3480 Meter lang und überwindet in rund 20 Minuten etwas mehr als 700 Höhenmeter.*

Vom **Parkplatz Sailenmatte** (1185 m) starten wir zu dieser großartigen Höhenwanderung und setzen zunächst über die Fahrbahn der Landstraße L 124. Wenn wir dann dem Fußweg links der Straße in Richtung Südwesten folgen, dient uns die blaue Raute als Wegweiser. Unser Blick schweift nach links, weit über die grünen Grasmatten bis hinüber zum Feldberg. Über eine Sache sollte man sich hier oben auf dem Schauinsland allerdings schon bewusst sein: Rund 1000 Höhenmeter über dem Rheintal ist die Lufttemperatur in etwa um 10 Grad Celsius kühler als unten. Deshalb sind wir froh, eine Jacke im Rucksack zu haben. Wir wandern zum Wegweiser **Wassergumpen** und biegen dort mit der gelben Raute im Blick scharf links ab. Gemütlich schreiten

Kilometer: 5

Höhenmeter: 235

Stunden: 2

RUNDWEG

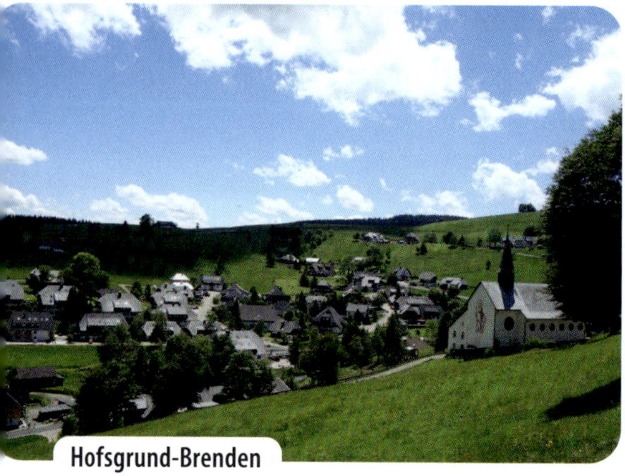

Hofsgrund-Brenden

wir der Streusiedlung Oberried-Hofsgrund entgegen und haben den Feldberg jetzt zu unserer rechten Seite. Vor uns ragt die Spitze des Schauinslandturms aus dem dunklen Wald auf. Auf den blühenden Grashängen sehen wir ein paar Masten der Skilifte stehen und können erahnen, welch eine Freude es bereitet, sich hier an schneereichen Wintertagen mit den Brettern an den Füßen talwärts zu bewegen. Vor einer S-Kurve verlassen wir die Markierung und gehen geradeaus weiter. Nach einer Rechtswende biegen wir links zur talwärts führenden Straße ab und wandern der ❶ **Kirche** des Örtleins **Brenden** entgegen. Kurz vor dem Gotteshaus wenden wir uns mit der gelben Raute nach links dem „Rundweg" zu. Der Weg ist auch als ❷ **Kräuter-Erlebnispfad** ausgewiesen.

*Der **Kräuter-Erlebnispfad** lässt sich in einer kleinen (3,8 Kilometer) und in einer großen (4,5 Kilometer) Runde erwandern. Informationen über geführte Touren, Workshops und Seminare gibt es bei: kraeuterpfad.oberriedhofsgrund@web.de.*

Neben der Kirche wandern wir am Friedhof vorbei und gehen nach dem einzigen Haus dieser Straße weiter zu dem fein geschotterten Wanderweg. Ein paar Bäume säumen den Weg. In einer sanften Steigung gehen wir in Richtung Nordosten und genießen zurückblickend den Traumausblick zu dem beschaulichen Bergdorf. Dann schlängelt sich unser Weg durch ein kleines Wäldchen. Nun dringt ab und an Kuhglockengeläut an unsere Ohren, Heimat kann man hier oben aber nicht nur hören und sehen, sondern auch riechen: Frisch gemähte Wiesen, zahlreiche Kräuter am Wegesrand und Viehweiden sorgen für eine wahre Geruchsvielfalt. An der Weggabel nach einem kleinen Wäldchen gehen wir links. Immer wieder zieht der Feldberg unsere Blicke auf sich. Der Anstieg führt an uralten, teils knorrigen Bäumen vorbei zu einem Skilift. Links und rechts des Weges können wir Ziegen und Rinder auf saftigen Weidewiesen beobachten. Kurz nach dem Skilift lädt eine Sitzgruppe neben der ❸ **Wassertretstelle** zur Zwischenrast ein. Gemütlich können wir hier unsere warm gelaufenen Füße in dem Wasser abkühlen. Zwei Wasserläufe kreuzen unseren Weg und wir blicken tief hinab zum Dobelsee.

Kurz darauf gelangen wir zum **Wegweiser Gegendrum-Wassertretstelle,** wo wir geradeaus weiterwandern. Mehrere Kräuter gilt es zu entdecken. Je nach Jahreszeit wachsen dort Bärwurz, Blutwurz, Huflattich, Löwenzahn, Arnika, Johanniskraut und viele mehr in einer wilden Ordnung. Selbstverständlich lassen wir die Pflanzen stehen, wo sie gewachsen sind. Wenige Schritte nach dem Wegweiser lädt eine Sitzbank zur genüsslichen Aussichtsrast ein. Mit famosem Blick zum Dobelsee, Feldberg, Stübenwasen und ins St. Wilhelmer-Tal schmeckt das mitgebrachte Rucksackvesper gleich doppelt so gut. Hier bietet sich eine gute Gelegenheit für eine kleine akustische Meditation: Schließen Sie Ihre Augen, hören Sie hinein in die Stille der Natur und lauschen Sie dem Klang der Zirpen und der Kuhglocken.

Für die Seele

Der beinahe grenzenlose Ausblick begleitet uns über die ganze Wanderstrecke und lässt uns Kraft tanken.

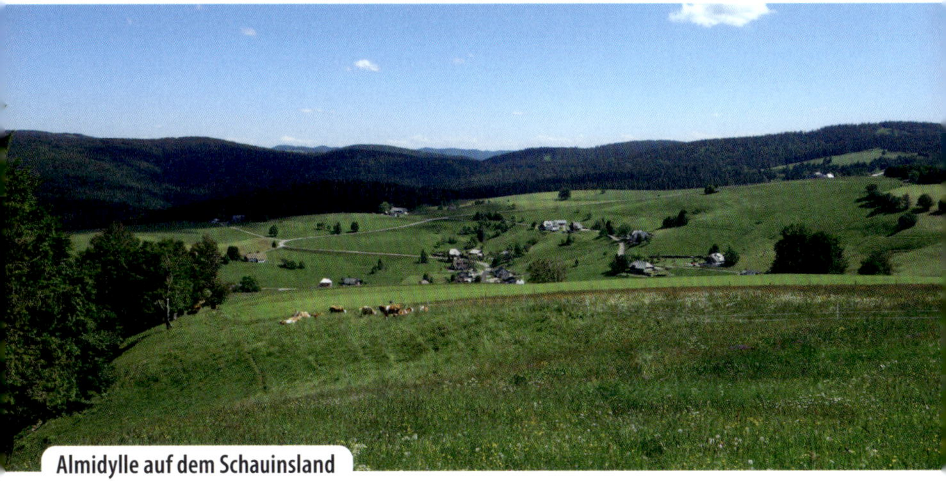

Almidylle auf dem Schauinsland

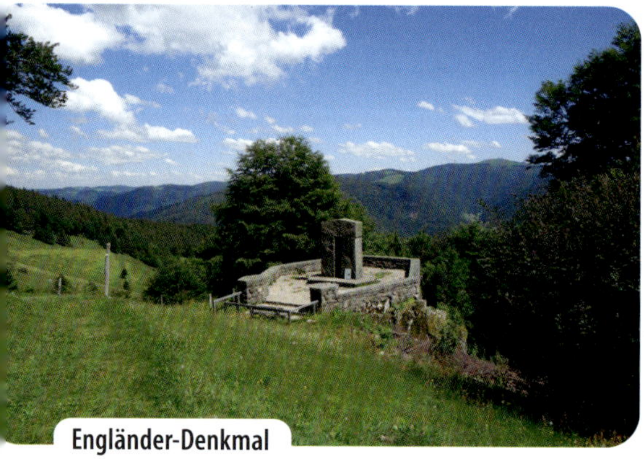

Engländer-Denkmal

Atmen Sie ruhig und entspannt ein und aus und kommen Sie ganz bei sich in Ihrem Körper an, so tanken Sie Kraft und Energie. Nach einigen Minuten öffnen Sie wieder Ihre Augen.

Nach dieser ausgiebigen Entspannungspause geht es weiter, und mit jedem Schritt verändert sich der herrliche Blickwinkel und gibt stets neue panoramareiche Perspektiven frei. Am linken Wegesrand steht das einsame und mit Holzschindeln verkleidete **Fallerhäusle.** Es ist das letzte der Bergmannshäuser, die vor allem im 19. Jahrhundert den Schauinsland mit prägten. Kurz danach halten wir uns am Verzweig weiter geradeaus und wandern in den nahen Buchenwald. Auf steinigem Grund steigen wir bergan zum ❹ **Engländer-Denkmal.**

*Das **Engländer-Denkmal** auf einer Höhe von 1182 Metern erinnert an eine englische Schulklasse, die hier einst am 17. April 1936 in einen fürchterlichen Schneesturm geriet. Fünf der 27 Jugendlichen im Alter zwischen 12 und 15 Jahren verloren damals auf tragische Weise ihr Leben.*

Weiter mit der gelben Raute im Blick folgen wir dem Pfad in Richtung Norden hinauf. Ein paar vereinzelte 250 bis 300 Jahre alte Weidbuchen stehen neben dem Weg, und nach 400 Metern erreichen wir den Sattel beim ❺ **Sonnenobservatorium.** Besichtigungen und Führungen sind zu bestimmten Zeiten möglich, ge-

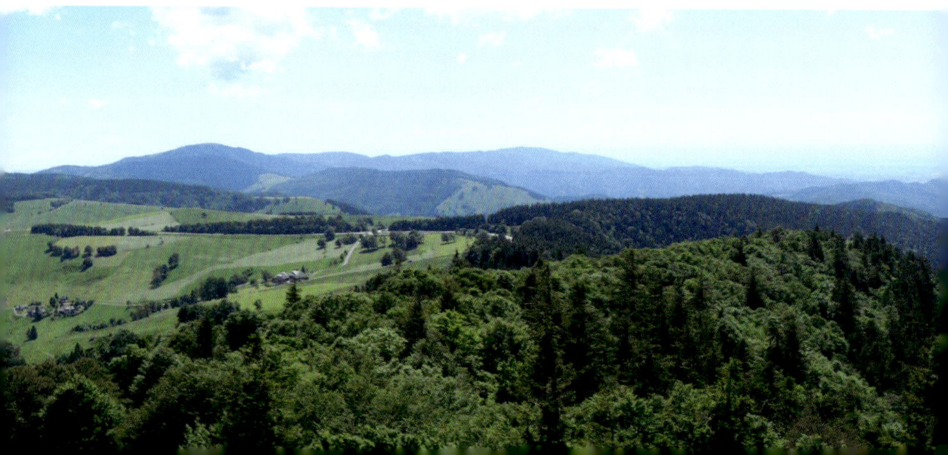

nauere Angaben liefert die Infotafel. Wir verlassen den schmalen Fahrweg und wenden uns dem bergwärts führenden Schotterweg zu. Beim Anstieg fällt unser Blick immer wieder hinab in den Talkessel der Stadt Freiburg, die uns von hier oben gesehen, zu Füßen liegt. Ganz hinten schimmern bläulich die Vogesen, und aus den Tiefen der Rheinebene ragt sanft der Kaiserstuhl nebst dem Tuniberg auf. An der Kappelerwand (1263 m) gehen wir geradeaus hinauf zum Gipfel und zum **6 Schauinslandturm** auch Eugen-Keidel-Turm (1284 m) genannt. Bedingt durch die nah gelegene Bergbahn ist dort oben eher mit Trubel zu rechnen. Der Turm wurde 1980 erbaut. Auf seinen 90 Stufen kann man die 1300-Meter-Grenze überschreiten. Von der dreieckig geformten Aussichtsplattform genießt man einen Rundumblick, der sich eigentlich gar nicht in Worte fassen lässt. Klar, „Schauinsland" sagt ja schon alles aus: Schau ins Land. An manchen klaren Tagen reicht der Fernblick sogar bis zu den Schweizer Alpen.

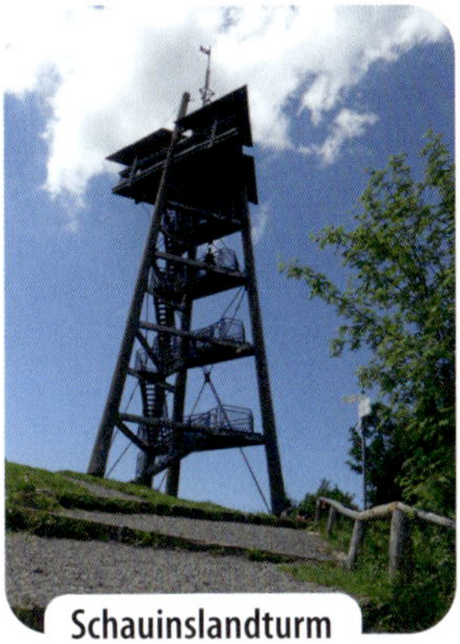

Schauinslandturm

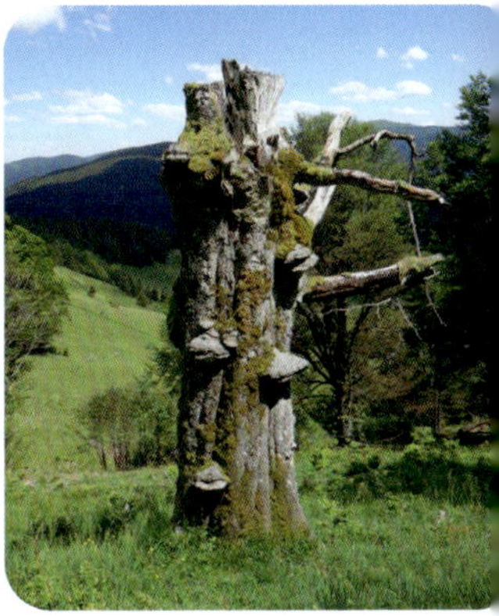

Südostblick vom Schauinslandturm

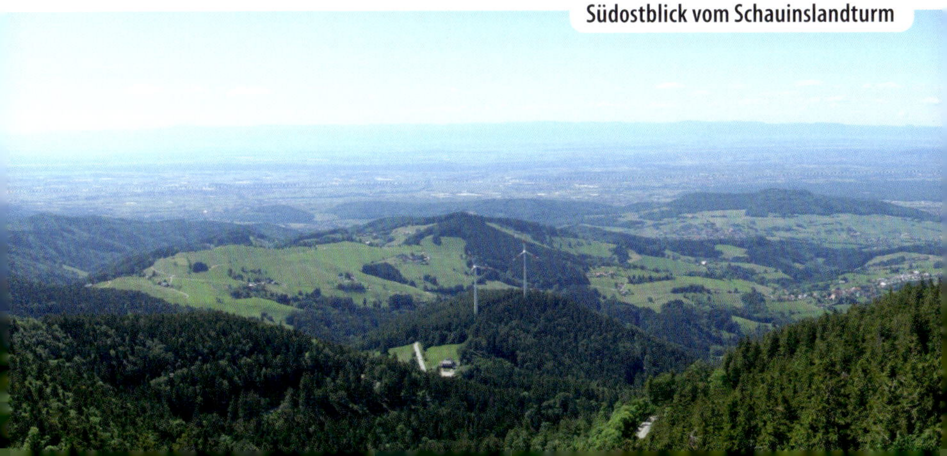

Nach der Turmbesteigung folgen wir der blauen Raute im Wald hinab zu den grünen Naturwiesen. Neben einem Holzgeländer schlendern wir gemütlich zur **Bergstation der Schauinslandbahn,** wo wir im 7 **Gasthaus Die Bergstation** kurz vor Ende der Wanderung gemütlich einkehren können. Bereits in der ersten Kehre wenden wir uns nach links und folgen dem stufendurchsetzten Fußweg außerhalb des Waldes hinab. Unweit befindet sich das 8 **Museums-Bergwerk Schauinsland,** das besucht werden kann. Vor der Straße biegen wir links zum asphaltierten Weg ab und gehen am Verzweig vor dem Skilift rechts. Noch einmal schweifen unsere Augen weit über die liebliche Landschaft des Hochschwarzwalds, dann haben wir wieder unseren Parkplatz erreicht.

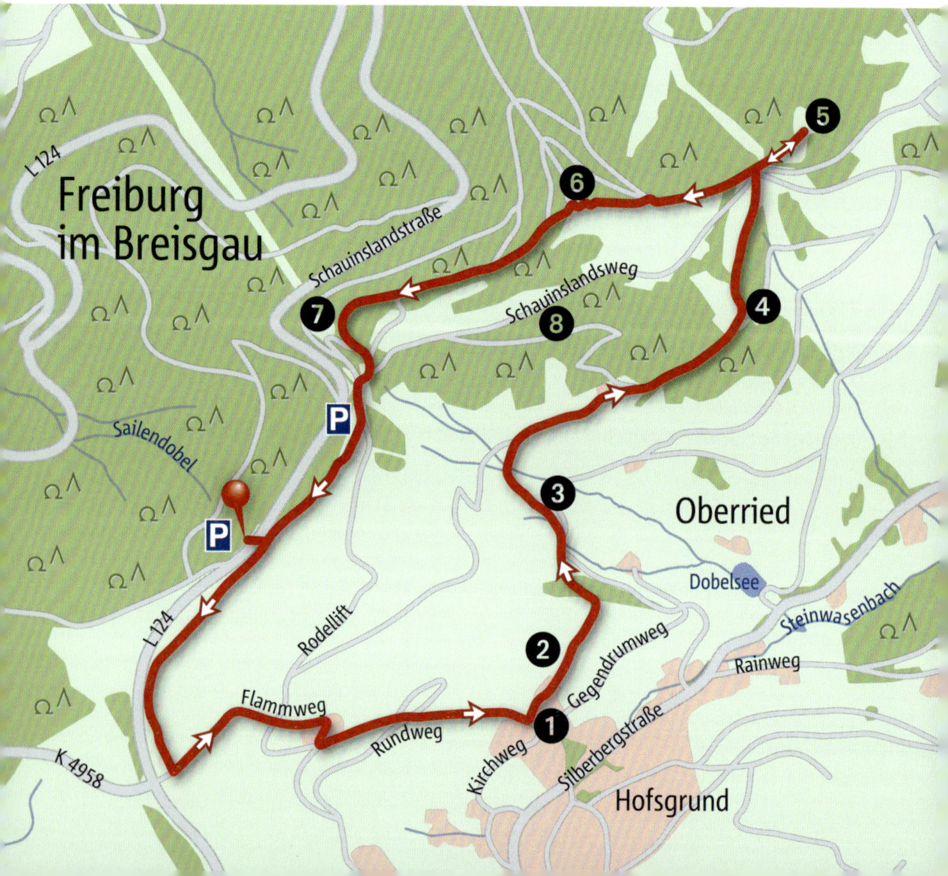

ALLES AUF EINEN BLICK

Entspannung ●●●●●
Abenteuer ●●●●●
Vielfalt ●●●●○

WIE & WANN

Im Wohngebiet asphaltierte Wege, sonst Wanderwege, beste Wanderzeit Juni bis Oktober

HIN & WEG

Auto: Von Freiburg durchs Güntertal auf den Schauinsland zum Parkplatz Sailenmatte, kurz nach der Bergbahn, L 124, 79254 Oberried (GPS: 47.905654, 7.889335)
ÖPNV: Auffahrt mit Bergkabinenbahn (www.schauinslandbahn.de) ab Horben, Bohrerstraße 11, oder mit Bus

ESSEN & ENTSPANNEN

7 **Gasthaus Die Bergstation,** Schauinslandstraße 390, 79254 Oberried, Tel. (0 76 02) 7 71, www.diebergstation.de

ENTDECKEN & ERLEBEN

1 **Kirche Brenden**
2 **Kräuter-Erlebnispfad**
3 **Wassertretstelle**
4 **Engländer-Denkmal**
5 **Sonnenobservatorium,** www.leibniz-kis.de
6 **Schauinslandturm (Eugen-Keidel-Turm)**
8 **Museums-Bergwerk Schauinsland,** Schauinslandstraße 390, 79254 Oberried, Tel. (07 61) 2 64 68, www.schauinsland.de/museums-bergwerk

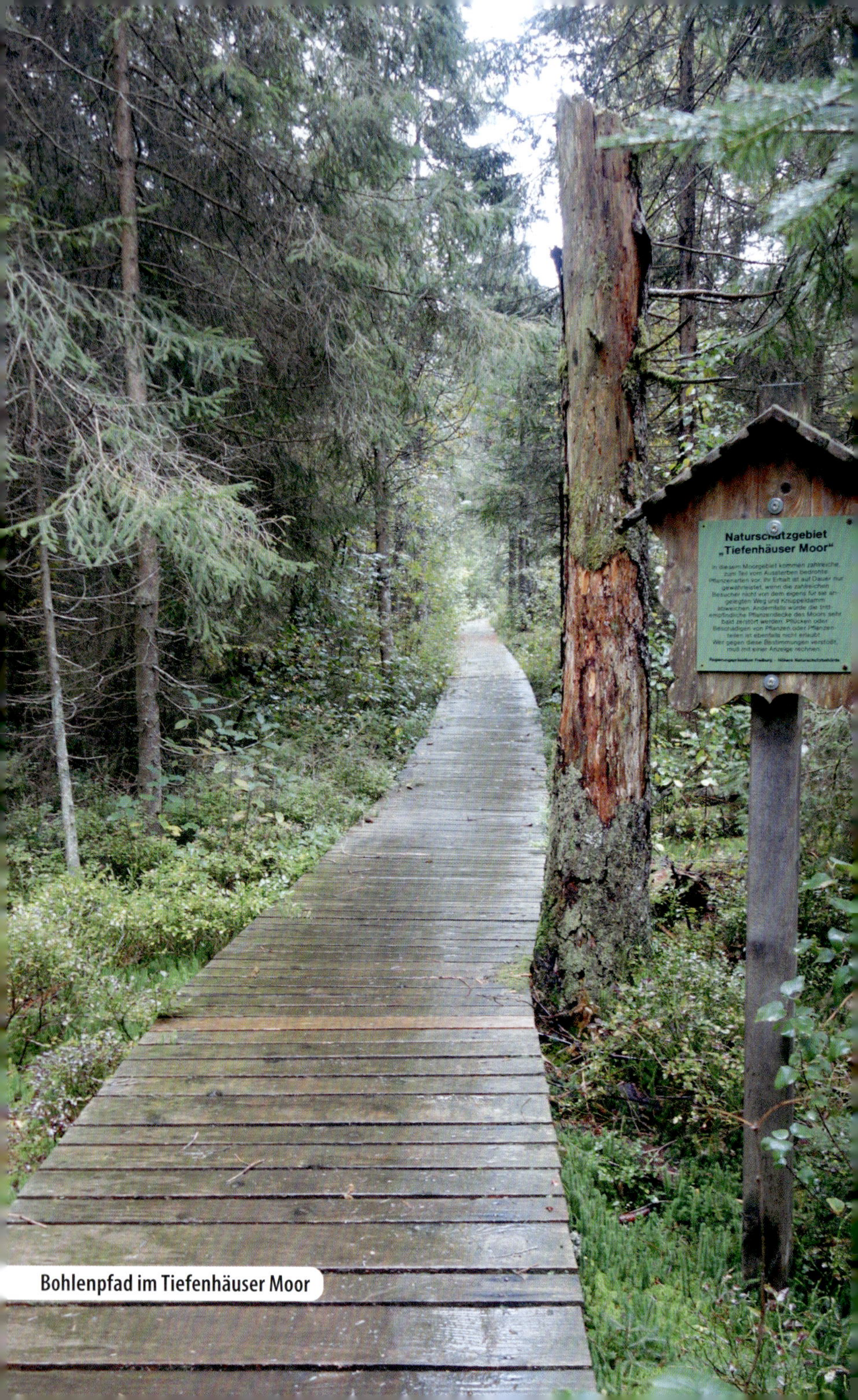

Bohlenpfad im Tiefenhäuser Moor

Heilende Luft

Der Schinkenweg bei Höchenschwand

Erwartungsvoll brechen wir auf in Richtung Höchenschwand, doch je näher wir dem Ziel mit unserem Auto kommen, umso schlechter wird das Wetter. Der Wettergott scheint es heute nicht allzu gut mit uns zu meinen. Doch unser Motto lautet: Es gibt kein schlechtes Wetter, nur unzureichende Kleidung. Zum Glück haben wir immer unsere Regenausstattung im Rucksack dabei, man kann ja nie wissen.

Höchenschwand, Deutschlands höchster heilklimatischer Kurort, liegt auf der stolzen Höhe von 1015 Metern über dem Meeresspiegel. Mit der heutigen Rundtour „Schinkenweg" startet man am besten am **Loipenhaus,** das im Nordwesten von Höchenschwand liegt. Hier kann man sein Fahrzeug abstellen und am Ende der Tour die Wanderung in der Gaststätte so richtig ausklingen lassen.

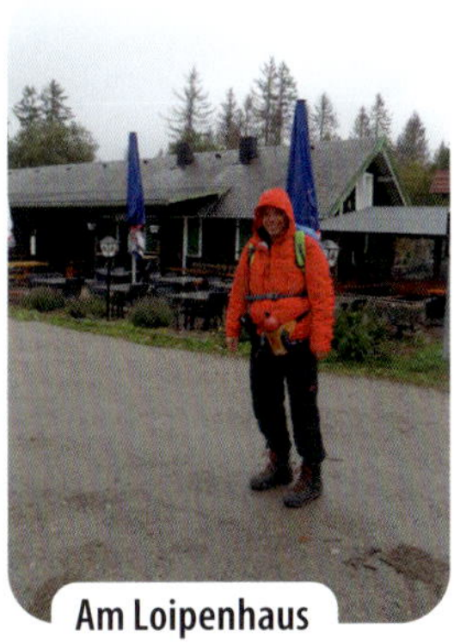

Am Loipenhaus

Links der Gaststätte wenden wir uns dem grasbewachsenen Weg in den Wald zu und gehen nach etwa 300 Metern links. Das Gras unter unseren Sohlen ist weich und lässt uns sanft durch den Wald wandern. Den Linksabzweig lassen wir unbeachtet und schreiten dafür wenig später den steinigen Pfad rechts hinab zum Wegetreff **Fünfwegscheid.** Mit der gelben Raute im Blick biegt der Schinkenweg nach links in den Wolfsbrunnenweg ein. Für gut einen Kilometer genießen wir die Entschleunigung der Waldwanderung, die uns zur ❶ **Oberen Albtalschanze** (900 m) hinabführt. Rechts versetzt finden wir eine Aus-

Kilometer: 13,7
Höhenmeter: 320
Stunden: 4,5
RUNDWEG

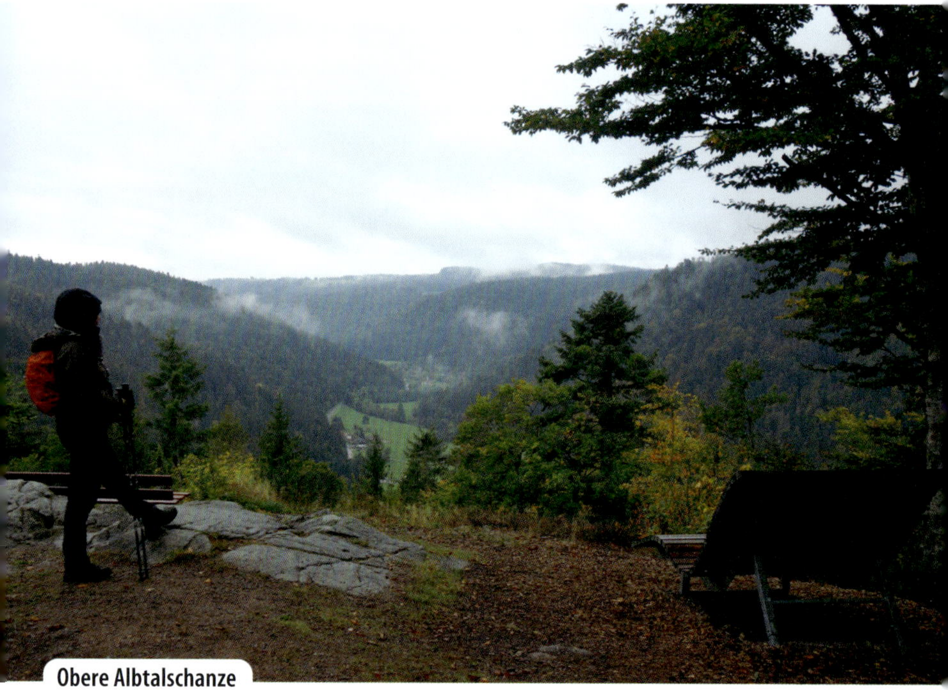

Obere Albtalschanze

*Im **Tiefenhäuser Moor** soll der Sage nach einst ein Kloster gestanden haben, das über Nacht plötzlich verschwand. Seitdem soll es hier spuken, denn drei weiß verschleierte Nonnen erschrecken die Besucher, um dann mit Wehklagen wieder in den Tiefen des Moors zu verschwinden.*

sichtskanzel, von der wir tief ins Albtal hinunterblicken. Wenn, wie heute nach einem Regenguss, der Nebel in den Wäldern hängt, dann wirkt der Blick fast mystisch. Die Wälder scheinen wie verzaubert. Eine ergonomisch geformte Waldliege bietet ihre Ruhezone zum Relaxen oder Waldbaden an. Wir wandern weiter und laufen zum mittleren der drei Wege. Der **Kutterauerhaldenweg** schlängelt sich munter durch den Wald. Umgeben von unzähligen Nadelbäumen durchstreifen wir eine herrliche Natur und erfreuen uns an der Stille, dem Geruch von Holz und frischem Moos sowie dem entspannten Wandern auf weichem Untergrund. Da Höchenschwand ein sehr bekannter heilklimatischer Kurort ist, sollten wir immer wieder innehalten und bewusst unsere Lungen mit der gesunden Höhenluft füllen.

Ein kurzer Anstieg bringt uns zu einem Abzweig, bei dem wir geradeaus und eben zu einem unbefestigten Waldpfad weiterwandern. Für einen kurzen Moment lichtet sich der Wald, und wir folgen der Markierung halb rechts, dann gelangen wir hinab ins **2 Tiefenhäuser Moor** (915 m). Von hier aus wenden wir uns nach links und wandern jetzt direkt ins Naturschutzgebiet. Der weiche Waldboden ist wie Balsam für unsere Füße. Dann stehen wir vor einer Weggabel und können uns frei entscheiden, denn der Moor-Rundweg kann in beiden Richtungen begangen werden. Der Abschnitt des Holzbohlenwegs ist natürlich bei Nässe mit äußerster Vorsicht zu genießen, denn die Dielen können dann sehr rutschig sein.

Für die Seele

Heimat erleben und dabei den Alltagsstress loslassen und die Aufmerksamkeit auf die schönen Dinge des Lebens lenken.

Das Tiefenhäuser Moor ist ein absolutes Naturjuwel, das seinen ganz besonderen Reiz hat. Wir können uns kaum sattsehen. Unzählige Tierarten und seltene Pflanzen sind hier auf einer Gesamtfläche von rund 4,5 Hektar beheimatet. Zu den Besonderheiten gehören der fleischfressende Sonnentau sowie die Wasserlöcher, die sogenannten Gumpen.

Alpenblick

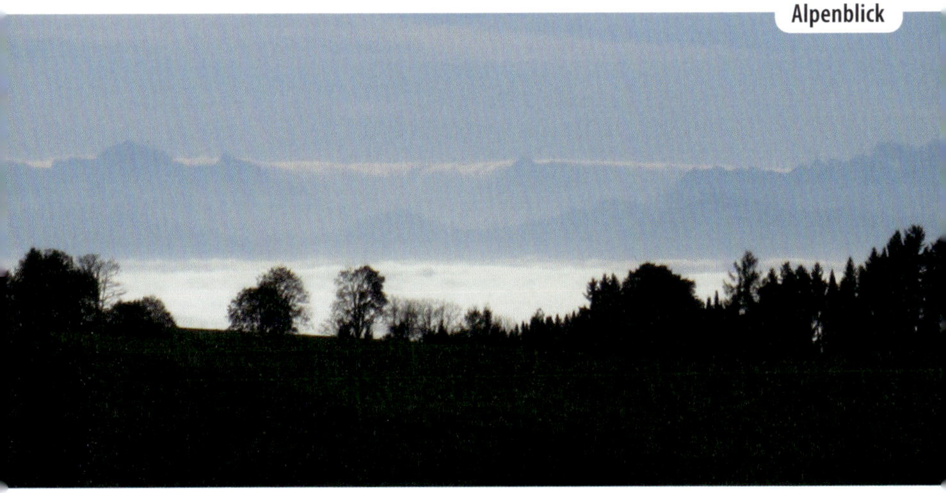

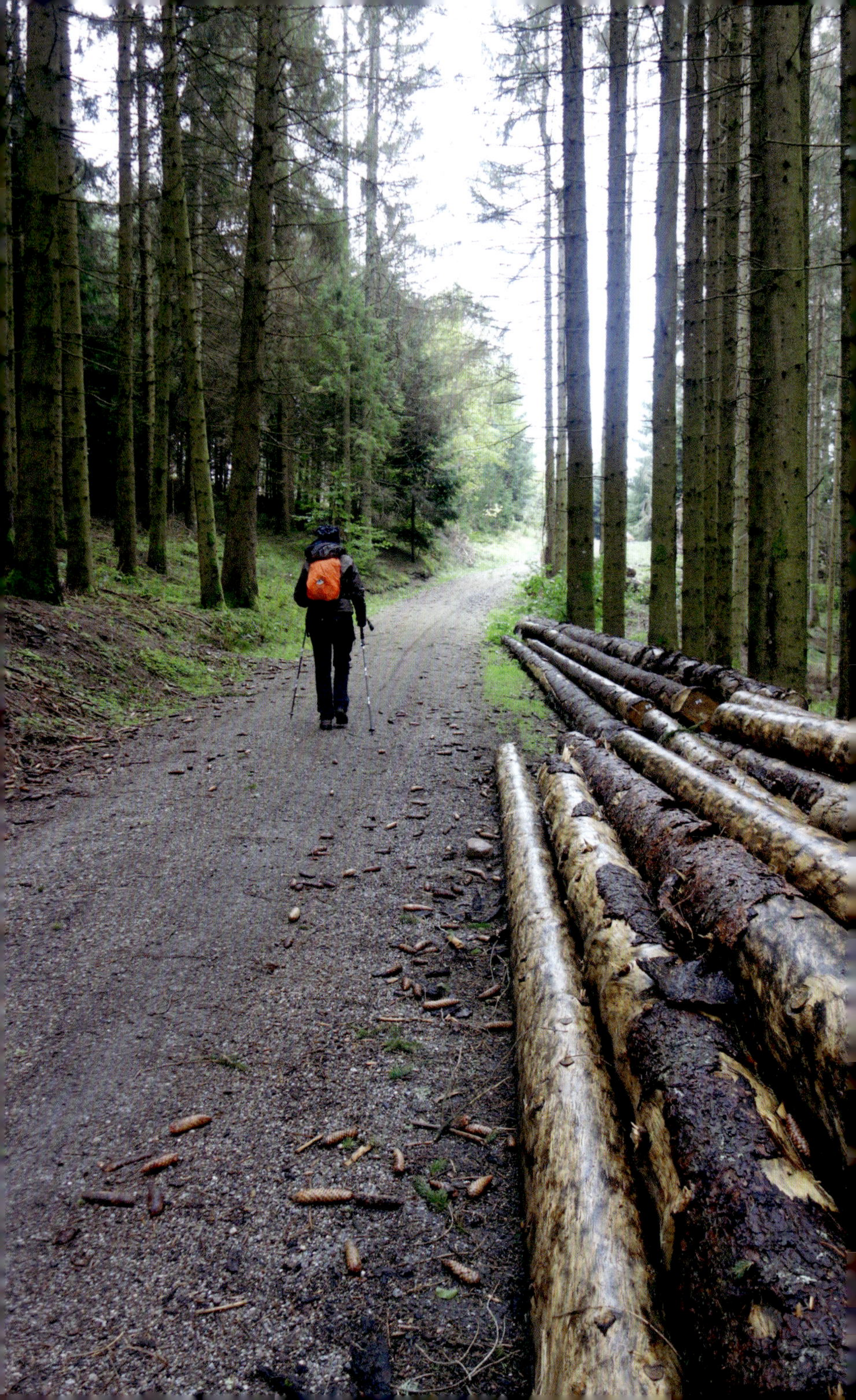

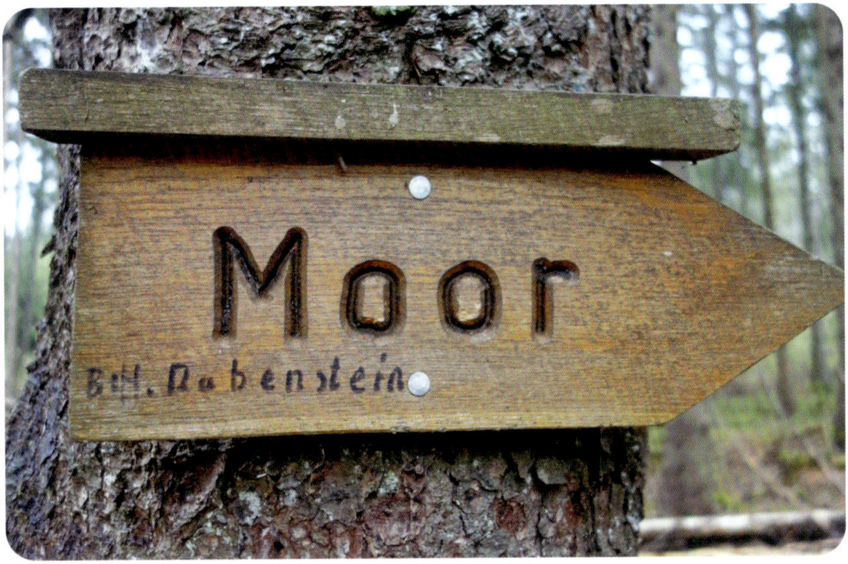

Zurück von unserem kleinen Abstecher durchs Moor wandern wir weiter den breiten **Ruhebächleweg** entlang nach links und biegen dann vor der B 500 nach rechts zum Feldweg ab. Am Hungerberg halten wir die Richtung bei und schwenken bei der nächsten Möglichkeit rechts zum Oberen Buchholzweg ab. Im Wald gehen wir dann links und wandern hinab zum Standort **Buchholz.** Dort schreiten wir scharf links zum Mittleren Buchholzweg und gelangen bei einem Speicherbauwerk wieder aus dem Wald. Entlang der saftig grünen Wiesen gehen wir halb links und unterqueren bald die Bundesstraße. Gegenüber der Straße können wir im historischen **3 Landgasthof Rössle** gepflegt einkehren. Frisch gestärkt folgen wir nun der Straße K 6553 bis zum Ortsende von Tiefenhäusern und biegen beim letzten Haus nach rechts zum Feldweg ab. Vor dem Bauernhof geht's links und weiter entlang an den grünen Weidewiesen hinab in den Wald. Dort halten wir uns gleich rechts, passieren den **Wegweiser Aubach** und gelangen in das Tal des Fohrenbachs. In einer

Wenn im Herbst beim Frohnschwander Bauernmarkt der ***Höchenschwander Strohskulpturen-Wettbewerb*** *veranstaltet wird, dann sollte man sich das auf keinen Fall entgehen lassen. Die lebensgroßen Kunstwerke sind einfach großartig und überaus sehenswert!*

Rechts-Links-Kombination verlassen wir den Hornhaldeweg und wandern jetzt wieder bergauf. Bald schreiten wir aus dem Wald, und weite Wiesen bestimmen erneut das liebliche Landschaftsbild.

Links versetzt schreiten wir dem Ort ❹ **Oberweschnegg** entgegen. Vorbei an den hübschen Häusern passieren wir einen Brunnen und biegen vor Haus Nummer 35 links ab. Die Markierung leitet uns durch die Gassen. Nach dem reizenden Ort geht's entlang der Felder in Richtung Nordosten, nach einem kleinen Wäldchen folgen wir links dem Schotterweg. Um uns schauend blicken wir an klaren Tagen bis zu den Alpen.

Auf direktem Weg gelangen wir zum ❺ **Frohnschwander Bauernmarkt.** Hier gibt es unter anderem regionale Erzeugnisse und original Schwarzwälder Spezialitäten zu erwerben. Wir wandern weiter entlang der Straße hinauf nach Frohnschwand. Bei einem Feldkreuz an der Bushaltestelle halten wir uns halb links und erreichen wenig später das ❻ **Gasthaus Engel.** Nach dem Ort wenden wir uns bei der Viehweide links

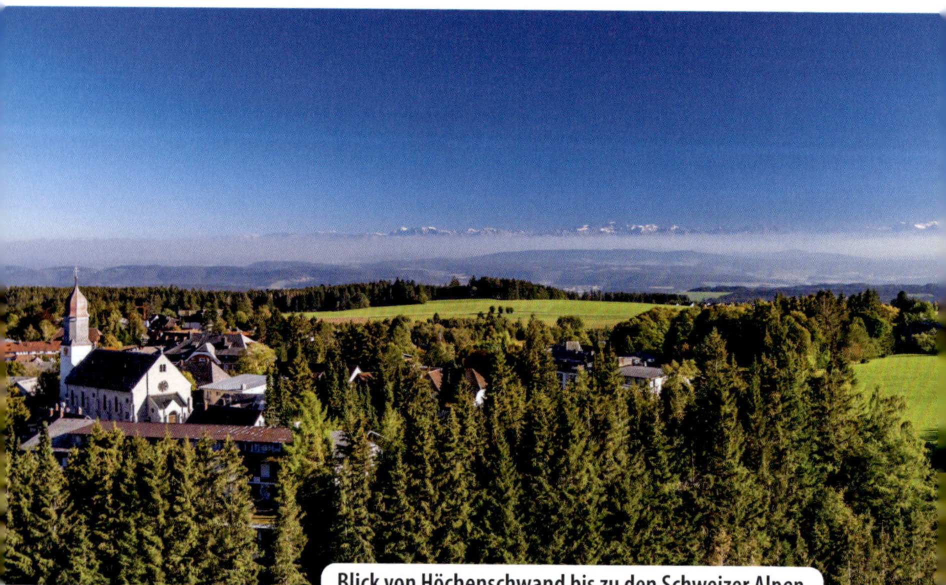

Blick von Höchenschwand bis zu den Schweizer Alpen

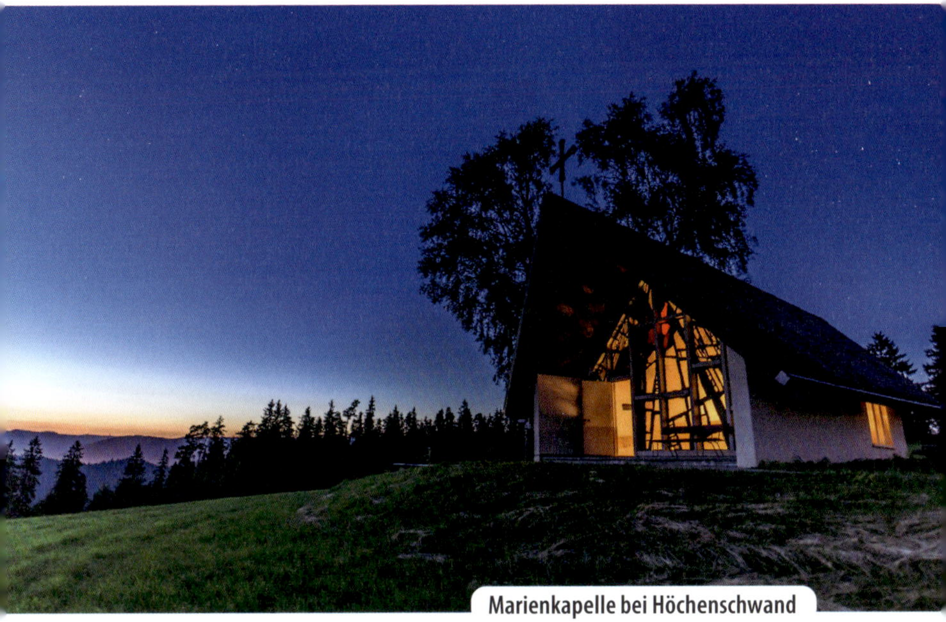

Marienkapelle bei Höchenschwand

der wenig befahrenen Landstraße zu und folgen dieser für gut 600 Meter. Bei den Nadelbäumen biegen wir dann halb links zum Wanderpfad ab und können von der Sitzbank erneut das gigantische Alpenpanorama erleben. Vor der Bundesstraße geht es nordöstlich hinauf an den kleinen Wald, wo man im Sommer Heidelbeeren pflücken kann. Über den Bürchlebühl schreiten wir auf dem Wiesenpfad, der links zur B 500 hinüberleitet. Vorsichtig setzen wir über die Fahrbahn und folgen dann dem landwirtschaftlichen Weg. Bereits nach wenigen Schritten biegt ein schmaler Schotterpfad nach links ab. Entlang einer Hecke führt uns der Saumpfad beständig geradeaus. Noch einmal schwenkt der Wiesenpfad rechts hinüber, und unser Weg steigt abermals an. Bald biegen wir links zur lichten Baumallee ab und genießen an sonnigen Tagen eine prachtvolle Aussicht. Kein Wunder, dass so viele Sitzbänke am Weg platziert wurden. Hier kann man die Seele baumeln lassen, den Alltag vergessen, sich wegträumen und ein klein wenig die Zeit anhalten. Die Alpenblick-Panorama-Allee führt zur **7 Marienkapelle.** Wir gehen rechts entlang des Waldrands und gelangen nach 400 Metern zum Ausgangspunkt zurück. Im **8 Loipenhaus** können wir uns mit einer ausgedehnten Vesper stärken. An klaren Tagen lohnt es sich, zum krönenden Abschluss noch auf den **9 Rothaus-Zäpfle-Turm** (1010 m) hinaufzusteigen. Der 2003 eröffnete etwa 50 Meter hohe Aussichtsturm bietet einen wahren Traumblick.

Unser Fazit: Höchenschwand ist immer wieder eine Reise wert, egal bei welchem Wetter. Man kann hier oben dem Himmel nah sein, egal ob mit Alpenblick oder ohne.

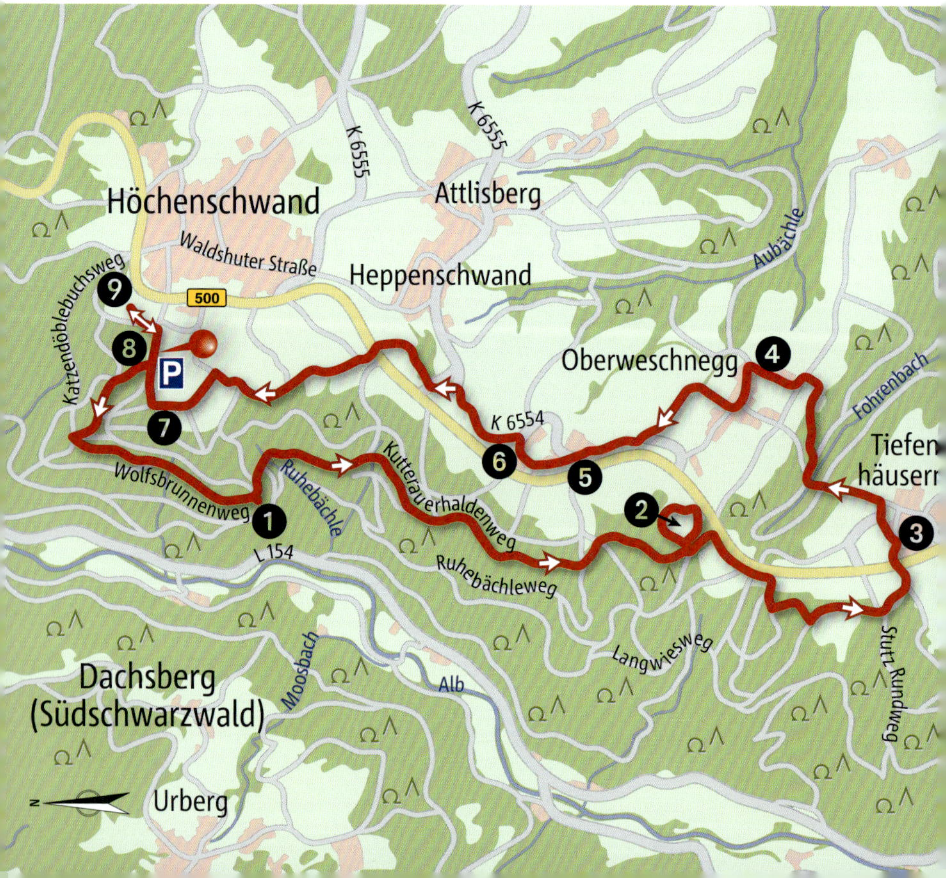

ALLES AUF EINEN BLICK

Entspannung 3/5
Abenteuer 4/5
Vielfalt 5/5

WIE & WANN

Meist Naturwege, bei den Orten auch asphaltierte Strecken; beste Wanderzeit April bis Anfang November, je nach Wetterlage

HIN & WEG

Auto: Parkplatz, 79862 Höchenschwand (GPS: 47.736676, 8.158095), Anfahrt: B 500 zwischen Schluchsee und Waldshut-Tiengen; im Nordwesten von Höchenschwand zum Naturschutzzentrum bei der Bergwacht abbiegen; großer Parkplatz am Loipenhaus
ÖPNV: Busanschluss in Höchenschwand

ESSEN & ENTSPANNEN

3 **Landgasthof Rössle,** Tiefenhäusern 12, 79862 Höchenschwand, Tel. (0 77 55) 2 81, www.porten.de/roessle
5 **Frohnschwander Bauernmarkt,** Frohnschwanderweg17, 79862 Höchenschwand, Tel. (0 77 55) 83 52, www.mein-bauernmarkt.com
6 **Gasthaus Engel,** Frohnschwand 15, 79862 Höchenschwand, Tel. (0 77 55) 3 06, www.landgasthaus-engel.de
8 **Loipenhaus,** Natursportzentrum 10, 79862 Höchenschwand, Tel. (0 76 72) 92 22 43, www.loipenhaus-hoechenschwand.de

ENTDECKEN & ERLEBEN

1 **Obere Albtalschanze**
2 **Tiefenhäuser Moor**
4 **Oberweschnegg**
7 **Marienkapelle**
9 **Rothaus-Zäpfle-Turm**

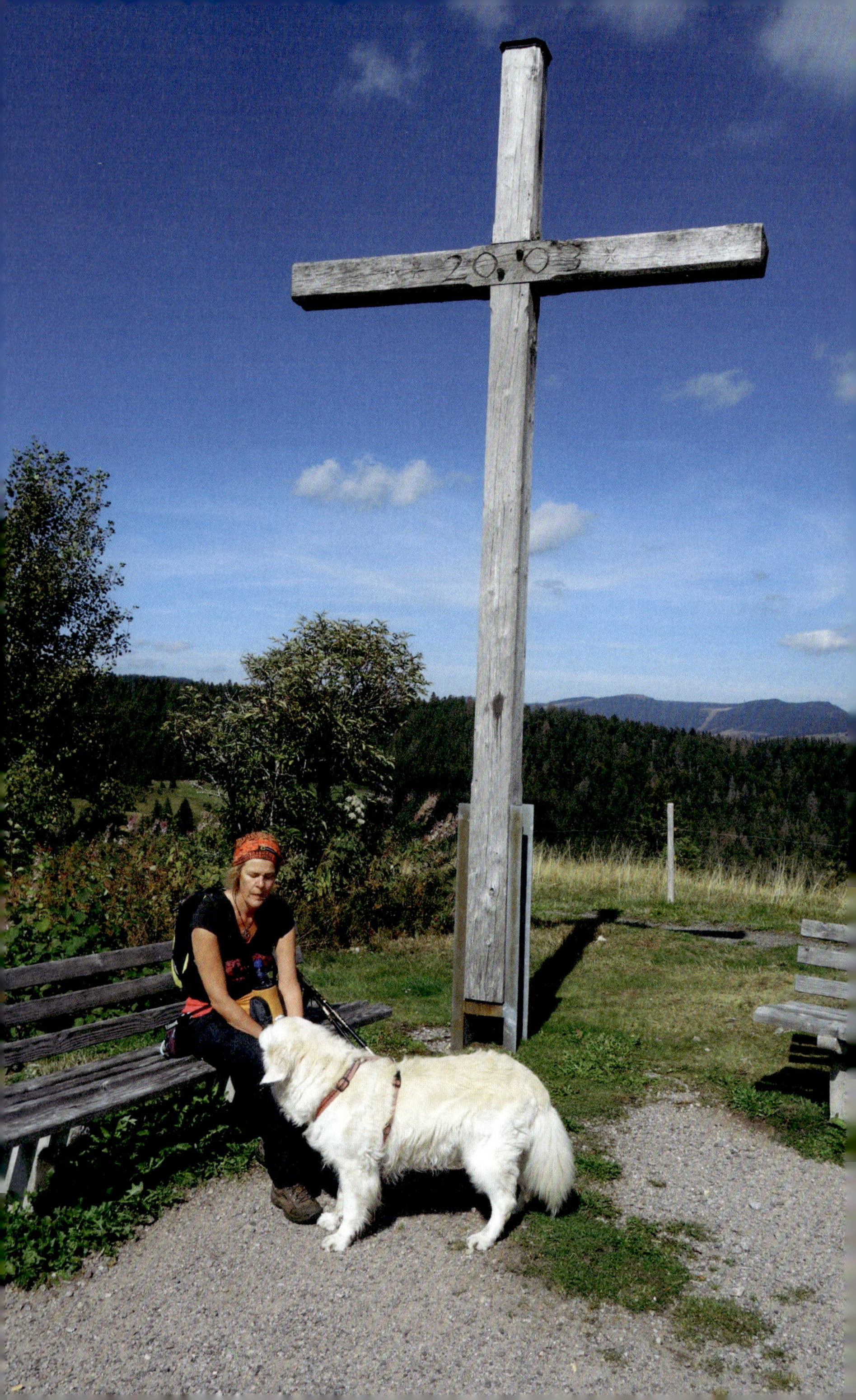
20.03

Im Höhenrausch

Durch das Ibacher Hochtal

Unsere heutige Wanderung führt uns ins Ibacher Hochtal. Allein schon die Vorfreude auf das bevorstehende Erlebnis entschleunigt uns, sodass wir bereits völlig entspannt aus dem Auto steigen.

Im Nordwesten von Ibach stoßen wir unweit der Bushaltestelle am Straßenabzweig Richtung Ibach, an der Landstraße L 150, auf den **Parkplatz Kohlhüttenplatz,** unseren heutigen Ausgangspunkt. Wir befinden uns, geografisch gesehen, zwischen den beiden bekannten Schwarzwald-Städtchen St. Blasien und Todtmoos. Sofort entdecken wir das markante Logo des „Ibacher Panoramawegs“. Dieses Zeichen wird uns heute einen Großteil der Wanderung begleiten. Wir starten voller Erwartung. Direkt vor der Landstraße L 150 leitet ein Wiesenpfad nach rechts, dann überqueren wir bei der Bushaltestelle am Großbühl die nach Ibach führende Straße. Wer mit dem Bus anreist, kann selbstverständlich hier die Wanderung beginnen. Der Genießerpfad führt gemeinsam mit dem Wanderweg Schluchtensteig in Richtung Osten. Wir durchwandern ein kleines Weidegebiet und sind gleich fasziniert von diesem Fleckchen Erde. Auf einem hölzernen Steg überschreiten wir ein kleines Wasserrinnsal. Jetzt führt der Pfad bergaufwärts. Kleine Steinchen knirschen sanft unter den Schuhen.

Bald schon gelangen wir zu einem geteerten Weg und halten uns dort rechts. Jetzt orientieren wir uns so lange geradeaus, bis wir ein Wasserspeicherbauwerk erreichen. Kurz danach wenden wir uns am **Wachtbühl** scharf

*Das **Ibacher Hochtal** wurde einst vom Feldberggletscher geformt. Südlich der Hochalmfläche befindet sich das sogenannte Klusenmoos, ein Moorgebiet, das aus der letzten Eiszeit vor ungefähr 10.000 Jahren stammt.*

Kilometer: 10,7

Höhenmeter: 310

Stunden: 3,5

RUNDWEG

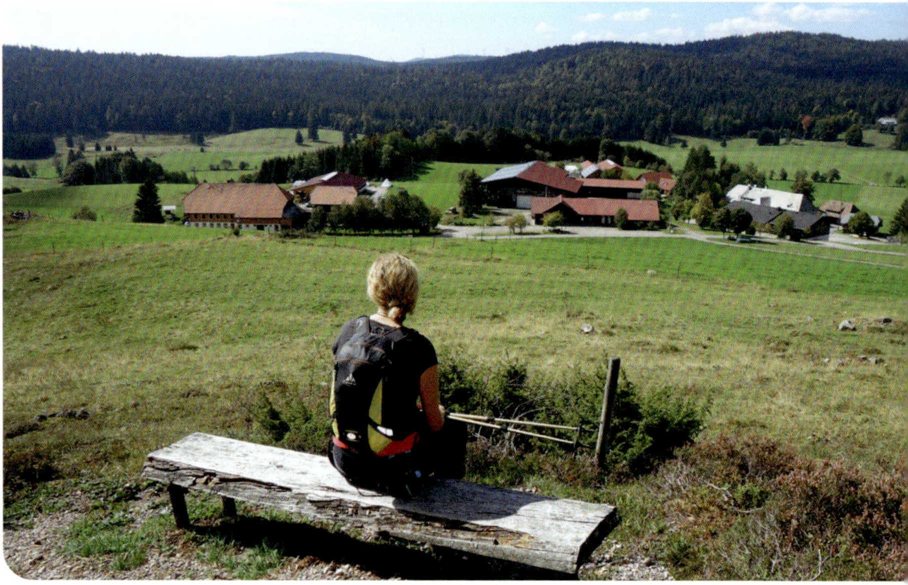

Zwischen den Wäldern und Bergkuppen des Ibacher Hochtals liegen die **Allmendweiden,** flachgründige, magere Weidefelder, auf denen wie einst verhältnismäßig wenige Tiere weiden. Durch die traditionelle Allmend-Bewirtschaftung konnten wertvolle Lebensräume für Tiere und Pflanzen erhalten werden.

nach links. Linksseitig grasen glückliche Kühe auf saftigen Weideflächen. Wir folgen weiter dem typischen Landwirtschaftsweg, bestehend aus zwei Spuren mit feinen Steinchen, die in der Mitte durch eine dezente Grünfläche getrennt sind. Während wir gemütlich dahinwandern, nehmen wir bewusst das Landschaftsbild in uns auf. Direkt hinter den Weidewiesen säumt der Wald den Horizont, und dahinter sehen wir nur noch blauen Himmel. Einen halben Kilometer nach dem Wachtbühl biegen wir auf der **Hochebene Langwinkel** rechts ab und wandern in den Wald hinauf. Der schweißtreibende Anstieg führt uns nach kurzer Zeit zu einem ❶ **Gipfelkreuz** (1110 m). Der tolle Ausblick entschädigt uns für unsere Mühe. Im Norden reicht der Blick bis zum Feldberg, und bei klarer Sicht erblicken wir in südlicher Richtung die Alpen. Hilfreich erklärt eine große Infotafel die sichtbaren Gipfel. Bei den Sitzbänken verweilen wir für einen Augenblick und lassen das Panorama auf uns wirken. Von hier oben wirkt alles so friedlich. Nach ausgiebiger Entspannungspause wandern wir voller Energie weiter und folgen dem breiten Weg über die teils bewaldete Hochalmfläche.

Es dauert nicht lange, und wir erreichen die **2 Schutzhütte In den Bergen.** Auch hier kann man eine Zwischenrast einlegen. Wir gehen dann geradeaus weiter und gelangen bereits nach wenigen Metern zum Standortposten Beifang. Dort schreiten wir nach rechts und durchqueren ein Weidegatter. Von hier aus wandern wir über die grüne Weidewiese hinauf zum **3 Ibacher Friedenskreuz** (1078 m). Bei klarer Sicht zeigt sich im Süden ein gigantisches Alpenpanorama, und die Schneefelder der gletscherbedeckten Bergspitzen funkeln wie Perlen. Mit Recht wirbt die Gemeinde Ibach für diesen Standort mit dem „Größten Landschafts-Alpenpanorama im Schwarzwald". Unten im Talgrund des Hochtals fließt der lauschige Ibach, die weitläufige Streusiedlung mit ihren grünen Wiesenflächen, Allmendflächen genannt, bietet optisch einen wunderschönen Kontrast. Unter dem Friedenskreuz stehen Sitzbänke, die geradezu zum Ver-

Für die Seele

In der Ferne schneebedeckte Alpengipfel und um uns herum ländliche Idylle, beides hinterlässt ein Gefühl von Harmonie.

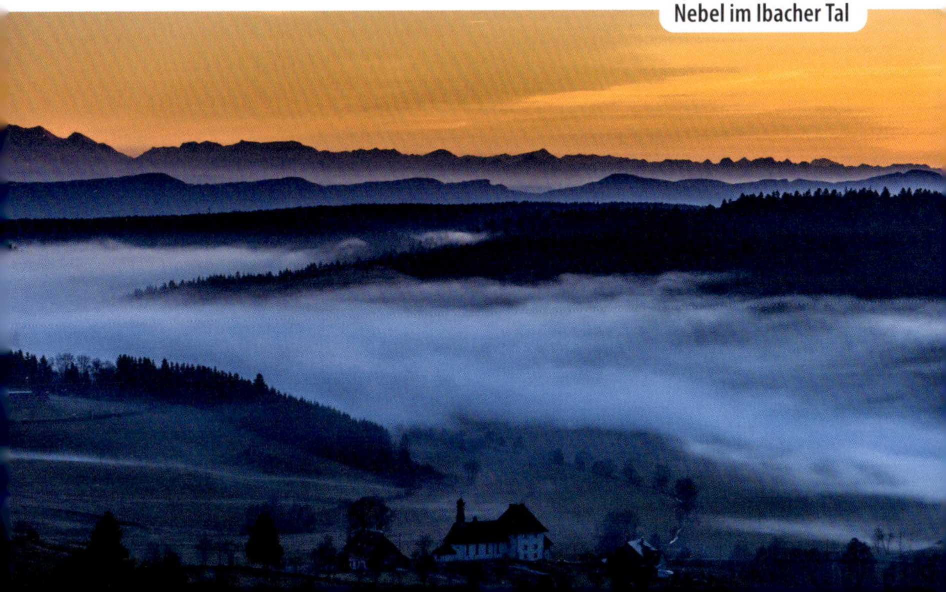
Nebel im Ibacher Tal

weilen einladen. Eine große Übersichtstafel erklärt, welcher Berg sich wo befindet. Ein wahrhaft himmlischer Platz!

Der Abstieg vom Ibacher Friedenskreuz leitet für gut 200 Meter hinab zum Altacker, wo wir durch ein „Alpen-Panorama-Portal“ wandern und uns nach rechts dem Lehenbrünnleweg zum Parkplatz **Schorrmättle** (1040 m) zuwenden. Dort schreiten wir nach links und setzen bereits nach wenigen Schritten vorsichtig über die Straße. Der Alte Klosterwaldweg führt uns zum Waldrand hinauf, dort gehen wir rechts weiter. Es dauert gar nicht lange, dann durchwandern wir einen kurzen Waldabschnitt, gleich danach steigen wir zur sogenannten **4 Hohrütte** ab. Jetzt folgen wir nur noch der Markierung des Genießerpfads, denn der Schluchtensteig nimmt ab hier einen anderen Verlauf. Reines Genusswandern steht jetzt auf dem Programm, immer wieder lassen wir uns von der schönen Landschaft begeistern und sind mittlerweile völlig in unserer inneren Mitte angekommen.

In Richtung Südwesten führt unser Weg weiter, und wir blicken stets auf das grüne und waldumrandete Hochtal mit seinen weiten Allmendweiden. Ungefähr in der Dorfmitte erkennen wir das weiß getünchte, über 300 Jahre alte Pfarrkirchlein, und am gegenüberliegenden Berghang sehen wir einen kleinen Skilift. Links davon, ganz oben am Waldrand, ist das Unteribacher Forsthaus. Dort drüben werden wir auf dem Rückweg

Ibacher Hochtal

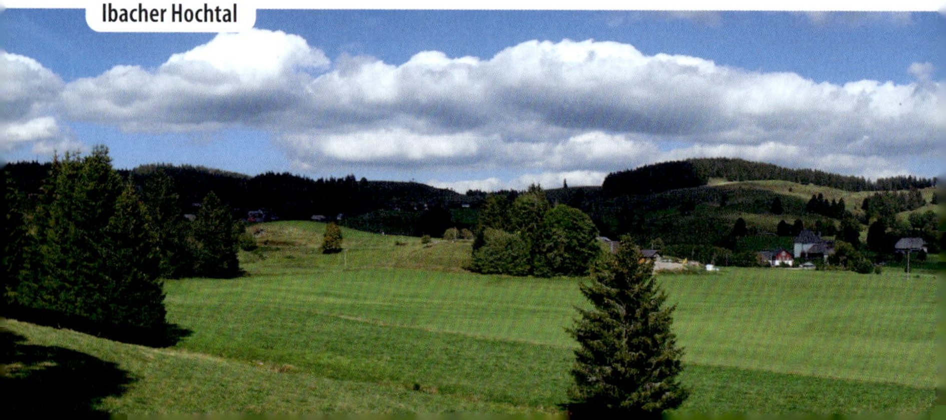

vorbeikommen. Weiter geht's zur 400 Meter entfernten **5 Engländerhütte.** Wer mag, kann hier seine mitgebrachte Vesper verzehren, der Platz eignet sich perfekt für einen kleinen Zwischenstopp. So, ab hier läuft der Ibacher Panoramaweg zu seiner absoluten Höchstform auf: Natur pur, wohin man schaut – eine wahre Augenweide. In südlicher Richtung schreiten wir zu dem prachtvollen **6 Geisberg** (1050 m) mit seinem dekorativen Holzkreuz. Müde Wanderer können auf einer hölzernen Himmelsliege relaxen oder ein Naturbad nehmen. Mehr und mehr verlieren wir an Höhe, der Weg fällt immer steiler ab. Konzertiert setzen wir Fuß um Fuß. Der Abstieg führt uns im weiteren Verlauf zum Brandweiher des Ortes Vorderibach. Hier folgen wir der Hochtalstraße scharf nach rechts und wandern für etwa 200 Meter entlang der Straße in Richtung Nordwesten nach **Unteribach.** Dabei achten wir auf den Markierungswechsel, denn jetzt haben wir den Genießerpfad vorerst verlassen und folgen nur noch der blauen Raute. Hinter einer Bushaltestelle biegen wir an der Straße Am Rain links ab und laufen in einer großzügigen Schleife zum Standort Brühl sowie zur gegenüberliegenden Talseite.

Immer in Richtung Westen schreiten wir dem **Dukatenwald** (933 m) entgegen. Dort verlassen wir den Weg nach rechts zu einem Waldweg, der jetzt wieder mit der Markierung des Genießerpfads gekennzeichnet ist. Dieser Weg bringt uns zum **7 Forsthaus Unteri-**

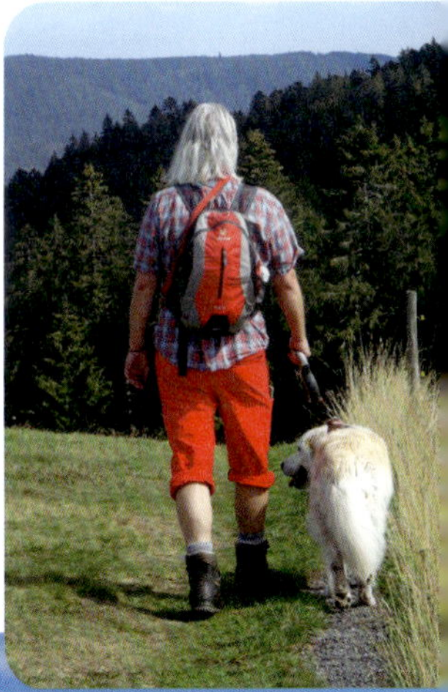

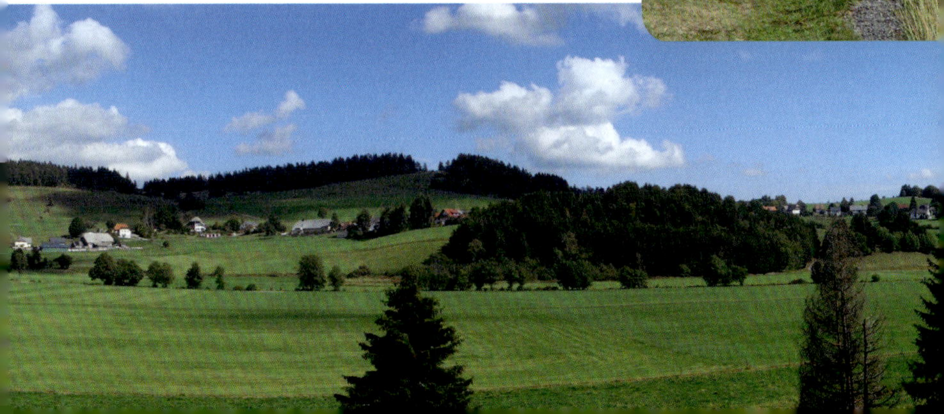

*Immer wieder fällt unser Blick auf stattliche **Bauernhöfe** mit lang gezogenen Walmdächern, die so typisch für den Südschwarzwald sind. Sie schützen das Haus vor Sonneneinstrahlung, starker Windbelastung und im Winter vor den extremen Schneemassen.*

bach. Links davon gehen wir weiter durch den Wald, bis uns der Winkelbachweg aufnimmt. Leicht steigt dieser hinter einer Schranke etwas bergan. Nach etwa 5 Minuten biegen wir an der Weggabelung halb rechts ab. Die Markierung führt uns hier durch einen bezaubernden Mischwald, der sich bereits am Wegweiser **Schwand** (1020 m) erneut öffnet.

Zum Schluss steigen wir nochmals leicht bergan und gelangen bald wieder zu unserem Ausgangspunkt zurück. Zufrieden blicken wir auf den Tag zurück, denn diese Tour bietet einfach alles, was einen idealen Wandertag ausmacht: eine sehr gute Ausschilderung, angenehme Wege, tolle Ausblicke und unberührte Naturidylle.

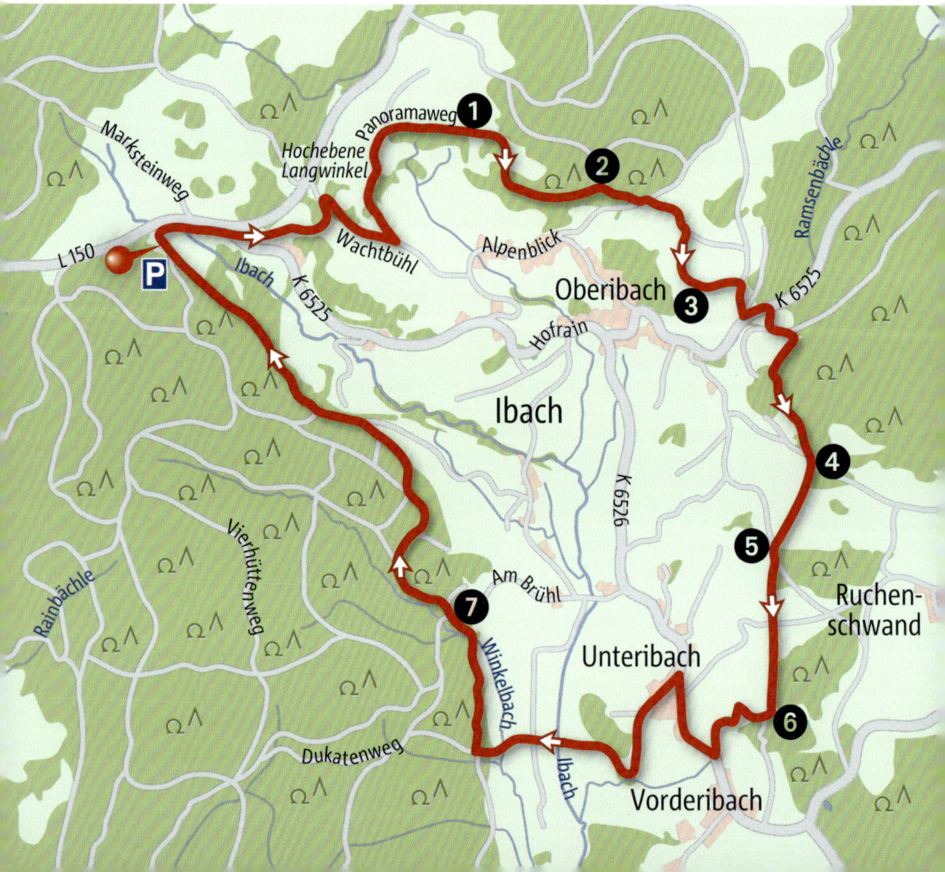

ALLES AUF EINEN BLICK

Entspannung 5/5
Abenteuer 5/5
Vielfalt 4/5

WIE & WANN

Herrliche Wanderwege, beste Wanderzeit Mai bis Oktober

HIN & WEG

Auto: Wanderparkplatz Kohlhüttenplatz im Nordwesten von Ibach neben der L 150 , 79837 Ibach (GPS: 47.746344, 8.043532)
ÖPNV: Bushaltestelle unweit des Parkplatzes an der Straßenkreuzung (Abzweig Ibach)

ESSEN & ENTSPANNEN

Bitte an Rucksackverpflegung denken.

ENTDECKEN & ERLEBEN

1. **Gipfelkreuz**
2. **Schutzhütte In den Bergen**
3. **Ibacher Friedenskreuz**
4. **Hohrütte**
5. **Engländerhütte**
6. **Geisberg**
7. **Forsthaus Unteribach**

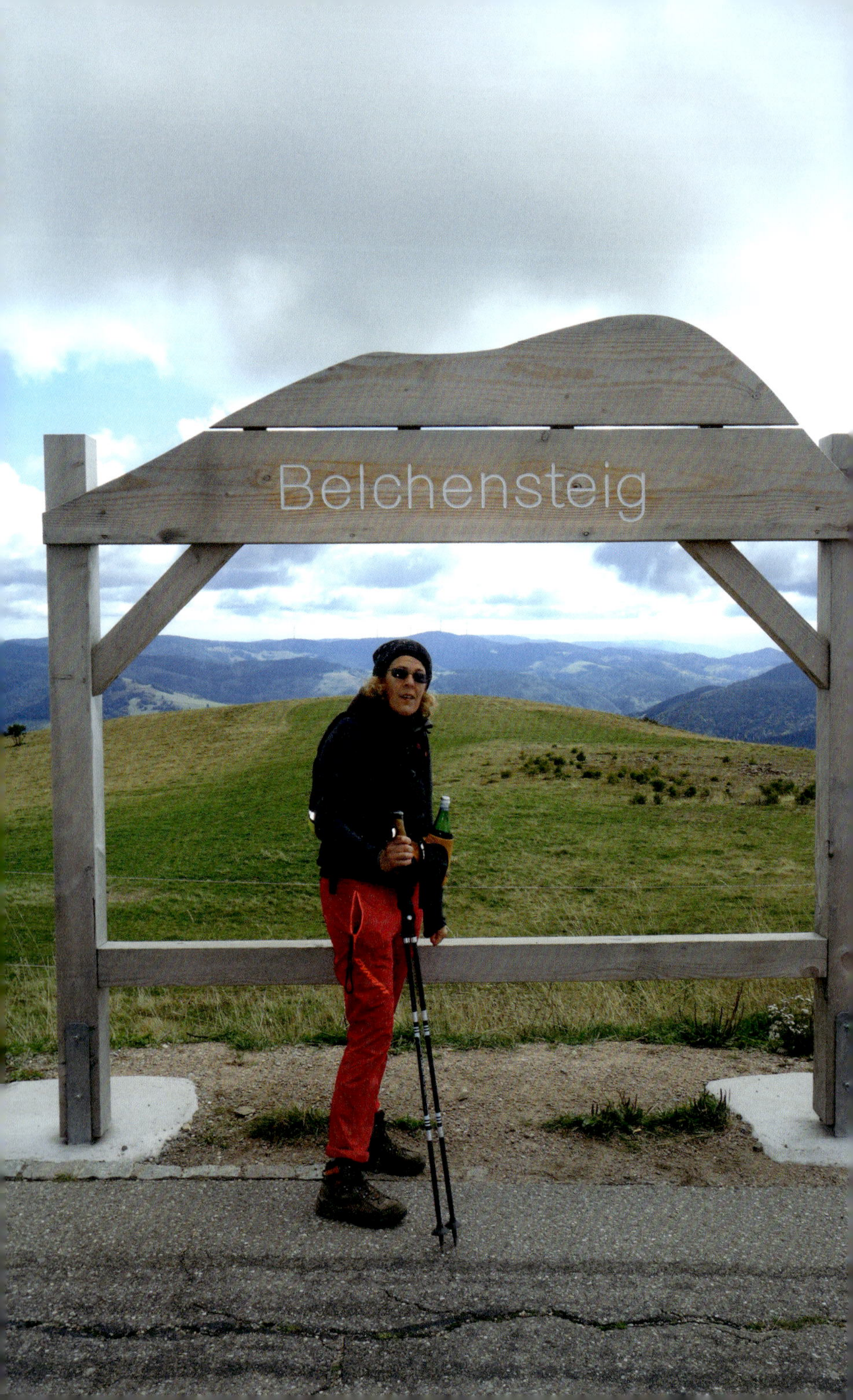
Belchensteig

Pures Gipfelglück

Der Belchensteig

Egal, von welcher Seite wir zum Wiedener Eck, dem Startpunkt unserer Wanderung, hinauffahren, die Passstraße windet sich auf gigantische Weise immer weiter in die Höhe. Oben angekommen finden wir gegenüber des Berghotels Wiedener Eck eine Bushaltestelle sowie einen kostenlosen Parkplatz. Falls dieser bereits belegt sein sollte, gibt es weitere Parkmöglichkeiten nach circa 200 Metern entlang der K 6341 in Richtung Süden. Dem Hotel gegenüber beim Westweg-Portal Wiedener Eck befindet sich der Einstieg zum Genießerpfad Belchensteig. Wir folgen dieser Markierung und orientieren uns gleichzeitig auch an der gelben Raute.

Ein grasbewachsener Weg führt uns in Richtung Süden hinauf, direkt hinein ins Naturschutzgebiet. Das hell erklingende Glöckchen der Wiedener Eck-Kapelle begrüßt uns freudig. Während unseres Anstiegs genießen wir den Talblick zur linken Seite hinab auf den Ort Wieden. Kurze Zeit später passieren wir einen Wasserspeicher, der die Trinkwasserversorgung des Dorfes sicherstellt. Von dort wandern wir neben großflächigen Viehweiden der ❶ **Panorama-Gaststätte Gut Lilienfein** entgegen. Wer möchte, kann hier schon die erste Rast einlegen, der Belchensteig aber windet sich kurz vor der Wirtschaft rechts den Hang hinauf. Tritt um Tritt wandern wir bergwärts und erreichen kurz darauf den Wald, in dem zwei kleine Wildbäche unseren Weg kreuzen. Es dauert nicht lange, bis wir wieder aus dem Forst heraustreten.

*Als einer der schönsten Aussichtsberge des Schwarzwaldes ist der **Belchen** häufig stark frequentiert. Insbesondere an Wochenenden und Feiertagen sowie in den Schulferien gleicht der Andrang einer bunten Völkerwanderung. Alle, die es lieber ruhiger und besinnlicher mögen, sollten diese Tage daher am besten meiden und den Belchensteig lieber werktags erwandern.*

Kilometer: 13,8
Höhenmeter: 650
Stunden: 5,5
RUNDWEG

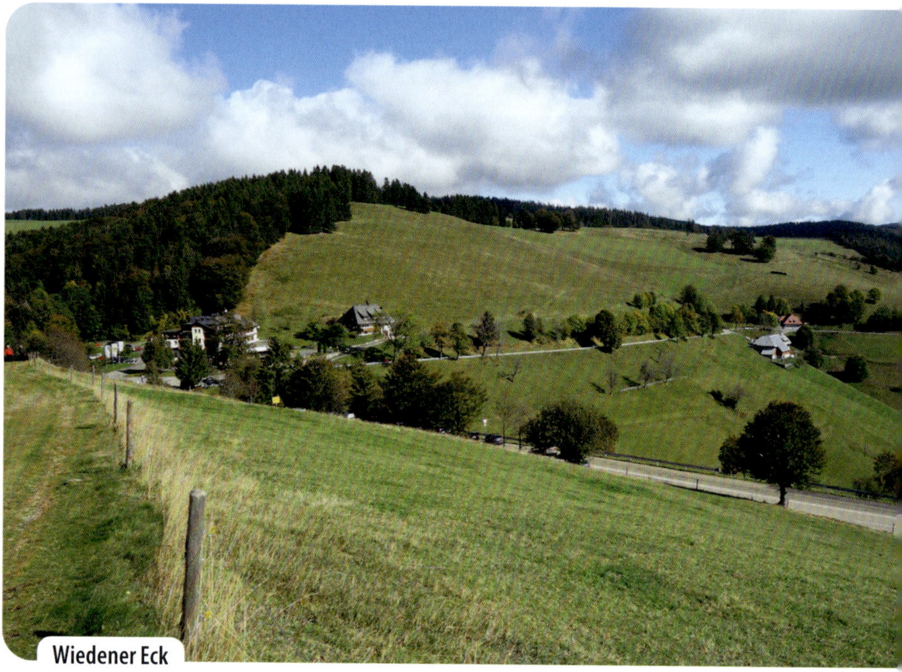
Wiedener Eck

Beim **Skilift Wiedener Eck** (1092 m) legen wir eine kurze Verschnaufpause ein und bewundern die weitläufige Aussicht. Unser Weg führt uns direkt nach dem Lifthäuschen halb rechts, dann durchschreiten wir einen lichten Nadelwald. Ein angenehmer Hauch von frisch gesägtem Holz steigt uns in die Nase. Weiter folgen wir dem breiten Weg am Holzplatz vorbei und gewinnen permanent an Höhe. Für ein paar Meter bedecken grobe Steine unseren Weg, bis wir am **Lückle** (1157 m) eine Straße queren. Gegenüber der Fahrbahn entscheiden wir uns für den zweiten Weg von rechts und schreiten im Wald gemütlich wieder talwärts. Wir folgen dem breiten Weg hinab und lassen dabei sämtliche Abzweige unberücksichtigt. Bald öffnet sich rechts das traumhaft schöne Wiesenhochtal, durch das der zarte Hintergrundbach fließt. Eine Sitzbank lädt zur Rast ein. Körperlich und geistig gestärkt, setzen wir unsere Tour fort und folgen der S-Kurve hinab. Hier kreuzen wir das quirlige Wasser, das uns noch eine ganze Weile lang begleiten wird. Vor dem Wald halten wir uns dann links. Alsbald gelangen wir zu den traditionsreichen landwirtschaftlichen Schwarzwaldhöfen des kleinen Weilers **2 Untermulten** und gehen hier an der Weggabel links. Kurz nach den schmucken Bauernhäusern steigen wir rechts auf schmalem Pfade hinauf und biegen beim breiten Weg nach links ab. Bereits von hier aus beobachten wir in der Ferne die gelben Gondeln der Bergbahn, wie sie dem Belchen entgegenschweben.

Für die Seele

Der Weitblick vom Belchengipfel zählt zu dem Imposantesten, was der Schwarzwald zu bieten hat.

Jetzt verlassen wir den Schotterweg und biegen halb links auf einen grasbewachsenen Weg ab. Dieser führt neben einer Weidefläche zum **3 Gasthof Belchen-Multen.** Umsichtig überqueren wir die Straße und folgen dahinter dem Eisenbläueweg. Dann biegen wir

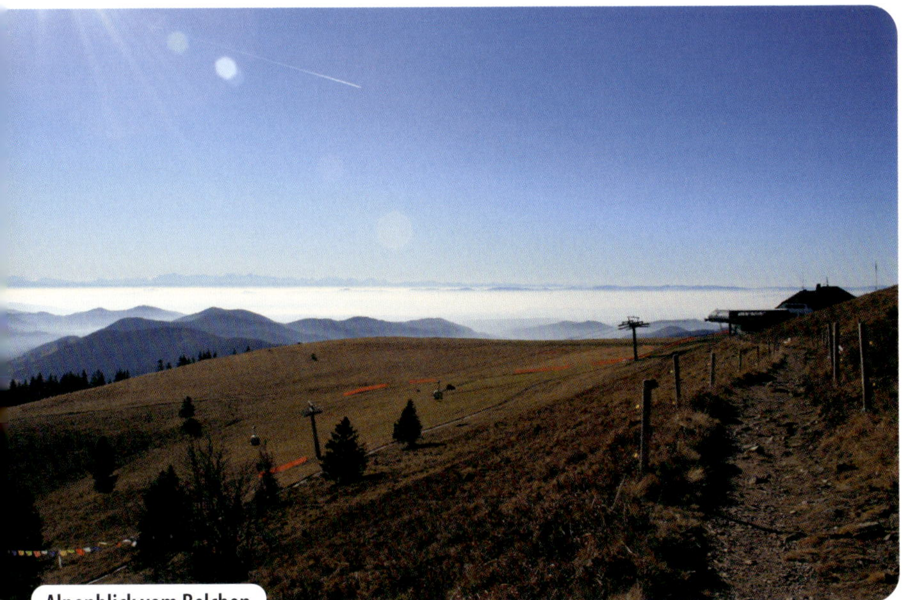

Alpenblick vom Belchen

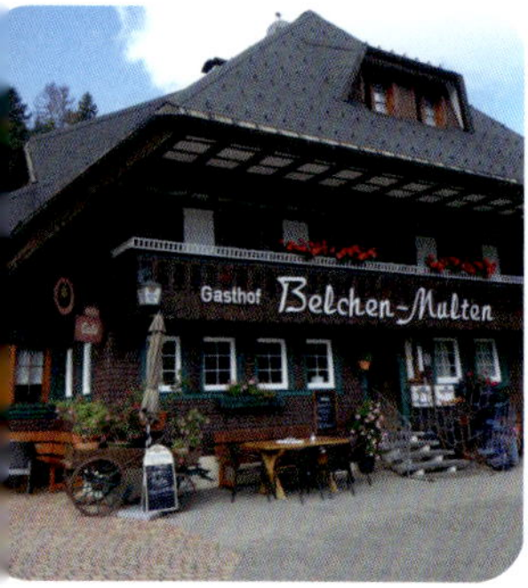

Wer sich für die bequemere Variante, also die Auffahrt mit den Gondeln der ***Belchenbahn,*** *entschieden hat, überwindet 266 Höhenmeter ganz ohne Muskelkraft. In einer 7-minütigen Fahrt schweben die gelben Kabinen bergwärts, und wir gelangen so auf direktem Wege mühelos zum Belchenhaus, das auf 1360 Meter Höhe liegt.*

vor einem Haus halb rechts ab und schreiten auf dem für Fahrzeuge gesperrten Weg in den Wald hinein. Der Weg steigt wieder an, und wir orientieren uns beim querenden Weg am **Abzweig Multen** nach rechts. Bei einer Lichtung blicken wir noch einmal zum Gasthof hinab und stellen beeindruckt fest, wie weit wir schon wieder gegangen sind. Kurz darauf gelangen wir auch schon zum **Abzweig Stuhlsebene** und schreiten in einer großen Rechtskehre hinüber zum **4 Belchenhotel** mit seinem **Jägerstüble,** das mit einer Einkehr lockt. Für alle, die auf dem Belchengipfel mehr Zeit verbringen wollen, empfiehlt sich jetzt die komfortable Auffahrt mit der **5 Belchenbahn** (1094 m). Wer eher die sportliche Herausforderung liebt, biegt vor der Talstation der Bergbahn zum Wanderpfad nach links ab und erklimmt auf schmalem Steig die Höhe.

Oben am **6 Belchenhaus** angekommen, lockt das große Berggasthaus mit seiner einladenden Terrasse. Egal in welche Richtung wir auch blicken, wir sind mehr als beeindruckt von diesem herrlichen Weit- und Ausblick. Wir reißen uns von dem Panorama los und treffen im weiteren Wegverlauf ganz kurz auf den Westweg, dem wir für wenige Meter in Richtung Südwesten folgen. Beim Blick zur linken Seite tief hinab ins Kleine Wiesental erkennen wir südwestlich den markanten Hochblauen aufragen. Weiter rechts schweift

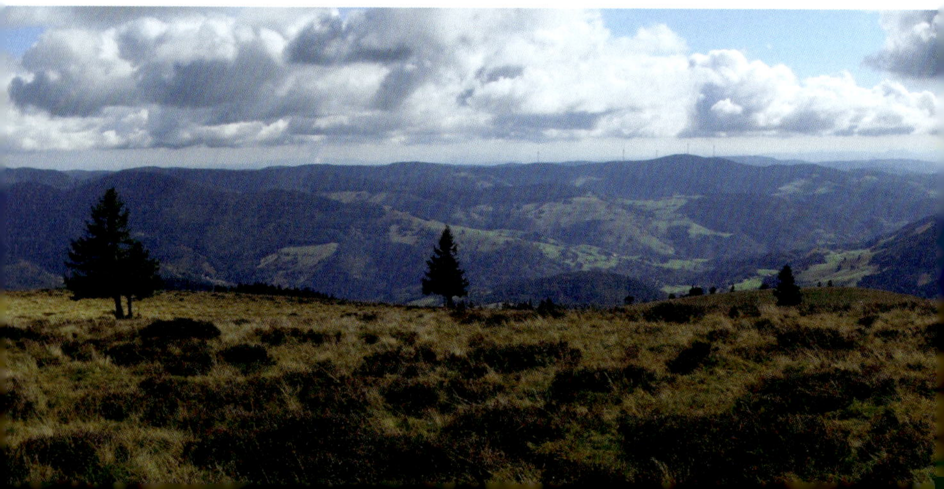

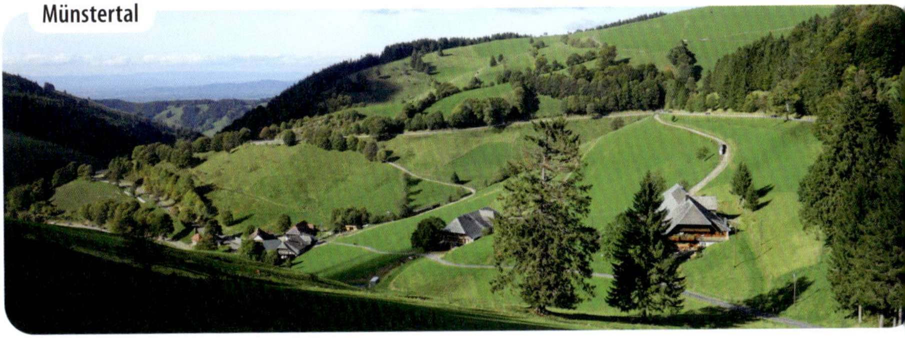

der Blick ins Rheintal und, bei klarer Sicht ragen jetzt am fernen Horizont die Alpengipfel auf und krönen das Panorama. Der Westweg biegt jetzt nach links ab, und wir steigen auf dem breiten Schotterweg bergwärts. Von hier führt unsere Tour durch eine baumfreie Zone und nach einer Wegbiegung schauen wir unerwartet tief hinunter ins Münstertal. Jetzt ist der weitere Weg zum Gipfel nicht mehr zu verfehlen. **7 Auf dem Belchengipfel,** 1414 Meter, steht ein Gipfelkreuz, und der Rundumblick ist einfach überwältigend. Unser Blick schweift in alle Richtung, plötzlich tauchen halb links vor uns auch noch der mächtige Feldberg sowie das baumfreie Herzogenhorn auf.

Nach der kurzen Gipfelrast wandern wir in Richtung Osten weiter. Oberhalb des Krinnenabgangs stei-

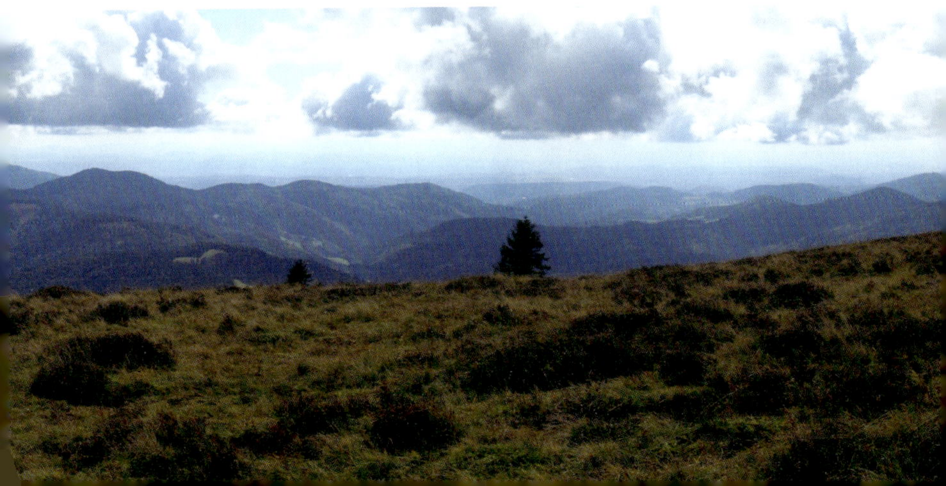

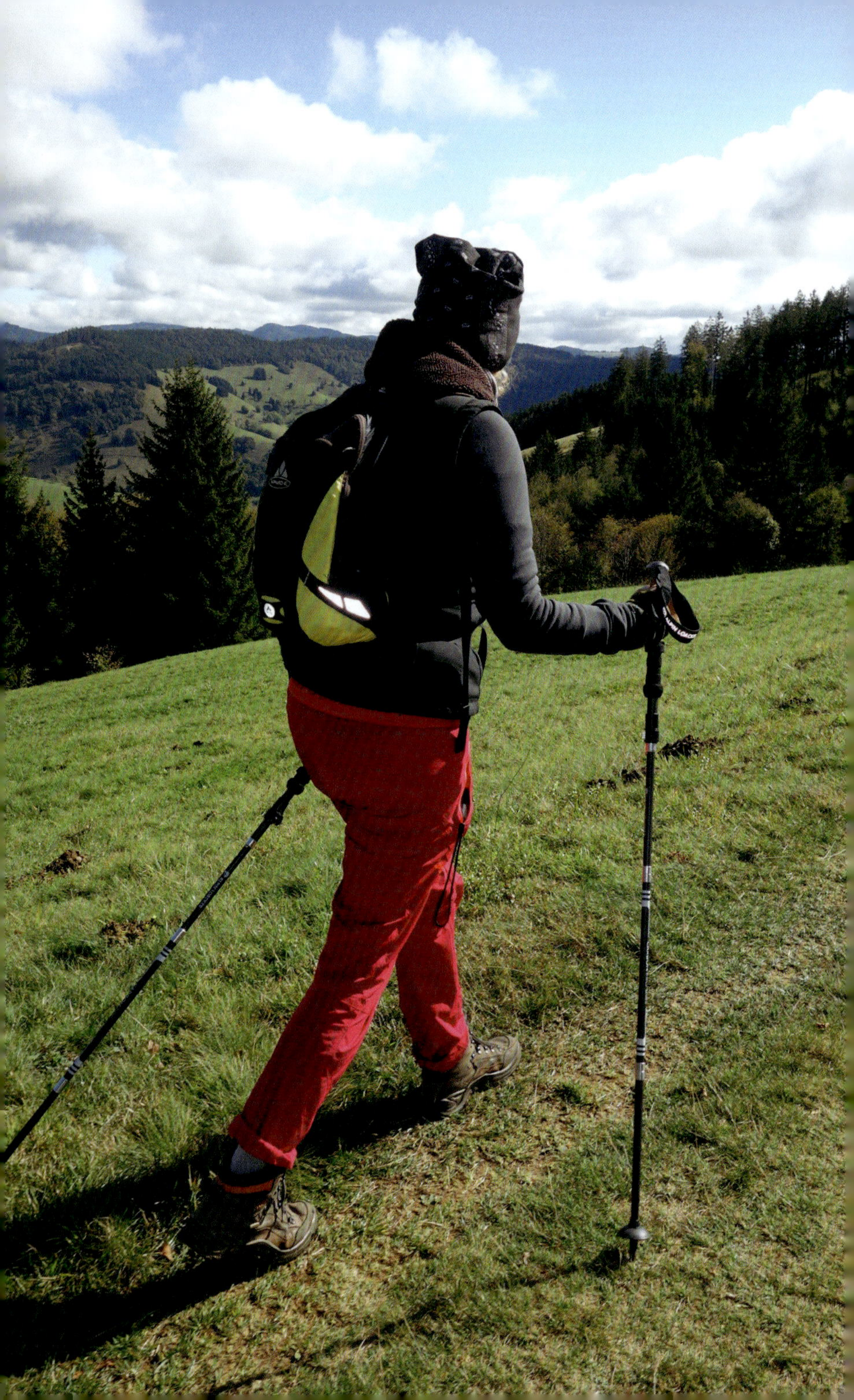

gen wir dann geradeaus zum schmalen Wanderpfad. Ab hier nimmt der Belchensteig jetzt alpine Züge an, denn er führt auf groben Steinen steil in die Tiefe. Bewusstes Gehen sowie gutes Schuhwerk sind nun überaus wichtig. Am **Krinnenabgang** (1375 m) kreuzen wir einen Pfad und halten uns weiter talwärts. Bald gelangen wir in einen knorrigen Wald und entdecken jetzt wieder die rote Westweg-Raute. Auf dem wurzeligen Steinpfad setzen wir bedacht einen Schritt nach dem anderen. Aufmerksam und konzentriert schreiten wir weiter und erkennen im Verlauf, wie sich der herrliche Traumpfad durch den mit Heidelbeeren bewachsenen Waldhang windet. Als sich der Wald öffnet, schauen wir erneut weit hinaus ins Münstertal. Im Wald verlieren wir nun weiter an Höhe, und das zarte Rosenbächle kreuzt unseren Weg. Nach einer Links- und Rechtskehre wandern wir unterhalb des Rübgartenkopfs hinab in die **Krinne** (1117 m). Rechts versetzt queren wir einen Forstweg und folgen links dem breiten Weglein hinauf in den Wald. Von dort aus durchwandern wir beinahe eben einen Steilhang mit Schutthalde. Mächtige Felsen säumen hier den Weg. Wir holen einige Male tief Luft, um uns mit der klaren Bergluft zu erfrischen. Bei einer Höhe von 1177 Metern blicken wir kurz zum Belchen zurück und folgen hier halb rechts dem schmalen Pfad.

Münstertalblick am Belchen

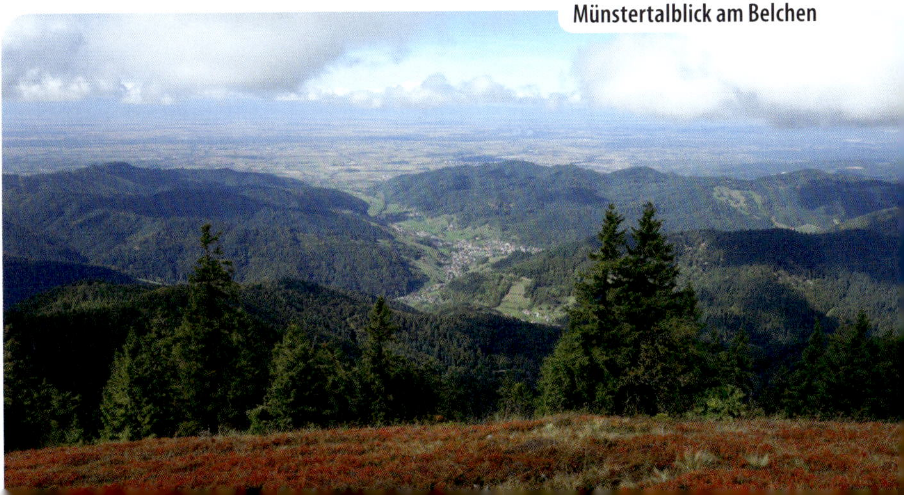

Als die Steigung kurze Zeit später nachlässt, können wir den weiteren Weg durch den Wald entspannt genießen. Ein Brunnen bietet uns an heißen Tagen eine kühle Erfrischung. Kurze Zeit später passieren wir den **Heidstein,** dann münden wir in einen Forstweg und achten auf den Linksabzweig. Zweimal öffnet sich der Wald bei einem Skihang und bietet wiederholt schöne Ausblicke. Weiter folgen wir der Markierung und dem Heidsteinweg aus dem Wald. Wir blicken hinab zu dem landwirtschaftlichen Anwesen Oberneuhof. Kurze Zeit darauf taucht plötzlich wieder das **8 Berghotel Wiedener Eck** vor uns auf. Hier kehren wir kurzerhand ein und bestellen uns als Belohnung eine schmackhafte Schwarzwälder-Kirschtorte.

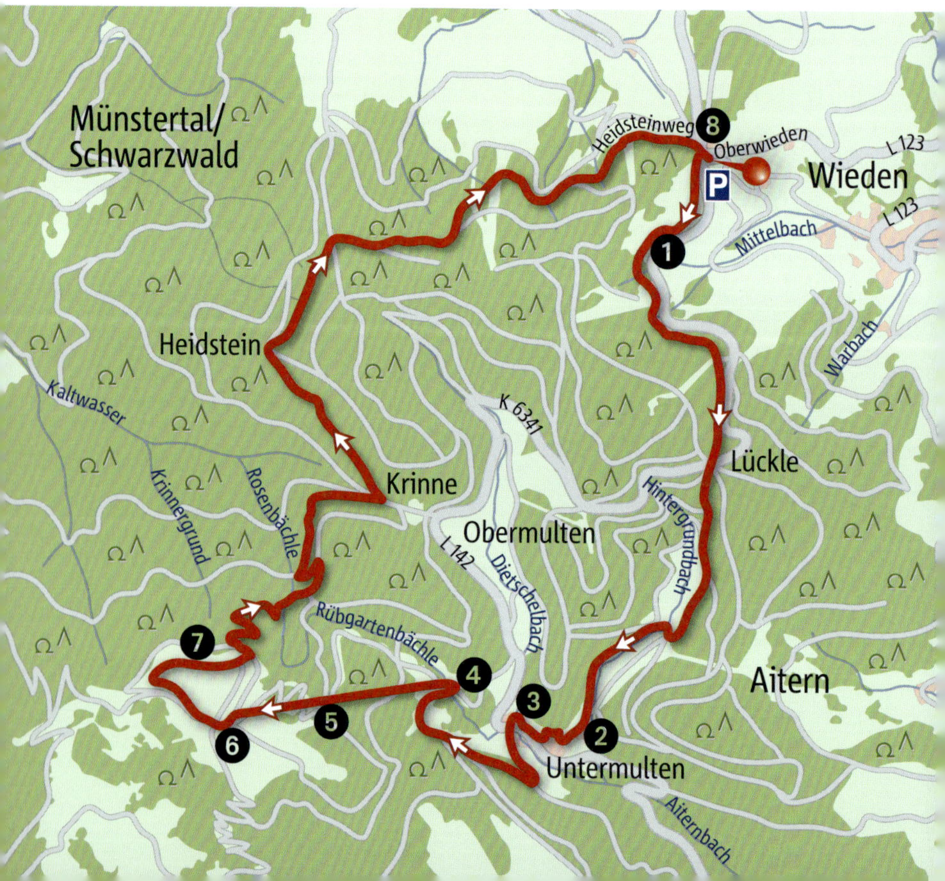

ALLES AUF EINEN BLICK

Entspannung 4/5
Abenteuer 5/5
Vielfalt 4/5

WIE & WANN

Traumhafte Pfade durch eine herrliche Natur; beste Wanderzeit Mitte Mai bis Oktober, am besten Wochenenden und Feiertage meiden

HIN & WEG

Auto: Parkplatz beim Wiedener Eck, Oberwieden 15, 79695 Wieden (GPS: 47.844667, 7.867167)
ÖPNV: Bushaltestelle auf der Passhöhe des Wiedener Ecks

ESSEN & ENTSPANNEN

1. **Panorama-Gaststätte Gut Lilienfein,** Oberwieden 16, 79695 Wieden, Tel.(0 76 73) 8 86 93 80, www.gut-lilienfein.de
3. **Gasthof Belchen-Multen, 1015 m,** Untermulten 3, 79677 Aitern, Tel. (0 76 73) 209, www.belchen-multen.de
4. **Belchenhotel Jägerstüble, 1092 m,** Obermulten 3, 79677 Aitern, Tel. (0 76 73) 88 81 80, www.belchenhotel.de
6. **Belchenhaus, 1360 m,** Belchen 1, 79677 Schönenberg, Tel. (0 76 73) 2 81, www.belchen-seilbahn.de
8. **Berghotel Wiedener Eck,** Oberwieden 15, 79695 Wieden, Tel. (0 76 73) 90 90, www.wiedener-eck.de

ENTDECKEN & ERLEBEN

2. **Untermulten**
5. **Talstation der Belchenbahn,** Tel. (0 76 73) 88 82 80, www.belchen-seilbahn.de
7. **Belchengipfel**

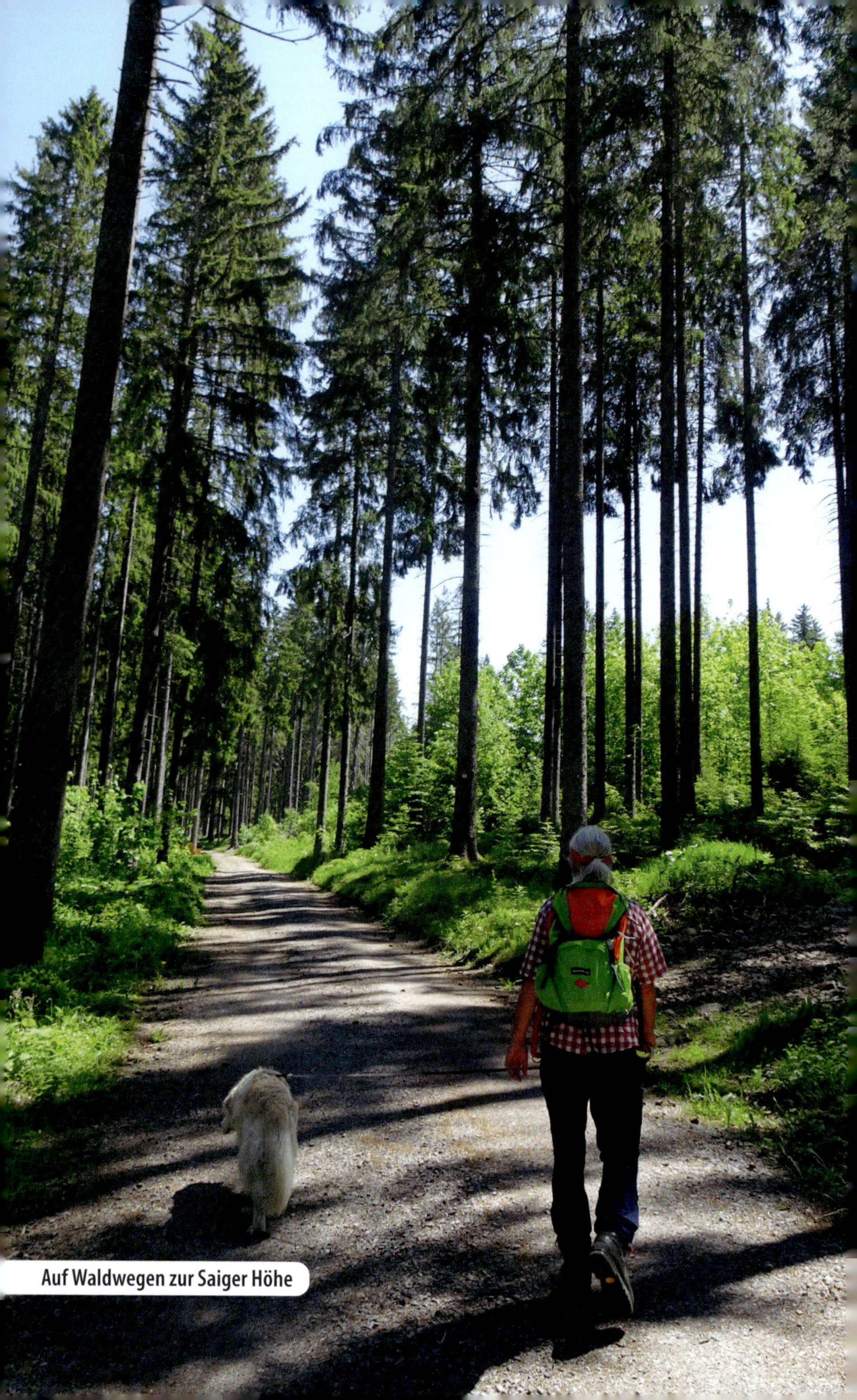

Auf Waldwegen zur Saiger Höhe

Hoch über dem See

Auf den Hochfirst

Am Wanderparkplatz Rotkreuz stellen wir unser Fahrzeug ab und schnüren voller Vorfreude auf die Wanderung unsere Stiefel. Am Ende des Parkplatzes verlassen wir den Rotkreuzweg (dieser wird später unser Rückweg sein) und wandern links neben einer Viehweide hinauf zum Wald. Eine gelbe Raute dient uns hier als Wegweiser. Das satte Grün der Wiese und des nah gelegenen Waldes, darüber der blaue Himmel – dieser klare Kontrast entspannt unsere stressgeplagten Augen. Am Waldrand folgen wir weiter der Markierung geradeaus. Durch die Stille des Waldes nehmen wir deutlich das Knirschen der Steine unter unseren Sohlen wahr. Schon bald lädt uns die erste Sitzbank zum Verweilen ein. Nach einer kurzen Verschnaufpause schreiten wir auf dem breiten Weg weiter in Richtung Nordosten. Abertausende Heidelbeerbüsche flankieren den Weg. Der sanfte Anstieg leitet zur ❶ **Saiger Höhe** (1020 m) hinauf, wo sich der Wald wieder öffnet. Vor uns erblicken wir kurz den mächtigen Bergrücken des Hochfirsts, dann können wir hier in der Gaststube des Vier-Sterne-Wellnesshotels **Saigerhöh** bei einem Stückchen Kuchen und einer gepflegten Tasse Kaffee eine erste Auszeit mit Panoramablick genießen.

*Wer nach der Wanderung noch etwas Trubel vertragen kann, dem sei der Besuch von **Titisee-Neustadt,** respektive Titisee, wärmstens empfohlen.*

Bald lassen wir die Hotelanlage hinter uns und durchwandern ein kleines Wäldchen. Bei den Sportanlagen des SV-Saig öffnet sich der Wald erneut. Wiederholt erkennen wir den Hochfirst vor uns aufragen und sind etwas überrascht, ihm nun doch schon ein ganzes Stückchen näher gekommen zu sein. Am

Kilometer: 9,7
Höhenmeter: 280
Stunden: 3,5
RUNDWEG

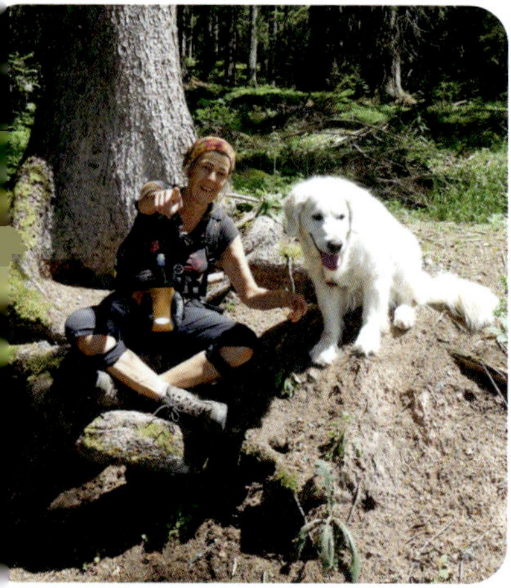

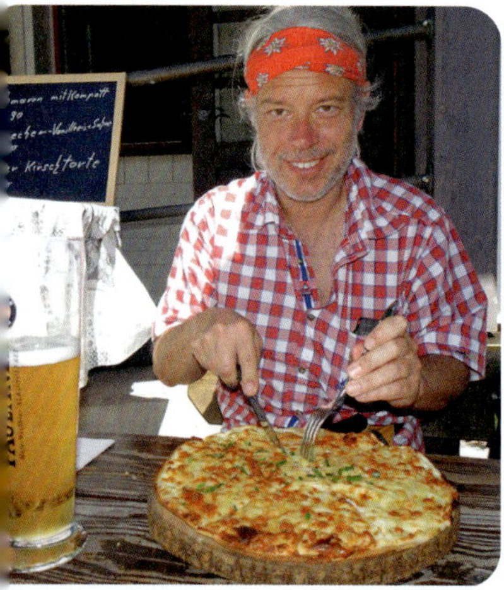

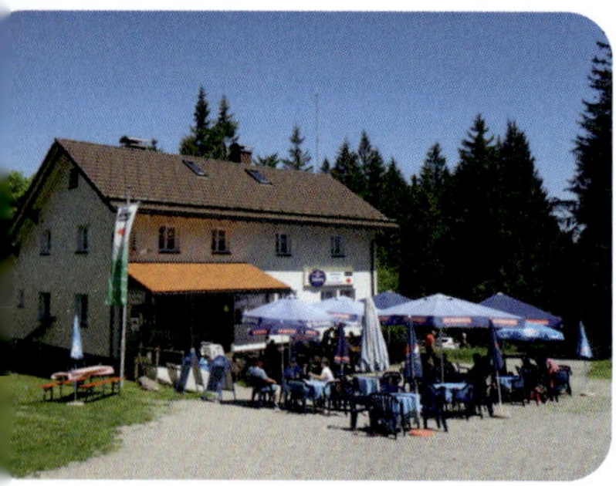

Standort **Alpenblick** wandern wir geradeaus in Richtung Nordosten weiter. Ein Schotterweg leitet in den Schatten spendenden Nadelwald. Wenn sich dieser rechtsseitig wieder öffnet, schauen wir über eine große Wiesenfläche zu den Häuserdächern des Ortes Saig und auf die dahinter aufragenden Schwarzwaldberge. Von links kommt aus dem Tal der Mehrtageswanderweg **Freiburg-Bodensee-Querweg** zu uns herauf. Mit einer weiß-roten Raute auf gelbem Grund gekennzeichnet, dient uns dieser ab sofort als Wegzeichen. Nach dem Markierungswechsel wandern wir zunächst noch ein kleines Stückchen geradeaus weiter und überqueren bei **Saig Waldhaus** ein schmales Sträßchen. Danach setzen wir an der Weggabel unsere Wanderung links in Richtung Hochfirst fort. Der finale Anstieg zum Hochfirst beginnt jetzt. Merklich steiler steigen wir nun im Wald bergauf. Wenn nach gut 10 Minuten ein Forstweg unseren Anstiegsweg kreuzt, biegen wir halb rechts zu dem steinübersäten Bergpfad ab. Gemächlich setzen wir einen Fuß vor den anderen und schaffen so den Anstieg problemlos. Das gleichmäßige Gehen und das Einatmen der klaren Schwarzwaldluft versetzen uns beinahe in einen meditativen Zustand. Nach einer lang gezogenen Rechtskehre haben wir bald in einer baumfreien Schneise rechtsseitig einen Traumblick hinab zum Titisee. Nach einer Freifläche biegen wir im Wald am **Wegweiser Luchs** scharf links ab und wandern vollends zum Gipfel des Hochfirsts (1190 m). Jetzt wird unser schweißtreibender Anstieg reichlich belohnt. Im ❷ **Berggasthaus Hochfirst** können wir einkehren und die Vorzüge der badischen Küche genießen. Leckerer Flammkuchen, Schwarzwälder Speckpfannenkuchen sowie Kaiserschmarrn stehen unter anderem auf der Karte. Alles frisch zubereitet und freundlich serviert. Eines ist uns jedenfalls sofort klar: Auf dem Hochfirst ist man nicht nur als Wanderer willkommen, sondern auch unser Hund Marley wird freudig begrüßt und mit frischem Wasser versorgt. Für den benachbarten ❸ **Aussichtsturm** kann man bei den Wirtsleuten gegen ein kleines Pfand einen Schlüssel bekommen. Der Aufstieg über die 124 Stufen der stählernen Wendeltreppe erfordert zwar konzentriertes Gehen, ist aber absolut lohnenswert, denn es wartet ein fantastischer Rundumblick.

Für die Seele

Genüsslich schweift der Blick über die Landschaft und über den Teller, denn für das leibliche Wohl ist gesorgt.

Frisch gestärkt wandern wir in Richtung Südosten in den Wald, immer weiter auf dem Freiburg-Bodensee-Querweg, der ab hier nun gleichzeitig mit dem Mittelweg verläuft. Bereits nach 200 Metern trifft der schmale Waldpfad auf einen Forstweg, dem wir markierungslos scharf rechts hinabfolgen. Nach einer Linkskurve gelangen wir bald zum **Höhenkammweg,** bei dem wir geradewegs ins Wasserschutzgebiet gehen. Die gelbe Raute dient uns jetzt wieder zur Orientierung. Im leichten Abwärtsmarsch folgen wir dem breiten Weg. Wenige Minuten später entdecken wir einen schmalen, verwunschen Waldpfad, der halb rechts abzweigt. Diesem als Laufstrecke ausgeschilderten Weglein wenden wir uns zu. Moosbewachsene Steine zieren den Wegrand, und ein paar Sitzbänke laden zur Zwischenrast und zum Waldbaden ein. Nach einem Rechtsknick passieren wir zwei Wasserschächte. Der Abstieg führt zu einem etwas größeren Wasserspeicherbauwerk, danach biegen wir mit der gelben Raute im Blick links ab. Teilweise ist der Waldpfad mit Gras bewachsen, was uns einen angenehm weichen Tritt ermöglicht. Völlig entspannt erreichen wir beim

*Der Blick vom **Aussichtsturm** auf dem Hochfirst gehört zu den Höhepunkten der Wanderung. Von hier oben ist natürlich der Titisee zu sehen und dahinter das mächtige Feldbergmassiv. Bei guter Fernsicht reicht das Panorama von der Zugspitze bis zum Montblanc. Dazwischen erheben sich die Walliser Alpen und die Eisriesen des Berner Oberlands mit dem Dreigestirn Eiger, Mönch und Jungfrau sowie die Vorarlberger Alpen.*

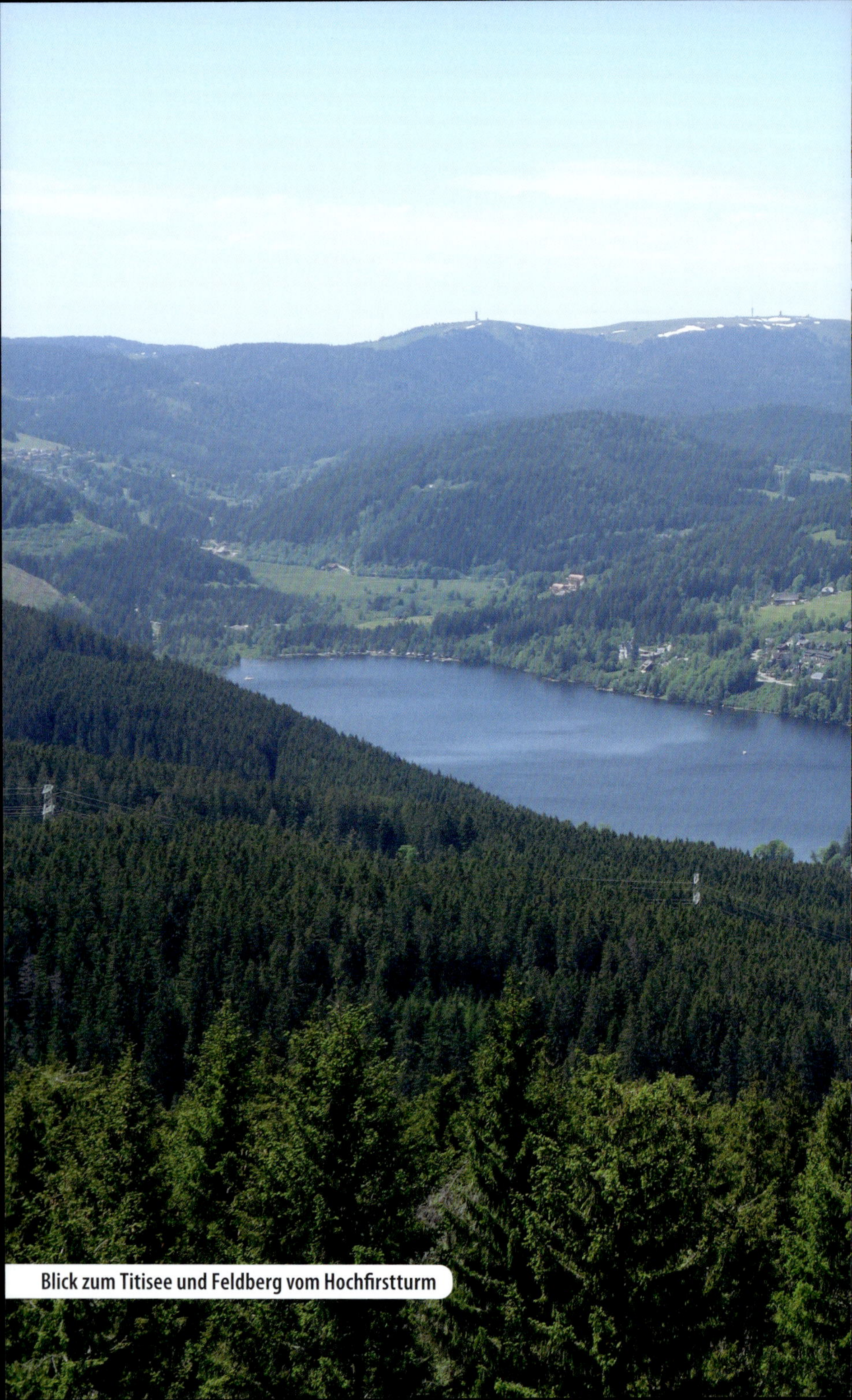

Blick zum Titisee und Feldberg vom Hochfirstturm

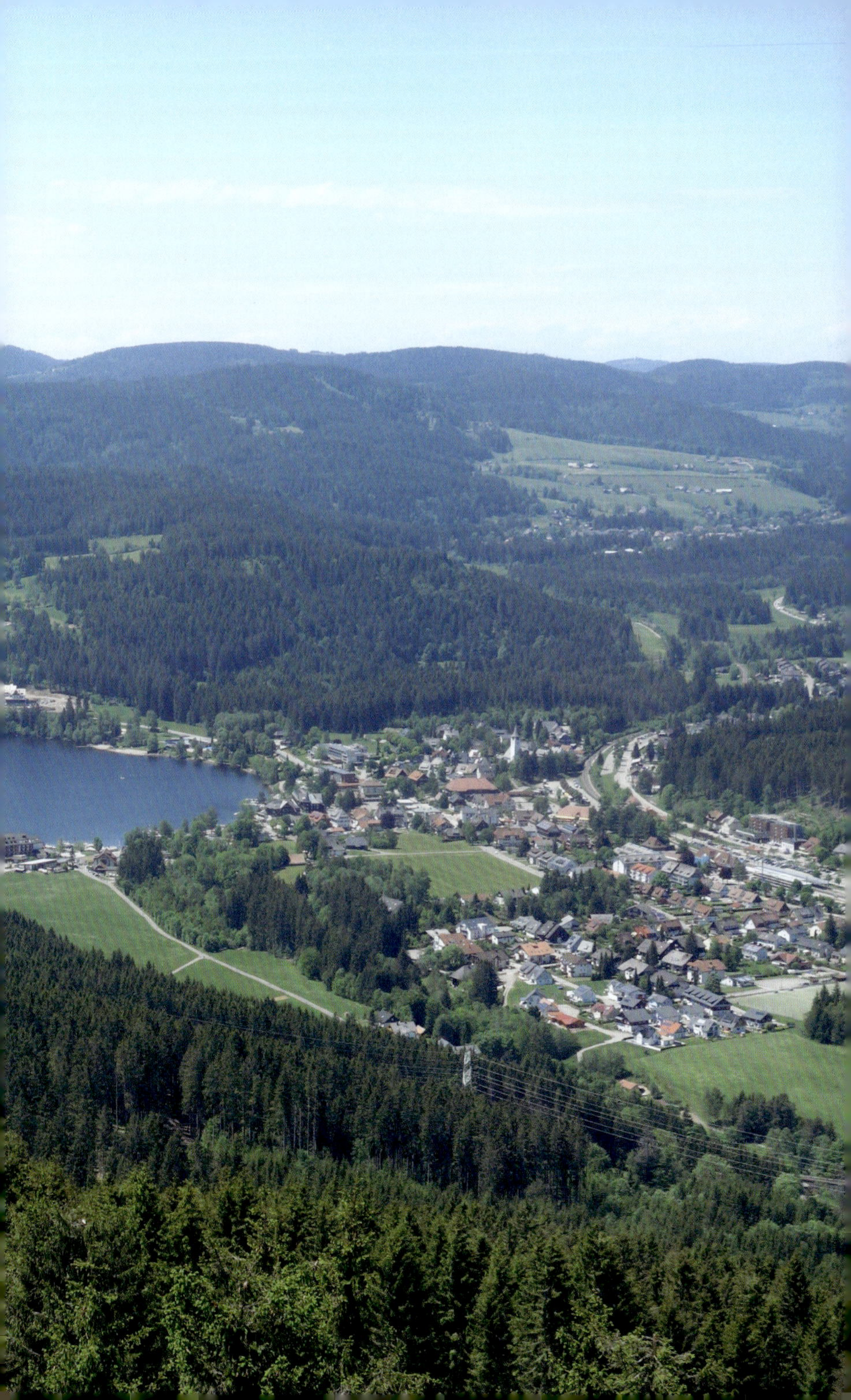

Waldaustritt das ❹ **Marienkreuz** 1059 m). Hier laden abermals Rastbänke zur aussichtsreichen Pause ein.

Anschließend wenden wir uns dem breiten, talwärts führenden Schotterweg zu, der uns neben dem Waldrand direkt nach **Saig** führt. Der weite Blick in den Hochschwarzwald begleitet unseren Abstieg und lässt uns einmal mehr fasziniert in die Ferne schauen. In dem hübschen Ort Saig angekommen, folgen wir geradewegs dem Hochfirstweg und erreichen bald das ❺ **JUFA Hotel Schwarzwald.** Auf der Café-Terrasse oder im Restaurant können wir uns ein weiteres Mal mit Köstlichkeiten aus dem Südschwarzwald verwöhnen lassen. Weiter auf dem Hochfirstweg beobachten wir, wie der Feldberg ganz langsam aus unserem Blickfeld schwindet, was schlichtweg daran liegt, dass wir mit jedem Schritt etwas mehr an Höhe verlieren. Deshalb achten wir nun immer mehr auf die wunderschön angelegten Gärten und die schmucken Häuser. Wir halten dem **Hochfirstweg** so lange die Treue, bis er endet. Dann biegen wir am **Turmweg** nach links ab. Das Örtchen Saig versprüht viel Charme und erweckt den Eindruck, dass hier die Welt noch in Ordnung ist. Die Titisee Straße leitet zum Hotel Hochfirst, und wir gehen

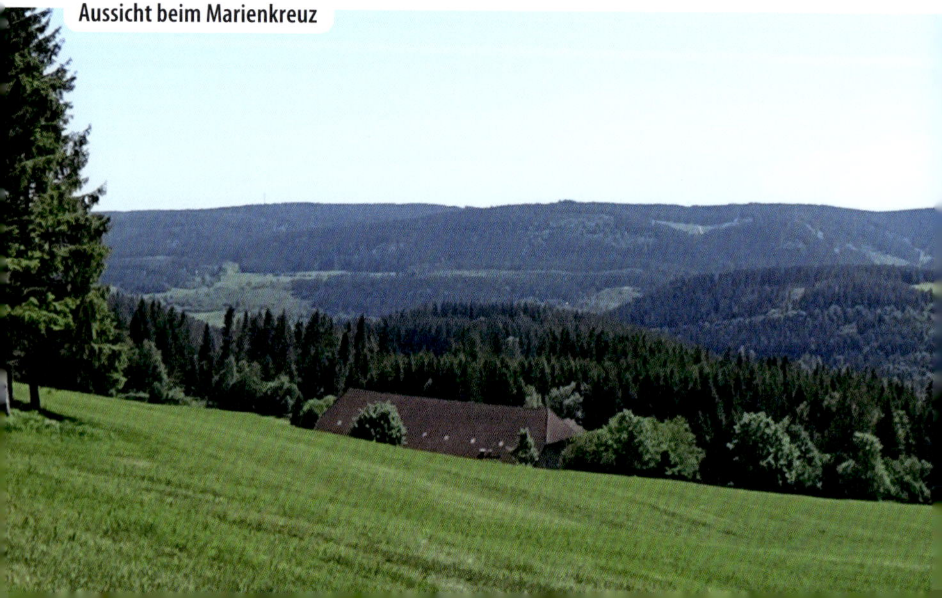

Aussicht beim Marienkreuz

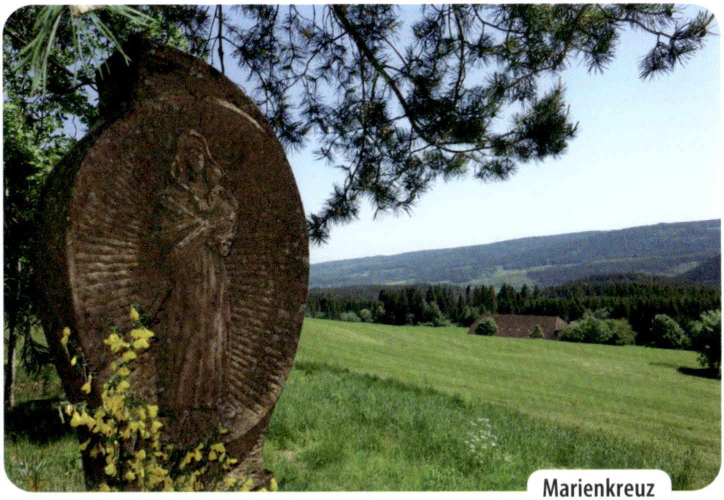

Marienkreuz

weiter zum **Dorfplatz Saig,** wo wir die Tourist-Information und das 6 **Gasthaus Landhotel Ochsen** vorfinden. An dem Brunnen können wir uns mit Bergquellwasser erfrischen.

Nach dem Gasthaus wenden wir uns rechts der Neuen Straße zu und wandern auf dem Bürgersteig neben der wenig befahrenen Straße weiter. Nach einer

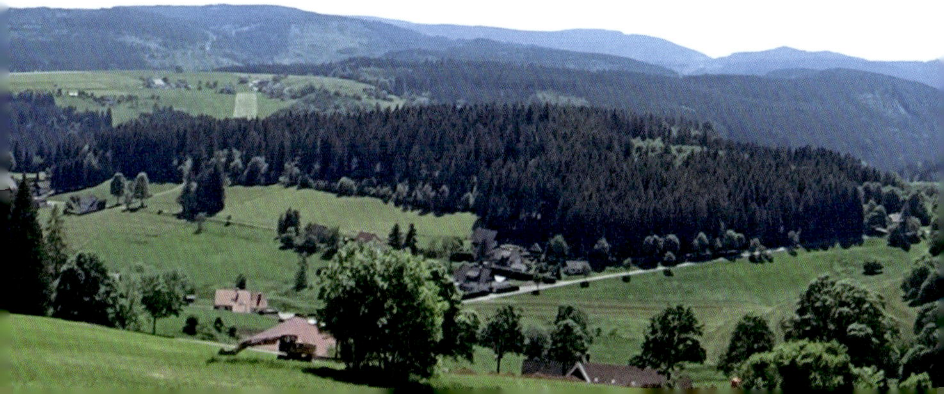

*Ein Besuch des **Naturfreibads** am Windgfällweiher, zwischen Altglashütten und dem Schluchsee, rundet die Wanderung perfekt ab.*

großzügigen Linkskehre biegen wir kurz vor dem Ortsschild bei der Bushaltestelle Bärenhof rechts zum **Rotkreuzweg** (955 m) ab. In beinahe gleichbleibender Höhe schreiten wir in Richtung Westen. Nach dem letzten Haus steigt der Weg leicht am Waldrand hinauf. Rückseitig besticht noch einmal der herrliche Blick auf Saig, und links bezaubern ein paar vereinzelte Bauernhäuser inmitten grüner Wiesen.

Ganz hinten im Tal erkennen wir in Richtung Südosten das Städtlein Lenzkirch. Nach einem kleinen Wäldchen gerät der Parkplatz Rotkreuz wieder in Sichtweite. Ein wunderschöner Wandertag mit vielen Sinneseindrücken und einzigartigen Ausblicken geht zu Ende.

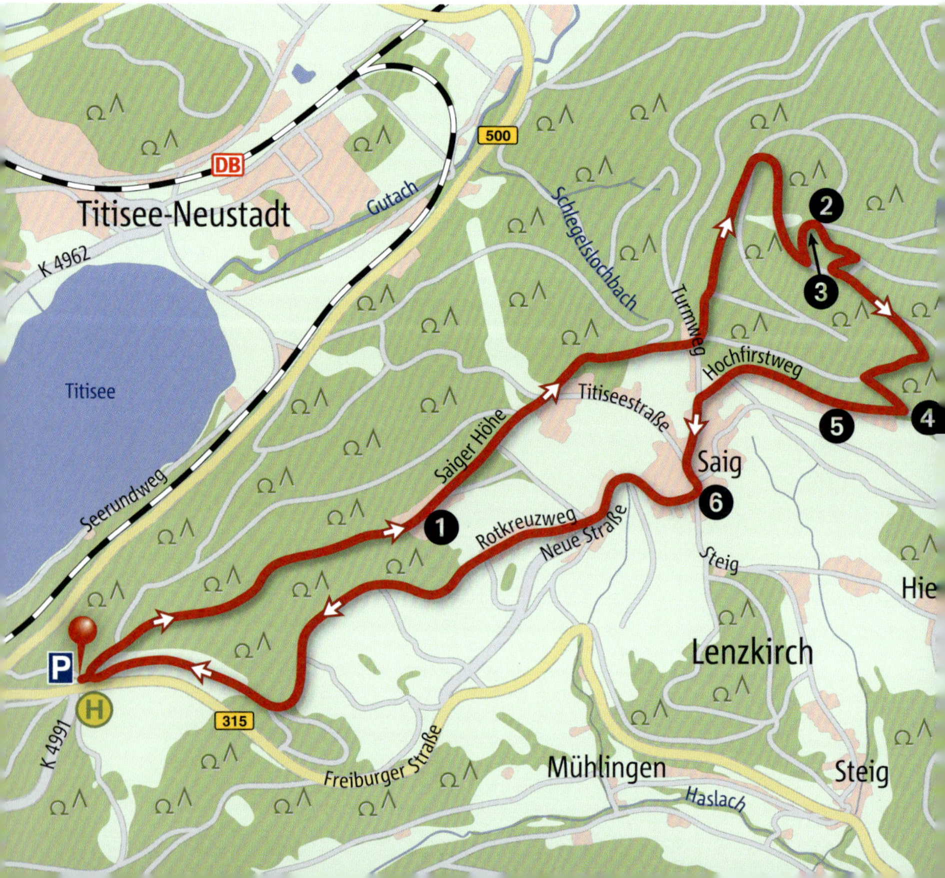

ALLES AUF EINEN BLICK

Entspannung 4/5
Abenteuer 5/5
Vielfalt 5/5

WIE & WANN

Waldwege und Pfade, aber auch asphaltierte Streckenabschnitte, beste Wanderzeit Mai bis Oktober

HIN & WEG

Auto: Parkplatz Rotkreuz, direkt an der B 315, gegenüber Abzweig K 4991, 79853 Lenzkirch (GPS: 47.885859, 8.147560)
ÖPNV: Bushaltestelle direkt am Parkplatz Rotkreuz

ESSEN & ENTSPANNEN

1. **Hotel Saigerhöh,** Saiger Höhe 8–10, 79853 Lenzkirch-Saig, Tel. (0 76 53) 68 50, www.saigerhoeh.de
2. **Berggasthaus Hochfirst,** Auf dem Hochfirst 10, 79822 Titisee-Neustadt, Tel. (0 76 51) 75 75, www.berggasthaushochfirst.de
5. **JUFA Hotel Schwarzwald,** Hochfirstweg 24, 79853 Lenzkirch-Saig, Tel. (0 76 53) 6 80 80, www.jufahotels.com
6. **Gasthaus Landhotel Ochsen,** Dorfplatz 1, 79853 Lenzkirch-Saig, Tel. (0 76 53) 9 00 10, www.ochsen-saig.de (uriges Gasthaus aus dem 19. Jahrhundert)

ENTDECKEN & ERLEBEN

1. **Saiger Höhe**
3. **Aussichtsturm** auf dem Hochfirst
4. **Marienkreuz**

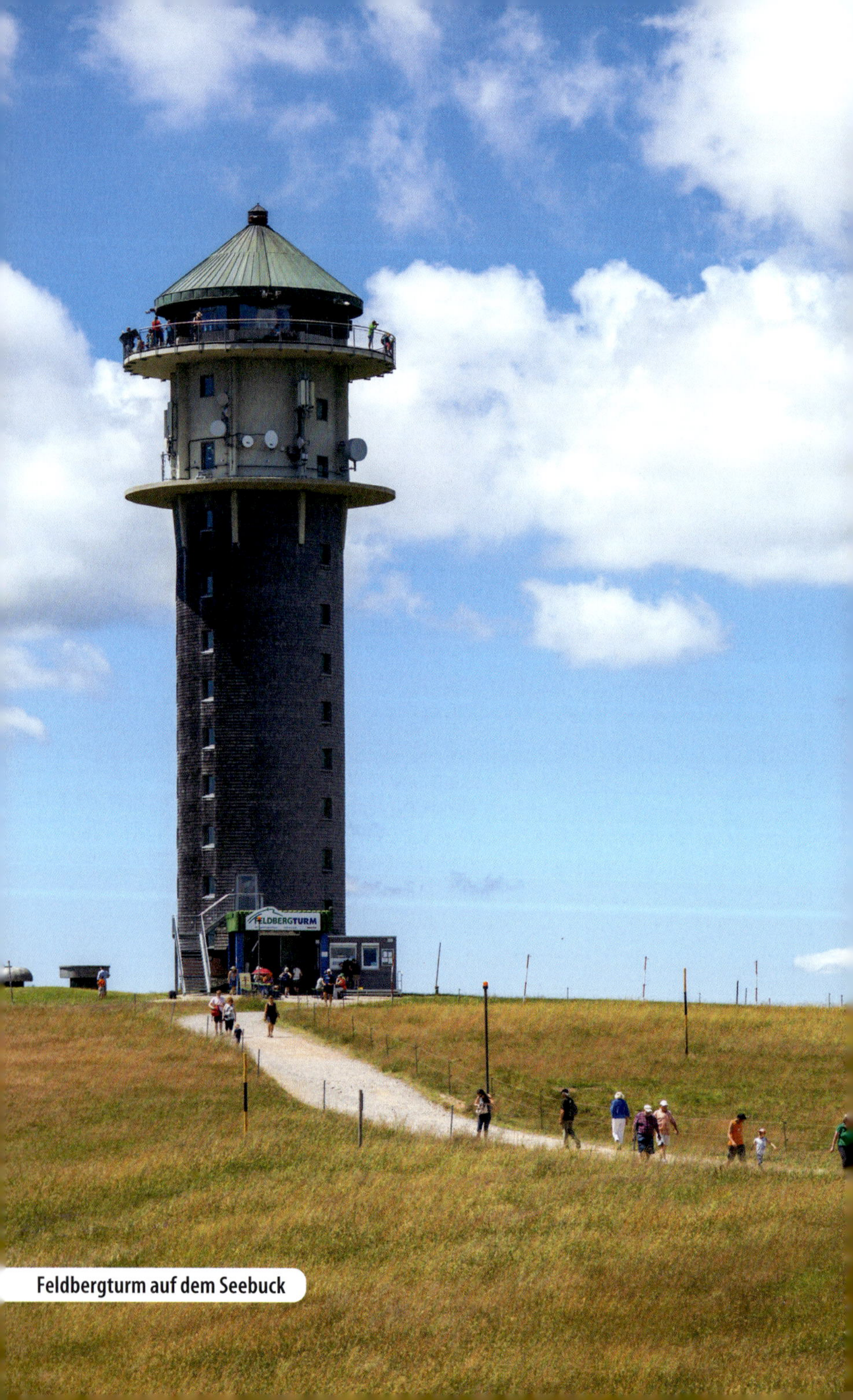

Feldbergturm auf dem Seebuck

Von Hütte zu Hütte

Der Feldberg, König des Schwarzwalds

Die Wanderung auf den höchsten Berg des Schwarzwalds ist eine absolute Traumtour, vor allem bei guter Witterung. Als Ausgangspunkt bieten sich zwei Möglichkeiten an, die eine wäre vom Parkhaus beim „Haus der Natur“ und die kostengünstigere Alternative vom Parkplatz Grafenmatt (1230 Meter), direkt auf der Feldberg-Passhöhe. Wir beginnen unsere Tourenbeschreibung mit der zweiten Startvariante, die außerdem auch perfekt mit dem Bus zu erreichen ist. Ausgerüstet mit Rucksack und fest geschnürten Wanderstiefeln brechen wir auf und überqueren vorsichtig vor der **Jugendherberge Hebelhof** die Fahrbahn der viel befahrenen Bundesstraße B 317. Als Markierungshilfe dient uns ab hier das Wanderwegzeichen in Form einer gelben Raute. Wir folgen dem Hallenbadweg und biegen oberhalb der Jugendherberge rechts in den Wald ein. Der Weg ist mit Steinen übersät und führt uns in Richtung Nordwesten bergan. Bald wandern wir an einer kleinen Ziegenweide vorbei, dann lichtet sich allmählich der Wald, und wir erreichen den Standort **1 Wiesentalblick.** Ein fantastischer Ausblick entschädigt uns für den Aufstieg. Links des Wiesentals ragt das Herzogenhorn auf, und halb rechts erkennen wir den mächtigen Bergrücken des Belchens. Nach einer kurzen Verweilpause gehen wir am Verzweig halb rechts und schreiten ansteigend weiter in die Höhe. In aussichtsreicher Lage führt unser Weg weiter und wir gehen oberhalb der Waldgrenze in Richtung des Grübelesattels. Achtung, dort wenden wir uns wenige Schrit-

*Bis 2001 war der **Feldbergturm** Eigentum des SWR und wurde als Rundfunkturm genutzt. Seit 2003 ist er in Besitz der Gemeinde Feldberg und für Besucher geöffnet. Auf der 11. Etage befindet sich eine Aussichtsplattform, die bequem mit einem Aufzug zu erreichen ist. In einer Höhe von 45 Metern genießt man einen gigantischen Rundumblick bis zu den europäischen Nachbarländern.*

Kilometer: 14,9

Höhenmeter: 590

Stunden: 5

RUNDWEG

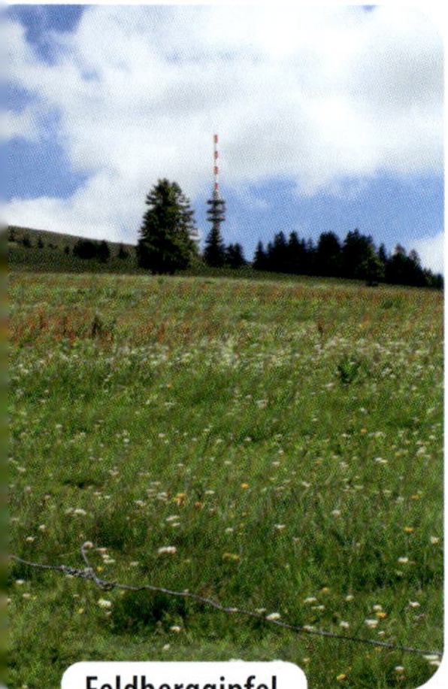

Feldberggipfel

*Der **Feldberg** überragt als höchster deutscher Mittelgebirgsgipfel den gesamten Schwarzwald. Das raue Klima und der reichliche Niederschlag begünstigen eine Flora, wie man sie sonst nur in alpinen Regionen vorfindet. Große Teile des Feldbergmassivs sind als Naturschutzgebiet ausgewiesen.*

te vor dem Westweg der Rechtskurve zu und schreiten in Richtung Südwesten zum ❷ **Feldbergturm auf dem Seebuck.** Der Seebuck ist ein Nebengipfel des Feldbergs und in gewisser Weise als solcher eigentlich der Zweithöchste des Schwarzwalds, zumindest dann, wenn man ihn als eigenständigen Berg betrachtet.

Nach ausgiebiger Turmbesteigung wandern wir den Stichweg zum Grübelesattel zurück und folgen ab jetzt der roten Westwegraute und dem Feldbergsteig in Richtung des Feldbergs. Die ausgetretene Wegspur des Westwegs ist gleichzeitig auch der **Europäische Fernwanderweg E1.** Die Vegetation hier oben erinnert übrigens stark an die der Alpen. Die weiten Wiesenhänge sind beinahe baumlos und bescheren uns einen hervorragenden Ausblick. Unser Wegverlauf vom Scheitel des Grübelesattels bis zum Gipfel des Feldbergs ist nahezu selbsterklärend und bedarf eigentlich keiner ausführlichen Beschreibung, denn der Weg dorthin verdient uneingeschränkt die Auszeichnung eines Edelspaziergangs. Bedingt durch die Seilbahnanbindung ist dieser Wegabschnitt häufig sehr stark frequentiert. Natürlich ist auch der ❸ **Feldberg** (1493 m) viel besucht, dafür aber entlohnt er mit einem großartigen Rundumblick. Der Feldberg trägt den stolzen Beinamen „König des Schwarzwalds", wohl auch, weil er der höchste Berg der deutschen Mittelgebirge ist, aber auch, weil er bei klarer Sicht mit einem überwältigenden Gipfelspektakel aufwartet: Karwendelgebirge, Allgäuer Alpen, das Appenzeller Land, das Berner Oberland, den Säntis, Schesaplana, das Dreigestirn Eiger, Mönch und Jungfrau, aber auch Belchen, Schauinsland und die Vogesen gilt es zu erblicken. Der Alpenblick ist vor allem an Herbst- und Wintertagen bei Inversionswetterlage möglich.

Vom Feldberggipfel gehen wir rund 100 Meter zurück und biegen dann rechts ab. Weiter die rote Raute im Blick gehen wir in Richtung Südwesten hinab und passieren den Standortpfosten „Oberhalb Todtnauer

Hütte“. Hier könnte man zur Todnauer Hütte absteigen, wir aber gehen an der Weggabel rechts und wandern auf dem stufendurchsetzten Pfad hinab zur ④ **St. Wilhelmer Hütte.** In gemütlicher Aussichtslage lockt die große Almhütte mit einer zünftigen Rast. Hier können wir uns erst einmal verschnaufen und die herrliche Bergkulisse in Ruhe genießen. Besonders die Älplermakkaroni, eine Nudelspezialität mit reichlich Bergkäse, Zwiebeln und Speck, sind hier zu empfehlen. Ja, Heimat kann man auch schmecken. Im Übrigen ist die St. Wilhelmer Hütte das höchstgelegene Berggasthaus in Baden-Württemberg.

Für die Seele

Die herrliche Rundwandertour um den höchsten Gipfel des Schwarzwaldes verspricht einzigartige Ausblicke.

Nach ausgiebiger Hüttenrast machen wir uns wieder auf den Weg und achten jetzt auf den Markierungswechsel. Mit der gelben Raute im Visier biegen

Aussicht beim Feldberganstieg

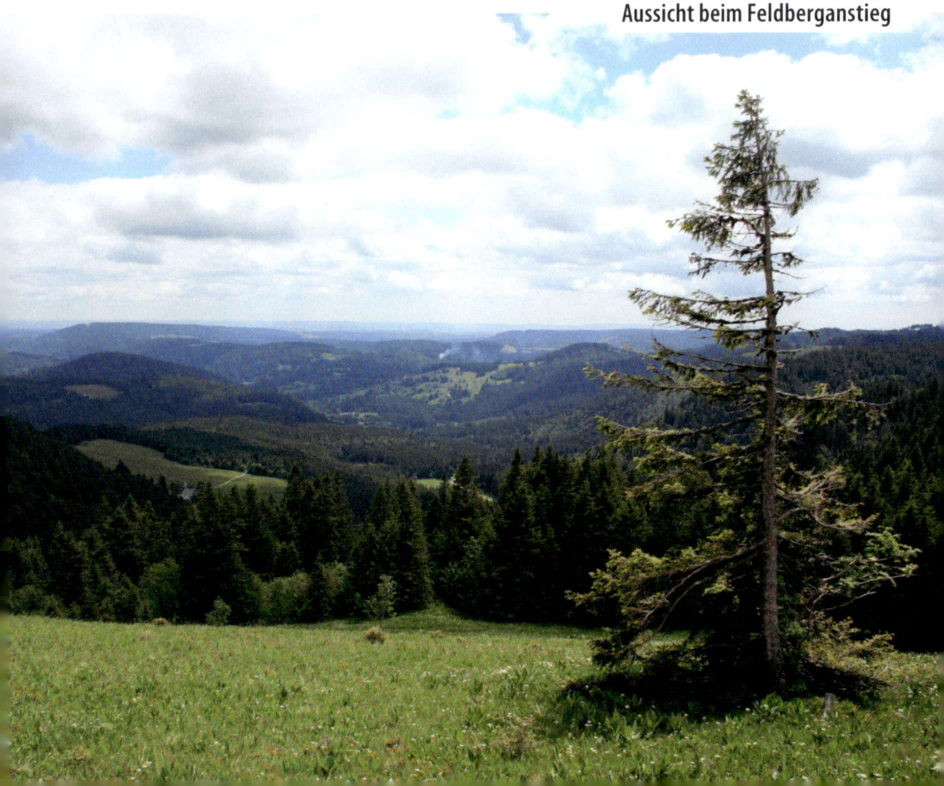

wir nach rechts ab. Entspannt wandern wir entlang der St. Wilhelmer Weide und durchschreiten am dortigen Wegweiserpfosten halb rechts ein Weidegatter. Der ausgetretene Bergweg leitet in den nahen Wald, der uns etwas Schatten spendet. Hier können wir immer wieder Heidelbeeren naschen, die uns den Weg versüßen. Oberhalb der Zastler Hütte halten wir die Richtung bei. Wir erkennen die steilen Rinnen entlang des Osterrains, die übrigens an schneereichen Wintertagen oft stark lawinengefährdet sind. Bald darauf passieren wir einen kleinen Wasserfall und steigen zügig ab ins Zastler Loch. Über ein paar Holzplanken wandern wir dann weiter zur urigen **5 Zastler Hütte.** Nach der Rast gehen wir kurz ostwärts und unterhalb der Freiburger Hütte nach rechts. Auf steinigem Boden steigen wir bergan, unter unseren Sohlen knirscht es gewaltig. Dann durchwandern wir ein romantisches Wäldchen.

St. Wilhelmer Hütte

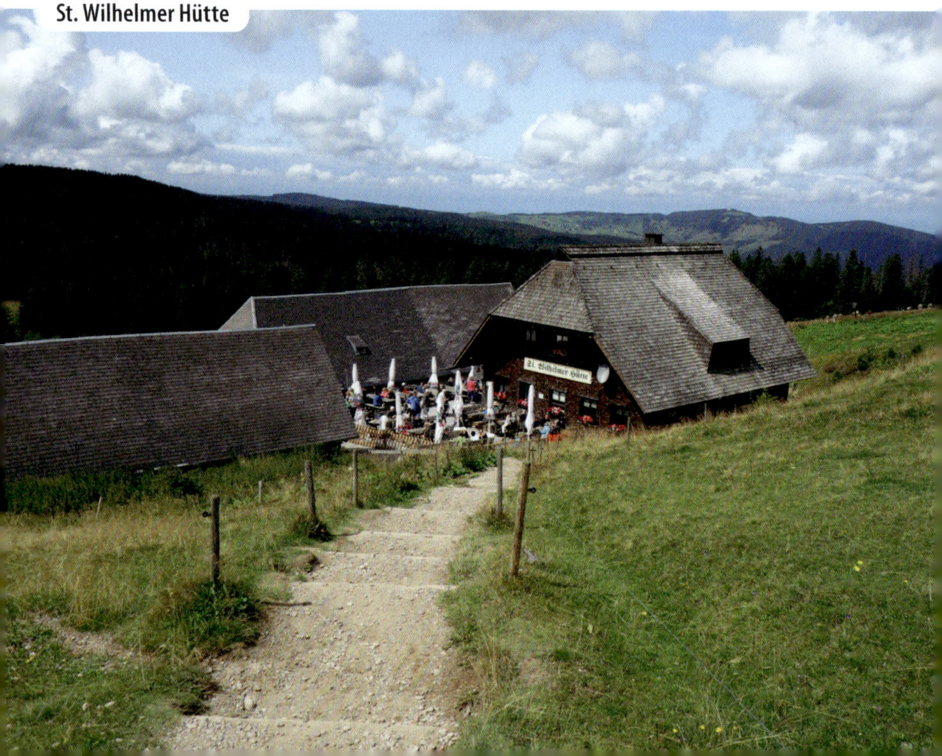

Naturfreundehaus Feldberg

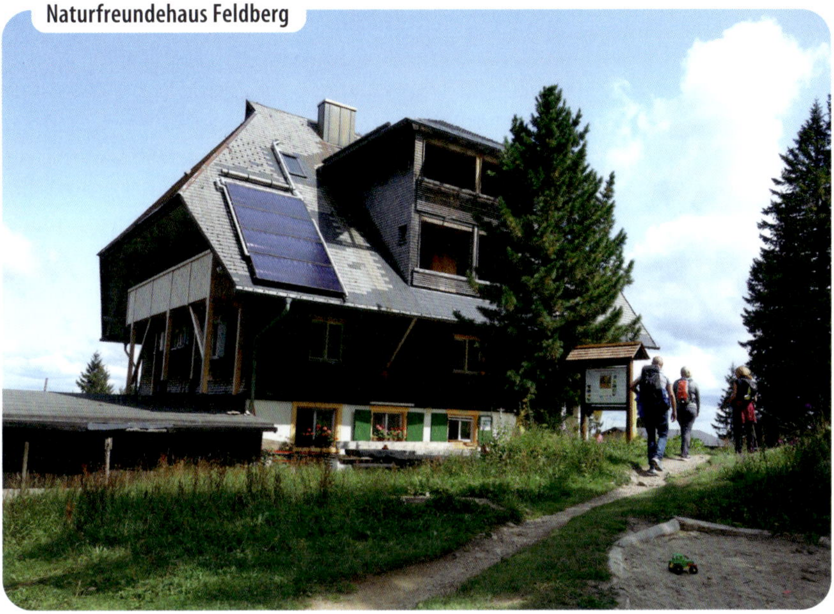

Es dauert nicht allzu lange, und wir erreichen das ❻ **Naturfreundehaus Feldberg.** Auch hier ist eine Einkehr möglich. Dann gehen wir auf dem Zufahrtsweg weiter zu der nahe gelegenen ❼ **Baldenweger Hütte.** Mit der Hütte im Rücken wenden wir uns in der Linkskurve am Wegweiser **Sägebachschlag-Steig oben** (1319 m) dem schmalen Wanderpfad zu und schreiten in den nahen Wald. Dort wird es richtig urig. Entlang des glasklaren Sägebachs schlängelt sich das Weglein talwärts. Aber Vorsicht: Bei Nässe kann der Weg etwas rutschig sein. Das Wasser blubbert und sprudelt wie wild neben uns her. In kleinen Wasserfällen und Stromschnellen fließt es hier zu Tale. Wir halten kurz inne und lauschen: Das Wasser mit seiner reinigenden Wirkung auf unser zentrales Nervensystem klärt unsere Gedanken und bringt uns zur Ruhe.

Beim **Sägebachschlag-Steig** unten angekommen, sind wir exakt 101 Höhenmeter neben dem Wildbach abgestiegen. Jetzt folgen wir dem breiten Forstweg nach rechts. Am ersten Verzweig gehen wir den Feldbergsteig nach links und am zweiten Verzweig nach rechts. Bei dem Brunnen am Rastplatz bleiben wir dann auf dem breiten Weg, tangieren beim **Wegweiser Seewald** ganz kurz den Westweg, folgen aber weiter der uns vertrauten Beschilderung. An der hinteren Halde halten wir weiter die Richtung bei und beschreiten eine lang gezogene Rechtskurve. Bei der Koppel öffnet sich der Wald, und wir folgen der Westweg-Variante nach links, zum nah gelegenen **8 Raimartihof.** Das traditionsreiche Berggasthaus wurde bereits 1710 erbaut und gehört zu den ältesten Bergbauernhöfen des Schwarzwalds.

Nach der kleinen Erfrischung wandern wir mit der roten Raute im Blick wieder zur Koppel und gehen am Oskar-Andris-Eck geradeaus weiter zum etwa 300 Meter entfernten **9 Feldsee.** Wunderschön liegt er da, genial, wie sich der Bergsee in die Landschaft einbettet. Wenn dann das Sonnenlicht auf der Wasseroberfläche

Auf dem Sägebachschlag-Steig

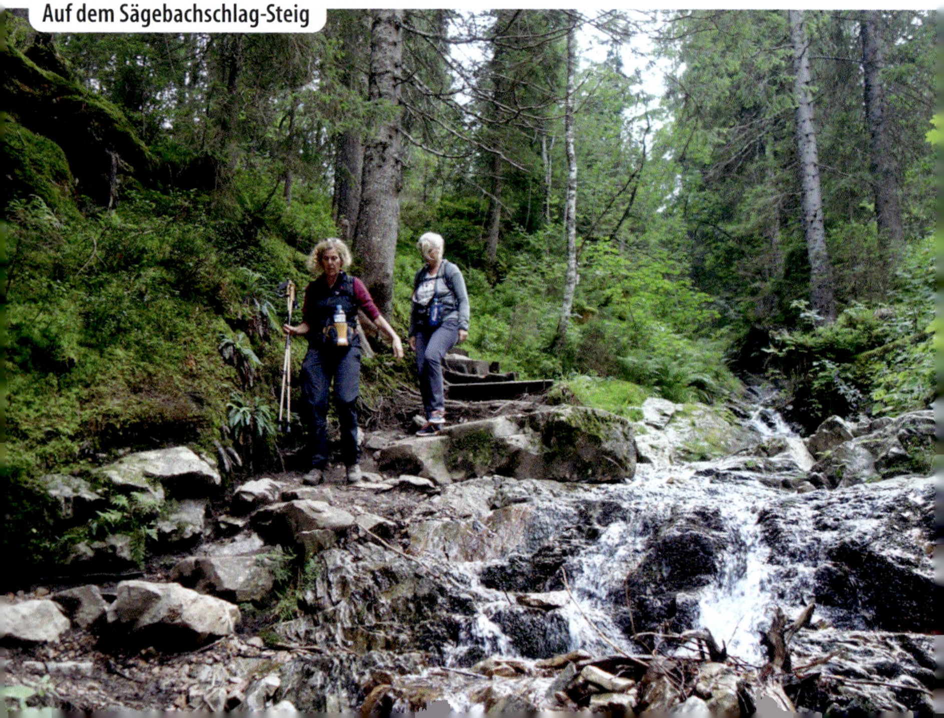

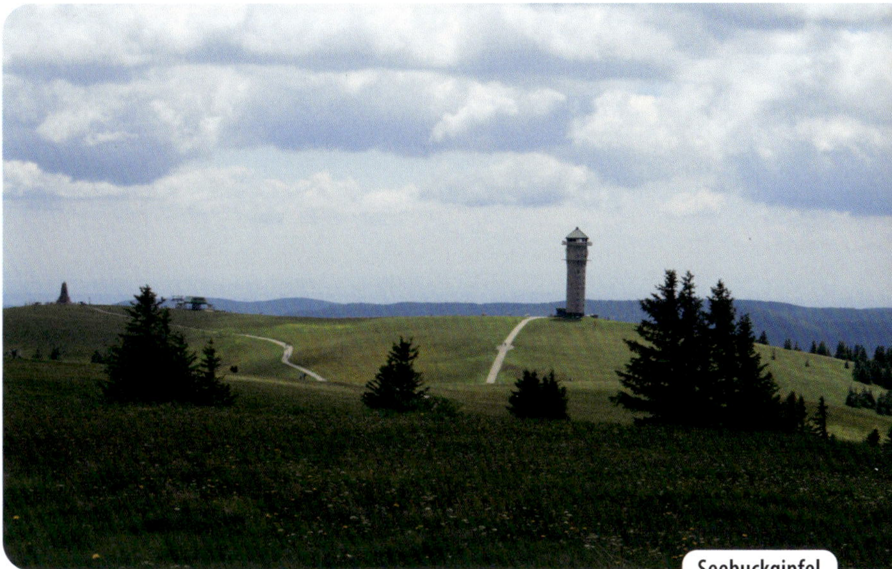

Seebuckgipfel

glitzert, entsteht eine ganz besondere, beinahe paradiesische Atmosphäre. Es ist zwar schade, dass aus Naturschutzgründen das Baden hier untersagt ist, aber es ist wiederum auch verständlich, dass dieses Naturjuwel für die Tier- und Pflanzenwelt geschützt werden muss.

Entlang des Ostufers führt unser Weg auf der Westweg-Variante in den Bannwald. Hier soll sich der Wald selbst überlassen bleiben, um sich im Lauf der Jahre zu einem wilden Urwald zurückzuentwickeln. Der See ist ein Relikt aus der letzten Eiszeit vor ungefähr 10.000 Jahren. Als krönender Abschluss steht uns jetzt ein etwas anstrengender Anstieg bevor. Bewusst setzen wir einen Fuß nach dem anderen, um so mühelos den Weg zu bewältigen. Vorbei an mächtigen Felsen leitet der Wanderpfad hinauf zur rustikalen ⑩ **Seebuck-Hütte,** die sich direkt neben der Feldbergbahn-Talstation befindet. Auf einmal hat sie uns wieder erreicht: die Zivilisation. Gerade noch im Einklang mit der Natur stehen wir plötzlich inmitten von Wintersportanlagen, Kaufläden, einem Kletterwald und ei-

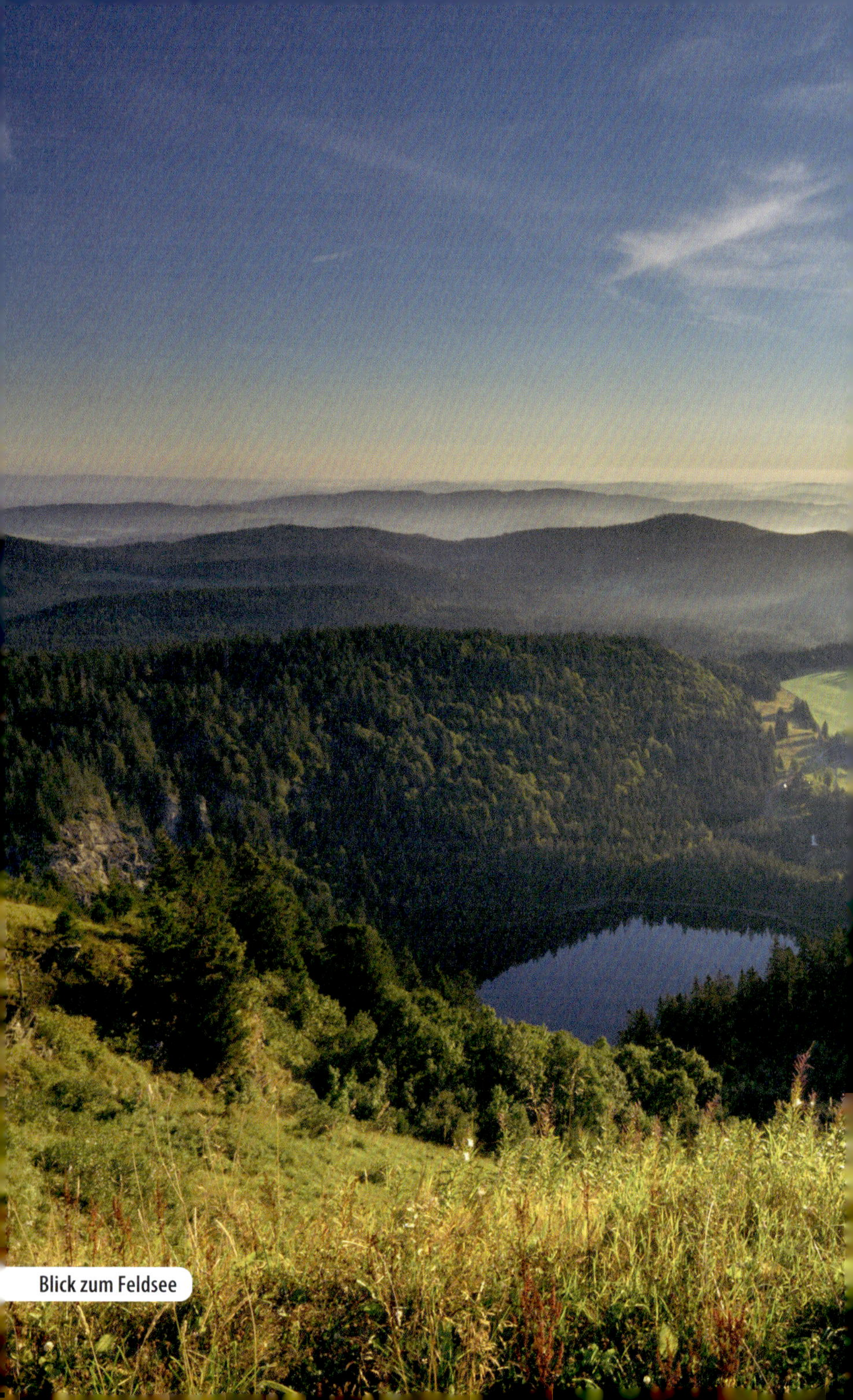

Blick zum Feldsee

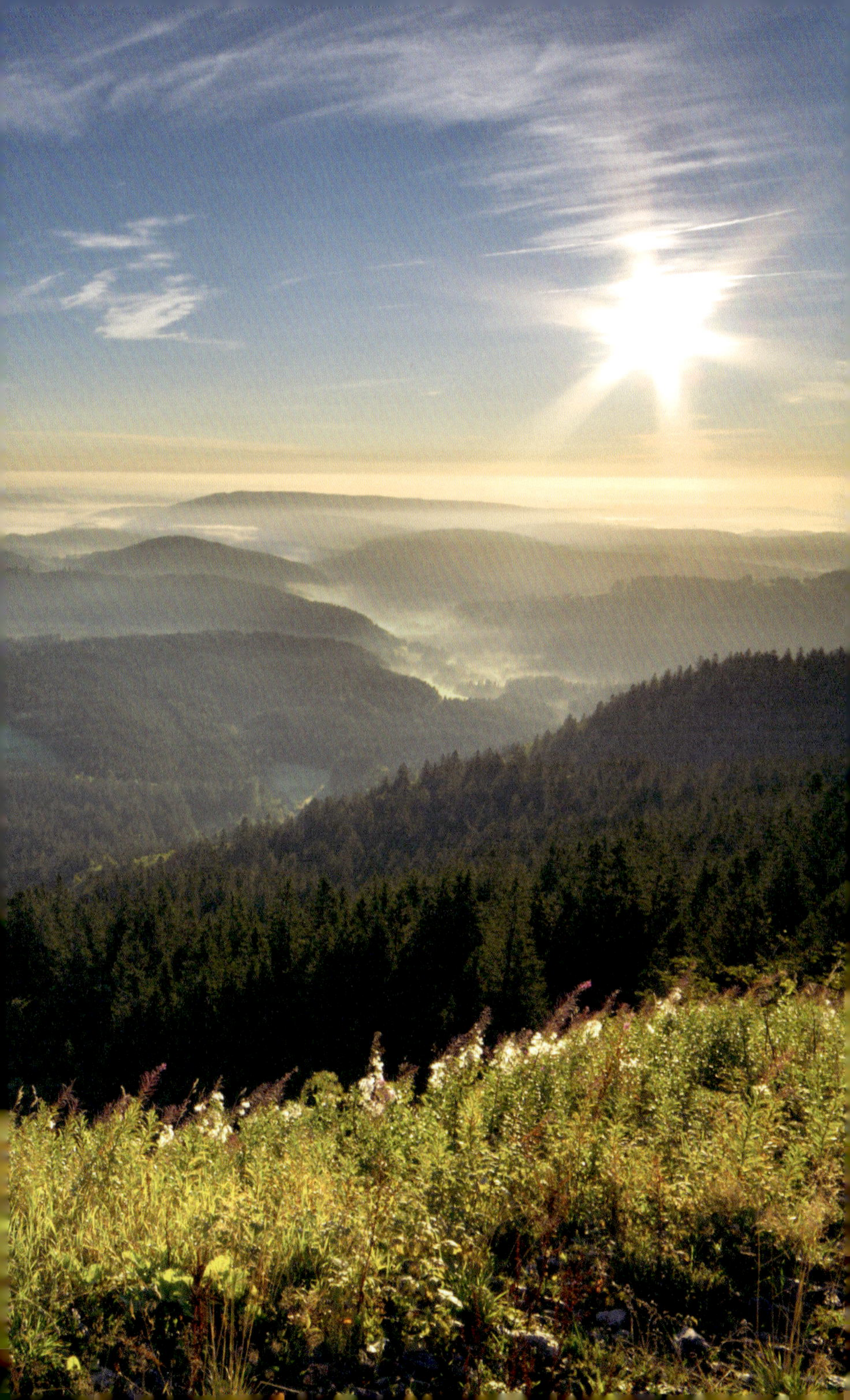

ner Indoor-Fun-Arena. Wir benötigen einen Augenblick, um uns auf die vielen touristischen Eindrücke einzustellen. Aber natürlich, der Feldberg lebt auch vom Tourismus, umso mehr geboten wird, desto mehr Menschen kommen auch her, was wiederum für die Infrastruktur der ganzen Region wichtig ist. Nach einer kurzen Akklimatisierung wandern wir weiter und passieren kurz darauf das ⓫ **Haus der Natur,** welches interaktive Ausstellungen zum Naturschutzgebiet Feldberg und Führungen anbietet. Beim Feldberger Hof und dem Kreisverkehr am Parkhaus wandern wir rechts zur Feldbergkirche. Der Eberlinweg bringt uns dann ohne Mühen zu unserem Ausgangspunkt und dem Parkplatz Grafenmatt zurück.

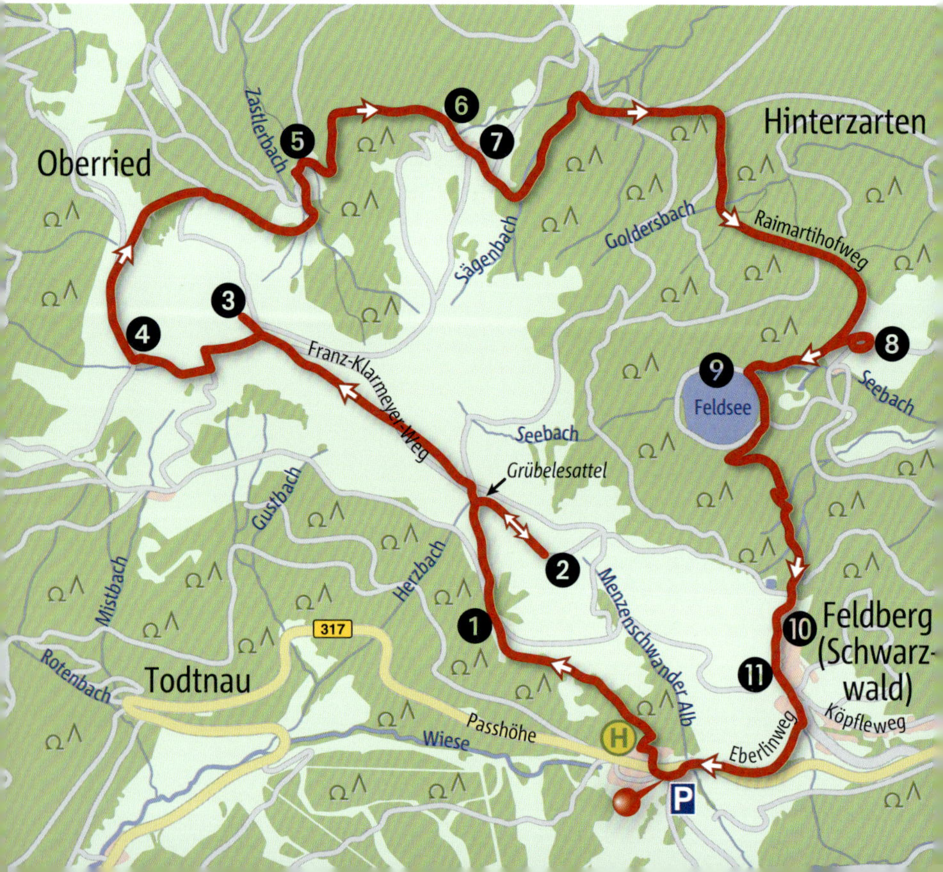

ALLES AUF EINEN BLICK

Entspannung 5/5
Abenteuer 5/5
Vielfalt 4/5

WIE & WANN

Sehr gut begehbare Wanderwege und Pfade, beste Wanderzeit Juni bis Oktober

HIN & WEG

Auto: Parkplatz Grafenmatt auf der Feldberg-Passhöhe, August-Euler-Platz 5, 79868 Feldberg (GPS: 47.856171, 8.029425)
ÖPNV: Buslinie zwischen Titisee und Todtnau

ESSEN & ENTSPANNEN

4 **St. Wilhelmer Hütte, 1380 m,** Hüttenweg 2, 79868 Feldberg, Tel. (0 76 76) 3 42, www.sankt-wilhelmerhuette.de
5 **Zastler Hütte, 1262 m,** 79868 Feldberg, Tel. (0 76 76) 2 44, www.zastler-hütte.de
6 **Naturfreundehaus Feldberg, 1335 m,** Am Baldenweger Buck, 79868 Feldberg, Tel. (0 76 76) 336, www.naturfreundehaus-feldberg.de
7 **Baldenweger Hütte, 1330 m,** Am Baldenweger Buck 24, 79868 Feldberg, Tel. (0 76 76) 9 39 91 31, www.baldenweger-hütte.de
8 **Raimartihof, 1108 m,** Raimartihofweg 12, 79868 Feldberg, Tel. (0 76 76) 2 26, www.raimartihof.de
10 **Seebuck-Hütte, 1280 m,** Dr.-Pilet-Spur 8, 79868 Feldberg, Tel. (0 76 76) 9 33 39 30, www.seebuck-huette.de

ENTDECKEN & ERLEBEN

1 **Wiesentalblick**
2 **Feldbergturm auf dem Seebuck**
3 **Feldberg**
9 **Feldsee**
11 **Haus der Natur,** Dr.-Pilet-Spur 4, 79868 Feldberg, Tel. (0 76 76) 93 36 30, www.hochschwarzwald.de/Attraktionen/Haus-der-Natur

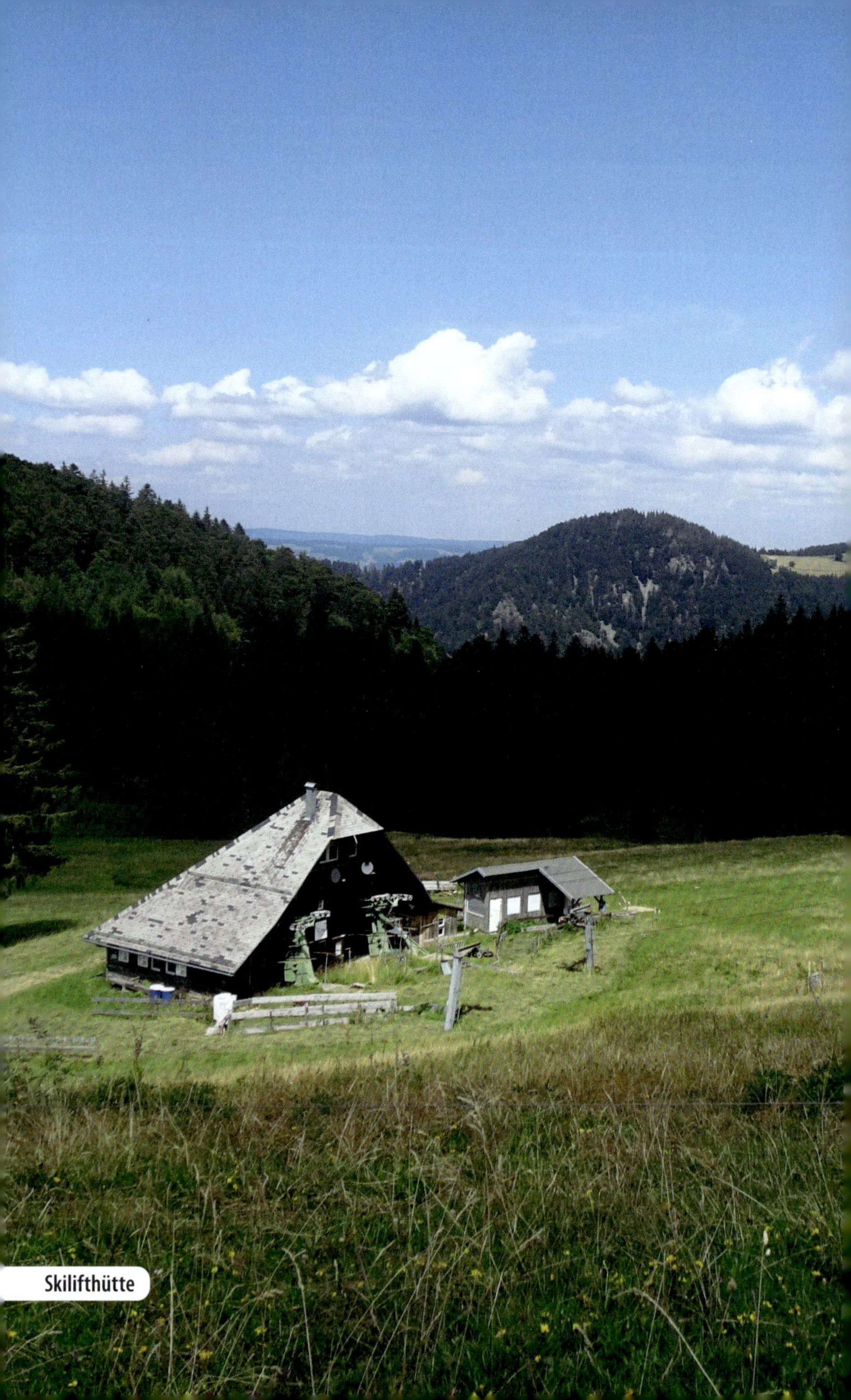

Skilifthütte

GENUSS 12

Panoramavesper

Rund um den Toten Mann

Allein schon die Auffahrt von Oberried bis zur Stollenbacher Hütte verspricht pure Spannung. Die maximale Steigung der steilen und schmalen Bergstraße beträgt sportliche 17 Prozent. Nachdem wir oben angekommen sind, gehen wir vom großen Parkplatz der Stollenbacher Hütte hinüber zum Wegweiserpfosten des Schwarzwaldvereins, um uns eine Orientierung zu verschaffen. Dort wenden wir uns dem mit der gelben Raute markierten **Toter-Mann-Weg** zu, der links hinaufführt. Gleich zu Beginn kreuzt ein Wildbach unseren Weg. Umgeben von saftigen Weiden erkennen wir links auf der Wiese das Skilifthäuschen. Wir folgen weiter dem festen Weg bergwärts, der bald neben einem Heuschober in einen Schotterweg übergeht. Auf der im Winter sehr beliebten Abfahrt-Skipiste weiden im Sommer zahlreiche Rinder. In einer Linkskurve queren wir nun die Lifttrasse, dann flacht unser Weg etwas ab. Kuhglockengeläut begleitet uns auf dem Weg in den nahen Nadelwald. Zuvor aber blicken wir noch einmal tief hinab ins Tal.

Der Name des Berges ***„Toter Mann“*** *hört sich natürlich Furcht einflößend an, aber keine Angst, hier spielte sich kein Bergdrama ab. Er rührt von einem im Bergbau üblichen Fachausdruck, der bedeutet, dass ein fundleerer Stollen bzw. eine leere Grube vorgefunden wurde.*

Im Wald angekommen, passieren wir eine rot-weiß gestrichene Schranke und entdecken rechts einen Holzbrunnen, der von glasklarem Bergquellwasser gespeist wird. Eine willkommene Abkühlung, denn der Wald spendet zur Mittagszeit kaum Schatten. Der breite Forstweg führt in Richtung Nordosten in einer mäßigen Steigung bergan. In einer lang gezogenen Rechtskurve ändern wir allmählich die Himmelsrichtung. Farne und Gräser zieren unseren Weg. Den talwärts führenden Links-

Kilometer: 6,4

Höhenmeter: 220

Stunden: 2,5

RUNDWEG

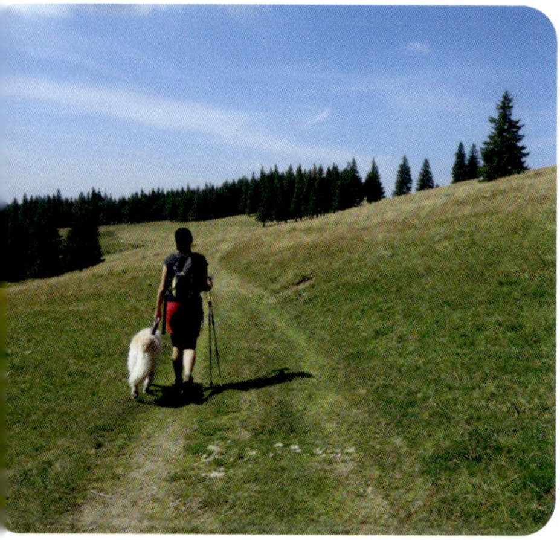

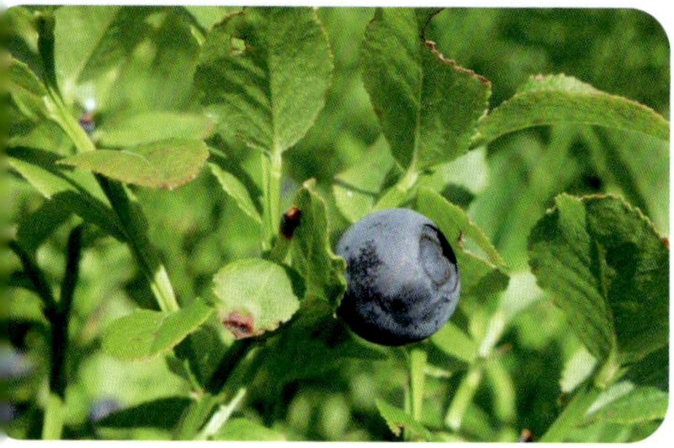

abzweig lassen wir während des Aufstiegs unberücksichtigt und folgen weiter der gelben Raute bergwärts. Rechts erkennen wir einen kleinen, erodierten Hang. Dann schauen wir durch die licht stehenden Bäume kurz hinüber zum Feldberggipfel. Bald wandern wir für einen Augenblick nah an den rechten Waldrand und blicken über die Stollenbacher Almwiesen.

Weiter und weiter schlängelt sich der breite Weg im Wald hinauf. In einer Rechtskurve passieren wir eine Sitzbank und ruhen uns mit herrlichem Blick auf das bergige Umland einige Minuten aus. Unwillkürlich schweift unser Blick zum 1198 Meter hohen Hinterwaldkopf, der mit seiner markanten baumfreien Kuppe südlich des Höllentals aufragt. Während des Anstiegs achten wir auf den halb rechts abzweigenden Bergpfad, der uns in einen schönen Heidelbeerwald

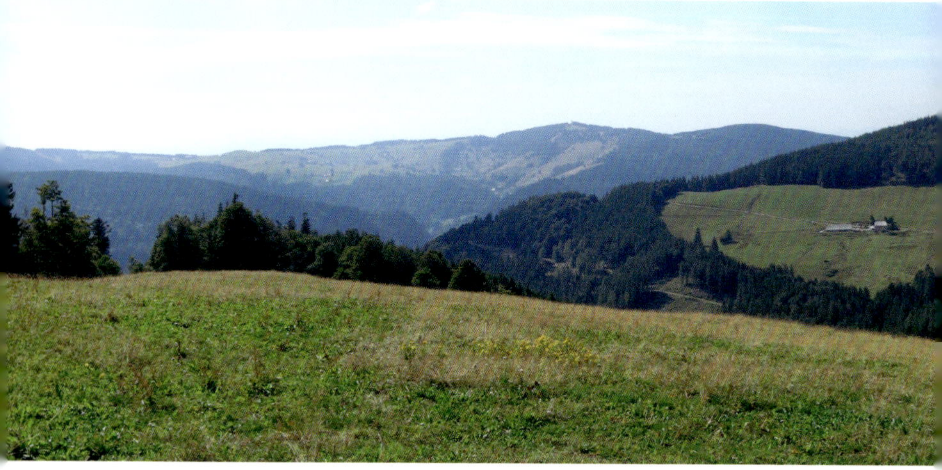

leitet. Hier können wir zur Erntezeit immer wieder kurz innehalten, um zu naschen. Ein Waldweg kreuzt unsere Pfadspur, die von teils kräftigen Wurzeln durchzogen ist. Dann erreichen wir den Sattel **Ob der Hauseckhalde** (1275 m). Wir schwenken rechts und folgen weiter dem breiten Weg, der immer noch mit der gelben Raute markiert ist. In Richtung Nordwesten durchstreifen wir den kühlenden Wald. Zur rechten Seite blicken wir auf die bewaldete Höhe des Toten Manns (1321 m). Wir treffen auf eine Weggabel und entscheiden uns hier für den rechten oberen Weg. Auf weichem Waldboden wandern wir weiter, dann plötzlich öffnet sich bei einem Weidegatter der Wald. Wir überblicken eine wunderschöne Freifläche und schauen halb links hinüber zum 1284 Meter hohen Schauinsland. Dahinter bauen sich bläulich schimmernd die Vogesen auf. Weiter links erkennen wir die markante und baumfreie Kuppe des 1414 Meter hohen Belchens aufragen. Entspanntes Traumwandern ist jetzt angesagt. Diese einzigartige Schönheit der Landschaft ist mit Worten kaum zu beschreiben.

Für die Seele

Wenn wir über die Almweideflächen wandern und der Blick weit hinaus aufs Land schweift, spüren wir den Atem der Natur.

Panorama am Ahornkopf zur Erlenbacher Hütte

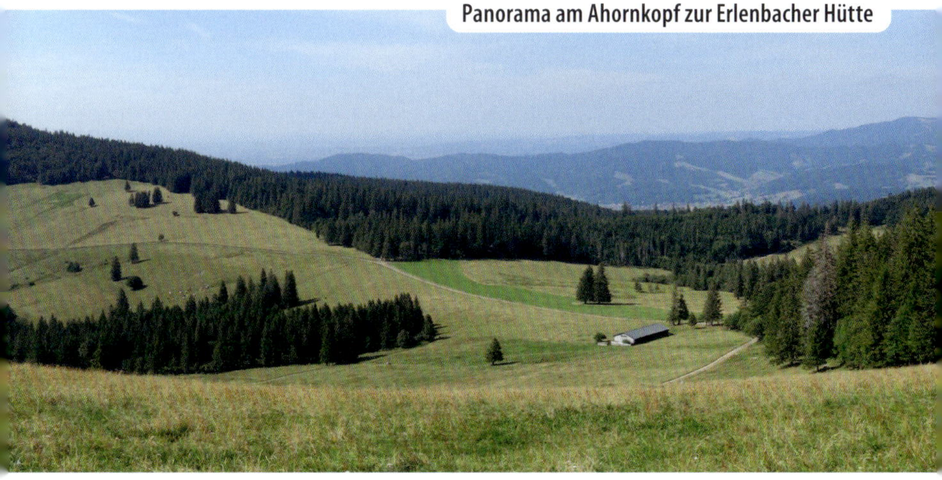

Bei einem zweiten Weidegatter bleiben wir erneut stehen und drehen uns um. Was für ein Ausblick hinüber zum König des Schwarzwaldes! Mächtig, ja beinahe majestätisch, baut sich der Feldberg jetzt vor bzw. hinter uns auf. Der grasbewachsene Pfad schlängelt sich in einer Linkskurve hinüber zur Kuppe des Ahornkopfs. Das Zirpen der Grillen sowie das Zwitschern der Vögel begleiten uns.

Auf der Kuppe des ❶ **Ahornkopfs** (1254 m) passieren wir erneut einen Weidezaun, dabei schauen wir links zum Feldberg und rechts zum Schauinsland. Weiter rechts schweift unser Blick weit über den Mittelschwarzwald. Auf der gegenüberliegenden Hangseite erkennen wir inmitten grüner Almwiesen die **Erlenbacher Hütte.** Mit diesem Ausblick wandern wir weiter entlang der grasbewachsenen Pfadspur, die talwärts zu einem querenden Weg führt, dem wir uns rechts zuwenden. Weiterhin bestimmen die weitläufigen Weideflächen das Landschaftsbild. Langsam, aber sicher ver-

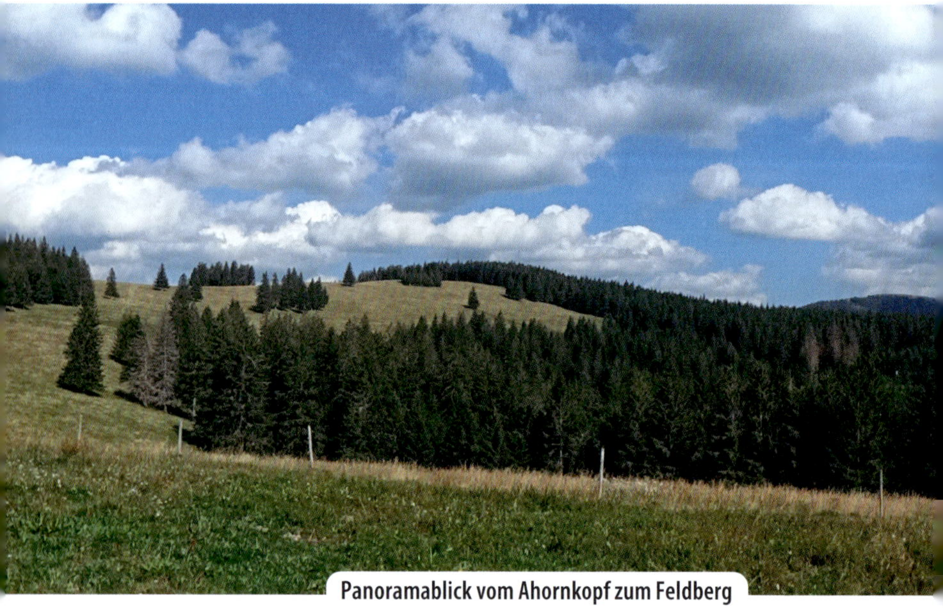

Panoramablick vom Ahornkopf zum Feldberg

lieren wir an Höhe. Die Erlenbacher Hütte grüßt zu uns herüber. Wir passieren einen Heustadel, und unser Weg beschreitet eine leichte Linkskurve. Der breite Wanderweg ist links und rechts von einem Weidezaun eingefasst und führt in Richtung Nordwesten geradewegs über das Naturschutzgebiet der ❷ **Stollenbacher Weide.** Nach etwa 200 Metern erreichen wir am Waldeck das ❸ **Pirmin-Kleiser-Denkmal.** Dieses ist dem früheren Herder, also dem Almhirten, der Erlenbacher Hütte gewidmet, der unweit dieser Stelle am 6. Februar 1990, inmitten seiner Arbeit, zu Tode kam.

Optional kann man von hier aus halb links den Stichweg zur 600 Meter entfernten Erlenbacher Hütte wan-

Pirmin-Kleiser-Denkmal

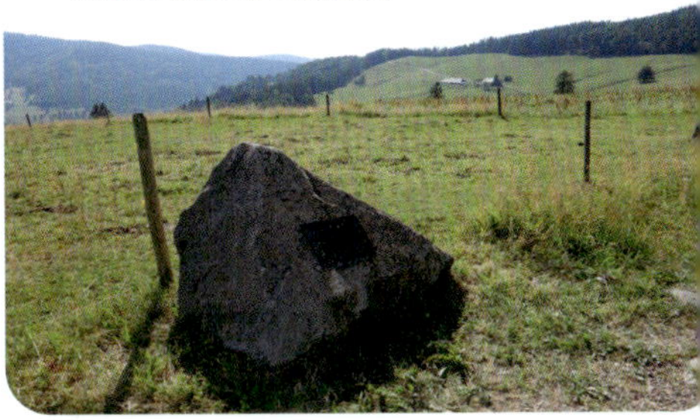

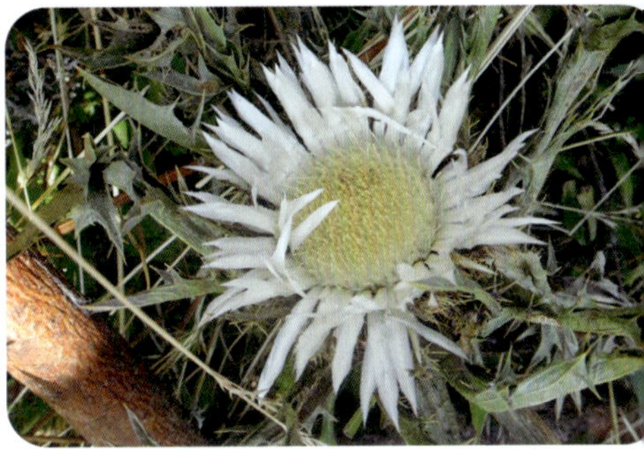

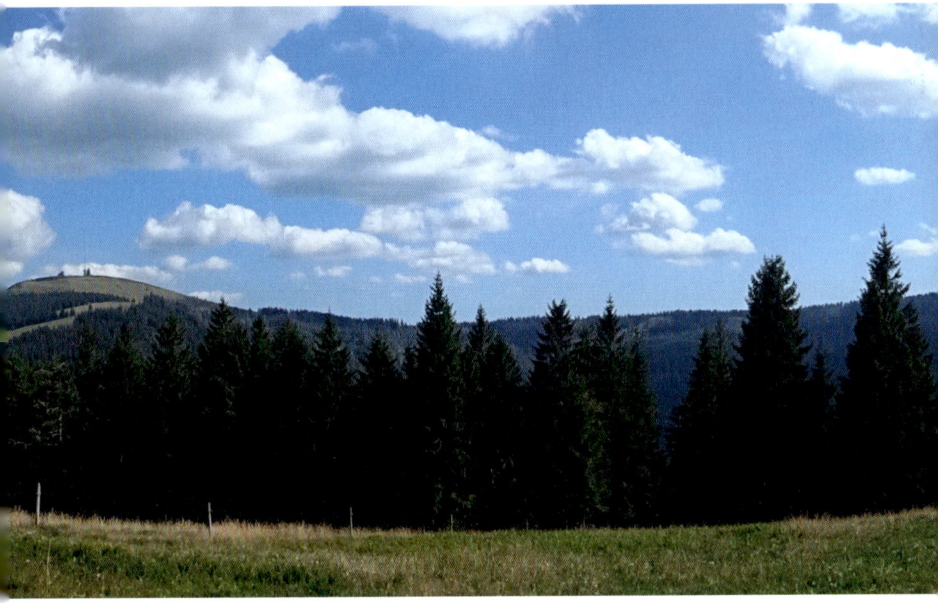

Umgeben von einer traumhaften Almlandschaft ist die ***Stollenbacher Hütte*** *ein Berggasthaus in besonderer Lage. Geboten wird gute badische Küche, die bei den Zutaten auf regionale und heimische Anbieter zurückgreift. Neben einem Schwarzwälder Vesper gibt es als Spezialität den Bibeleskäs mit Brägele (Quark mit Bratkartoffeln und knuspriges Bauernbrot).*

dern oder direkt zum Ausgangspunkt zurückgehen. Wir entscheiden uns für letztere Variante und folgen rechts dem Weg zum Ruheberg. Zwischen dem Waldrand und dem Weideland schreiten wir talwärts. Ein bequemer Weg führt linksseitig durch den Forst, wir aber nehmen den wurzeligen und holprigen Bergpfad. Die Aussicht zum Skihang und der bewaldeten Kuppe des Toten Manns begeistert. Die bequeme Abstiegsvariante trifft kurze Zeit später wieder hinzu, nämlich genau am Wegepunkt **Stollenbach,** kleiner Lift (1120 m). Den Rest des Weges schlendern wir hinab, bis wir bei der ❹ **Stollenbacher Hütte** angekommen sind. Jetzt haben wir uns eine ausgiebige Einkehr mehr als verdient.

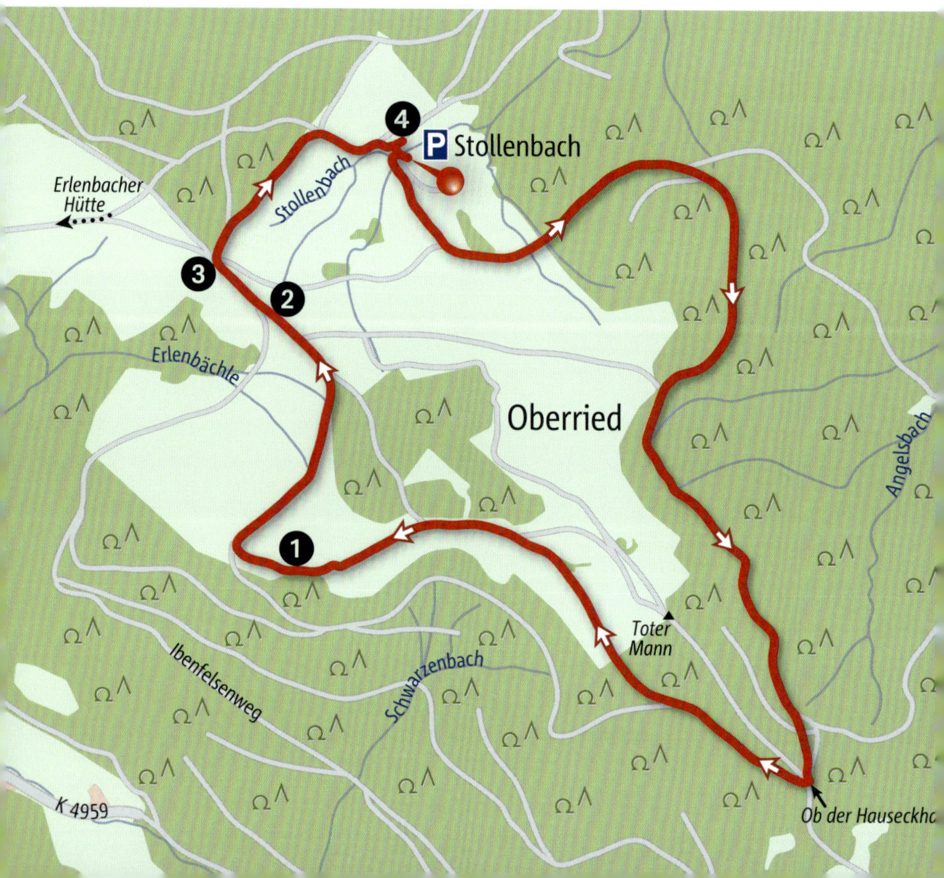

ALLES AUF EINEN BLICK

Entspannung 🥾🥾🥾🥾🥾
Abenteuer 🥾🥾🥾🥾🥾
Vielfalt 🥾🥾🥾🥾🥾

WIE & WANN

Wegbeschaffenheit durchweg gut, beste Wanderzeit Ende Mai bis Oktober

HIN & WEG

Auto: Anfahrt am besten über A 5 Freiburg, dann B 31 nach Kirchzarten und Oberried, ab hier steile Bergstraße; Parkplatz bei Stollenbacher Hütte, Stollenbachstraße 8, 79254 Oberried (GPS: 47.902515, 7.980922)
ÖPNV: Keine Busanbindung zur Stollenbacher Hütte

ESSEN & ENTSPANNEN

4 **Berggasthaus Stollenbacher Hütte, 1092 m,** Stollenbacherstraße 8, 79254 Oberried, Tel. (0 76 61) 45 19, www.stollenbacherhuette.de

ENTDECKEN & ERLEBEN

1 **Ahornkopf**
2 **Stollenbacher Weide**
3 **Pirmin-Kleiser-Denkmal**

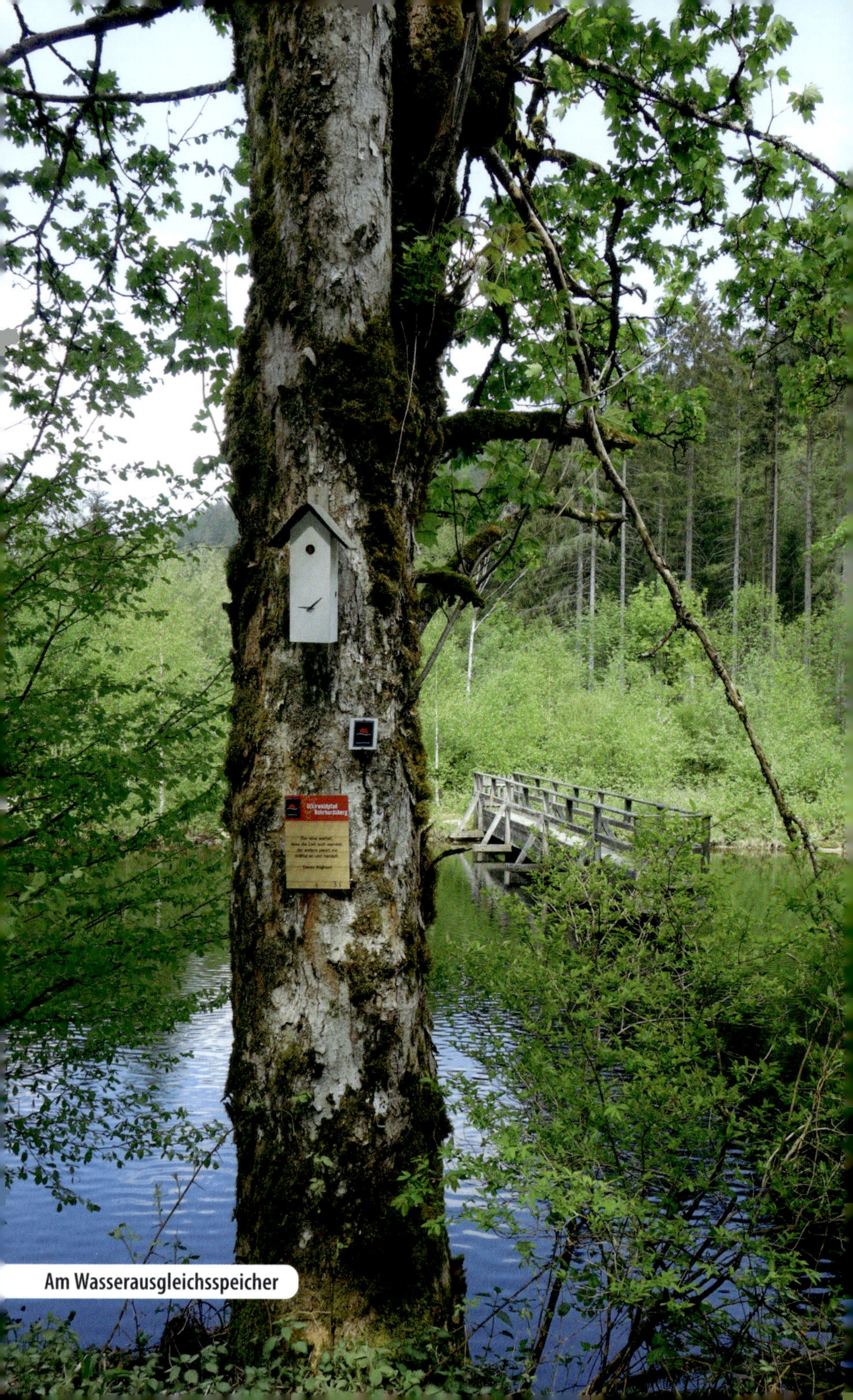

Am Wasserausgleichsspeicher

Grüne Zeitreise

Auf dem U(h)rwaldpfad zum Schänzle

Die Wanderung führt durch einen reizvollen Landstrich, der mit einer nostalgischen Note besticht.

Zwischen dem bekannten Wintersportort Schonach und Oberprechtal beginnen wir am **Wanderparkplatz Mühlebühl** unsere heutige Tour. Für den Einstieg gehen wir am oberen Ende des Parkplatzes rechts in den Wald. Die Genießerpfad-Markierung hilft uns bei der Orientierung. Es dauert nicht lange, bis wir die wild rauschende Elz über eine kleine Holzbrücke queren. Nach einigen Metern gilt es, einen kurzen, aber knackigen Steilanstieg im Wald zu bewältigen. Als Belohnung erreichen wir alsbald eine große Wiesenlichtung – mit ihrer Blütenpracht ein richtiger Sehnsuchtsort. Ein paar Sitzbänke laden zu einer kurzen Verschnaufpause ein. Der weitere Wegverlauf führt uns bald wieder in den Wald hinein, dort biegen wir hinter einer Schranke nach links zum Unteren Skiliftparkplatz ab.

*Der **U(h)rwaldpfad Rohrhardsberg** ist dem Zentrum der Schwarzwälder Kuckucksuhrenindustrie gewidmet. Die tief verwurzelte Tradition dieser einzigartigen und inzwischen weltweit bekannten Handwerkskunst reicht etwa 300 Jahre weit in die Vergangenheit zurück.*

Bereits nach wenigen Metern folgen wir dem nach rechts abbiegenden stein- und wurzelübersäten Waldpfad hinein in den Schonwald. Behutsam führt er durch einen bezaubernd schönen Uhrenwald. Überall entdecken wir Kuckucksuhren, die in den unterschiedlichsten Modellen an den Bäumen hängen. Liebevoll verziert, dienen sie hier den kleinen Waldvögelchen als Nist- und Brutplätze. An jeder Uhr sind Tafeln mit sinnreichen Sprüchen zum Thema „Zeit“ angebracht. ❶ **Der U(h)rwaldpfad Rohrhardsberg** weist uns an, jeden Tag bewusst zu genießen und sorgsam mit unserer Zeit um-

Kilometer: 8
Höhenmeter: 360
Stunden: 3
RUNDWEG

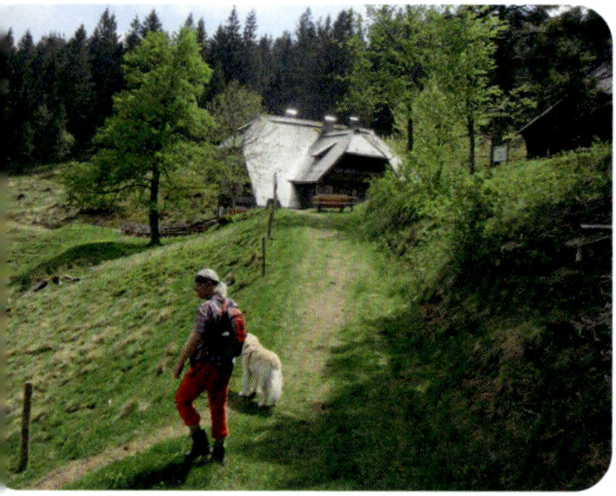

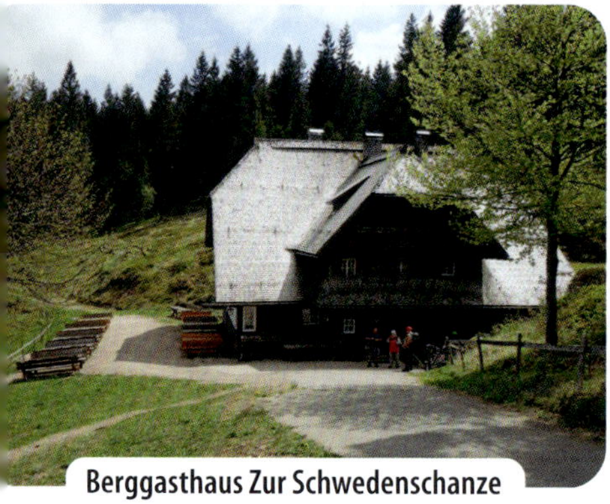

Berggasthaus Zur Schwedenschanze

zugehen. Da die Uhren nicht funktionstüchtig sind, wirkt alles um uns zeitlos. Begeistert von den Zeitmessern kreuzen wir einen Fahrweg und setzen dahinter unseren Bergmarsch fort.

Über einen schmalen, aber trotzdem gut begehbaren Wanderpfad queren wir einen Steilhang, der etwas Aufmerksamkeit erfordert. So gelangen wir zum ❷ **Skihang** (1040 m). Wir blicken weit auf das hügelige Umland und atmen in der reinen Bergluft tief durch. Unser Weg quert jetzt die Schneise des Abfahrthanges, danach wenden wir uns im Wald linksseitig einem Forstweg zu. Für kurze Zeit bleiben wir auf dem breiten Weg, dann biegen wir nach links zu einem Waldpfad ab. Dieser führt uns erneut zum Skihang zurück, dort wandern wir das schöne Wiesenweglein hinauf. Oben, auf einer stattlichen

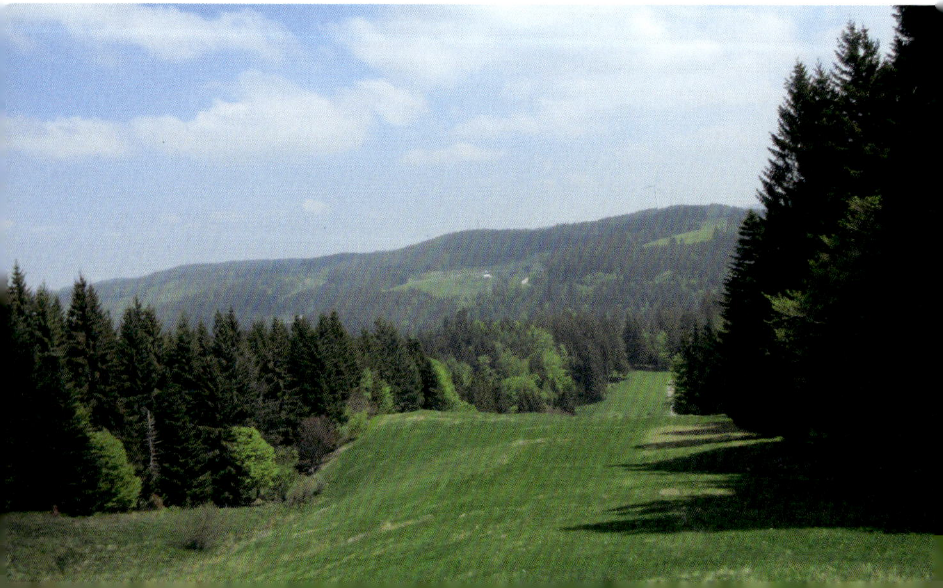

Höhe von 1097 Metern, biegen wir rechts zum Waldweg ab. Die Markierung führt durch den Wald. Wir lassen sämtliche abzweigenden Wege unberücksichtigt und gelangen mühelos zu dem Standortpfosten **Bei der Schwedenschanze.**

Hier verlassen wir vorerst den Genießerpfad und folgen für 5 Minuten geradeaus dem Wanderweg zum ❸ **Berggasthaus Zur Schwedenschanze.** Wer jetzt einkehren möchte, ist hier genau richtig. In dem mit Schnitzereien verzierten Gastraum genießen wir die kulinarischen Köstlichkeiten des Berggasthauses, das von den Einheimischen liebevoll „Schänzle" genannt wird. Draußen erhaschen wir von der Alm-Terrasse aus tolle Ausblicke auf die herrliche Umgebung.

Für die Seele

Bei dieser Tour verspüren wir einen Hauch von Nostalgie und begegnen uns selbst.

Frisch gestärkt folgen wir dem Wanderpfad in Richtung Nordosten. Hier auf dem **Rohrhardsberg** treffen wir jetzt übrigens wieder auf den Genießerpfad sowie auch auf den Mehrtageswanderweg **Zweitälersteig.** Diese Markierung wird uns zusätzlich eine Weile begleiten. Nach wenigen Schritten schon schwenken wir nach rechts auf einen breiten Weg ein. Die Sicht auf das weite Land und über die offene Fläche des Naturschutzgebiets Heiliggeistloch faszinieren uns.

*Das **Berggasthaus Zur Schwedenschanze** geht auf den Rohrhardsberger Sepp (Josef Burger) zurück, der 1932 das Gasthaus errichtete und als gelernter Schreiner auch die Stühle und Tische für seine Gaststube selbst herstellte. Als „Schänzlewirt" und als Pionier des Natur- und Umweltschutzes erlangte er einige Berühmtheit.*

Beinahe unmerklich verlieren wir stets etwas an Höhe und erreichen den **Aspenkapf-Brunnen,** an dem wir uns etwas erfrischen können. Gegenüber dem Brunnen erkennen wir ein hölzernes Weidegatter, das wir jetzt durchqueren. Ein Wiesenpfad leitet weiter talwärts. Der Schänzlehof vor uns dient zusätzlich zur Orientierung. Nachdem wir ein zweites Weidegatter hinter uns haben, bringt uns ein breiter Wirtschaftsweg direkt zum ❹ **Schänzlehof** dem höchstgelegenen Bergbauernhof des mittleren Schwarzwalds. Von hier aus gehen wir links und passieren dabei saftig grünes Weideland. Die Milch der Kühe, die hier oben grasen, muss besonders schmackhaft sein. Im angrenzenden Wald verlassen

Bei dieser Traumwanderung gibt es auch seltene ***Tier- und Pflanzenarten*** *zu entdecken. Verschiedene Schmetterlinge und Heuschrecken sind hier heimisch, aber auch das gefährdete Auerhuhn, Neuntöter und Zitronengirlitz fühlen sich in diesem Gebiet wohl.*

wir den breiten Weg und biegen nach links zu einem Pfad ab. Anfangs zieren ein paar Felsbrocken den Weg, dann fällt das Weglein etwas steiler ab.

Beim **Wegweiser „Am Schlagbaum"** haben wir exakt die 1000-Meter-Grenze erreicht. Ab hier nimmt der Zweitälersteig eine andere Richtung, wir aber folgen weiter dem Genießerpfad. Ein Fahrweg leitet uns nach rechts, und wir wandern über freies Feld weiter. Rechts erblicken wir den idyllisch gelegenen **Erlenhof.** Bald darauf taucht vor uns auch schon der stolze und urige **5 Ochsenhof** auf, ein für diesen Teil des Schwarzwalds überaus typischer Hof. Mit seinem weit heruntergezogenen Dach fügt er sich perfekt in das Landschaftsbild

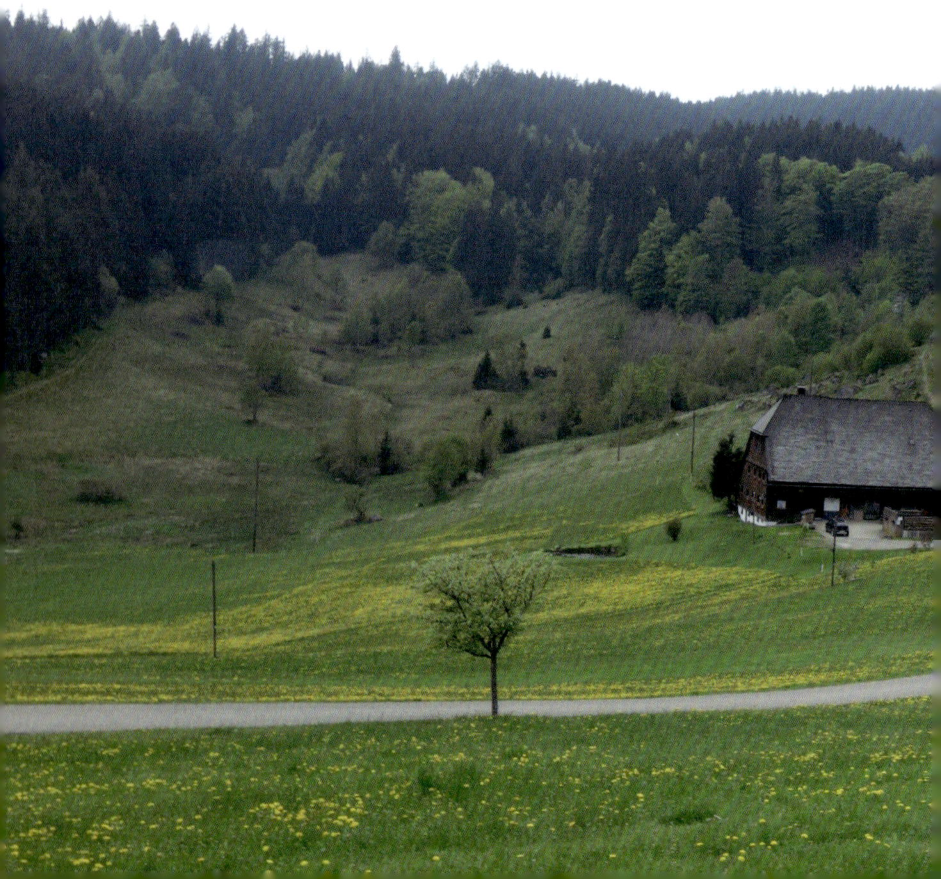

ein. Der Ochsenhof wurde bereits im Jahre 1700 erbaut und steht mittlerweile unter Denkmalschutz. Auf der Talseite des Gebäudes wenden wir uns linksseitig dem Wiesenweglein zu. Weiter talwärts folgen wir einem romantischen Pfad. Der lustig plätschernde Armensbach begleitet uns. Jetzt verlieren wir rasch an Höhe. Bei einem hinzukommenden Forstweg wandern wir nach rechts und schreiten vollends hinab zu der ehemaligen Ortsmitte von Rohrhardsberg und dem Elzhof. Wir erkennen einen großen Holznasslagerplatz und halten uns an dessen Abzweig rechts. Hier folgen wir jetzt der quirligen Elz flussaufwärts zu einer Walderlebnisstation mit einem Kletterwildschwein. Direkt

Erlenhof

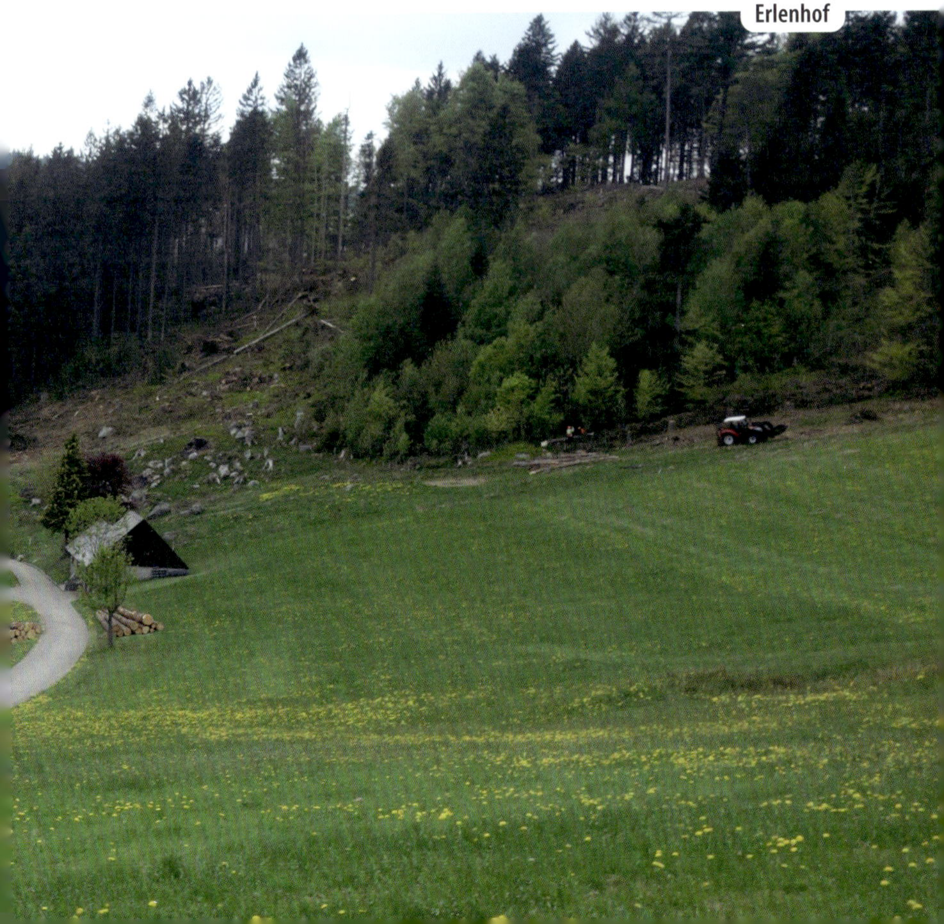

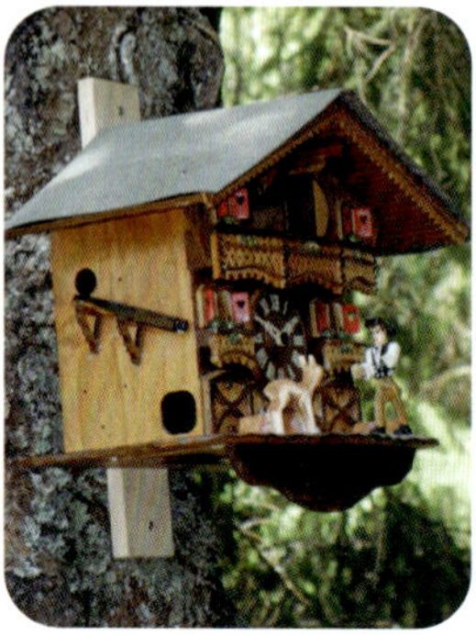

daneben befindet sich ein Wasserausgleichsspeicherbecken. Ein absolut idyllischer Flecken, um eine kurze Entspannungspause einzulegen und sich für den restlichen Weg noch einmal zu mobilisieren.

Einer schmalen, von Uhren gesäumten Wegspur folgen wir und gelangen alsbald zu den **6 Elzwasserfällen.** Ein wunderbarer Platz, um kurz stehen zu bleiben und dem Klang des Wassers zu lauschen. Wer die Augen schließt, kann das Blubbern, Rauschen, Sprudeln und Zischen nicht nur hören, sondern am ganzen Körper spüren. Von den Elzfällen ist es nur noch ein Katzensprung zurück zu unserem Ausgangspunkt, dem Wanderparkplatz Mühlebühl, und der Weg dorthin ist selbsterklärend.

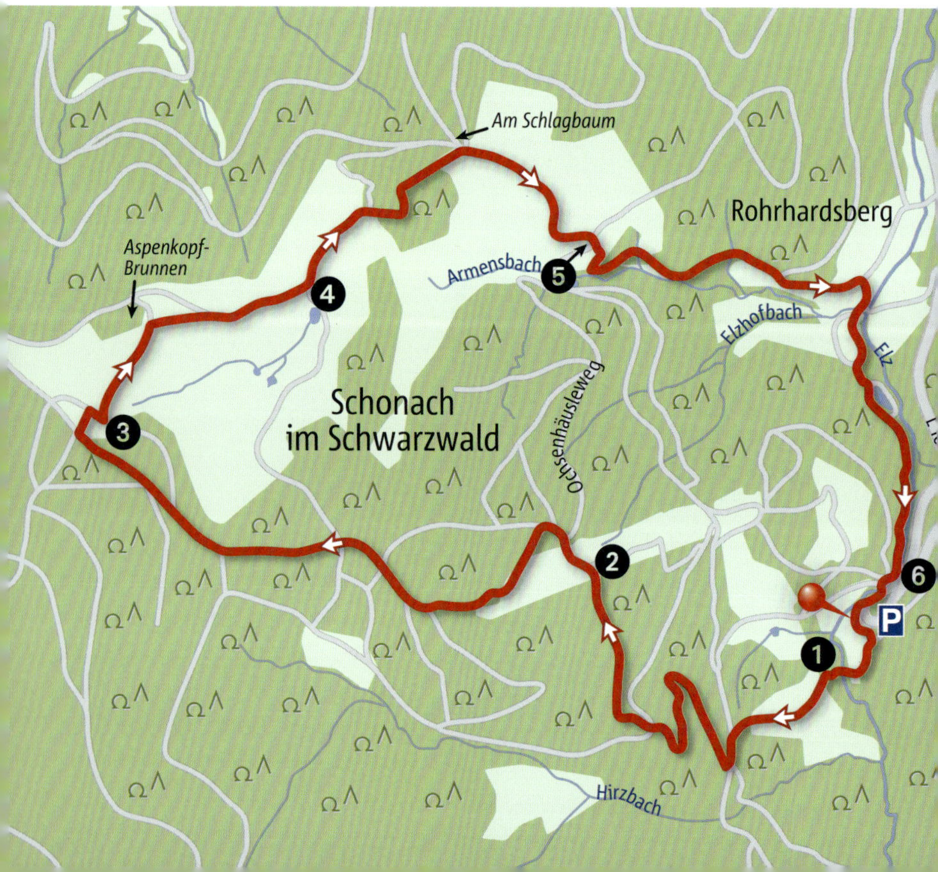

ALLES AUF EINEN BLICK

Entspannung 4/5

Abenteuer 5/5

Vielfalt 5/5

WIE & WANN

Gute Wegbeschaffenheit, beste Wanderzeit Mitte/Ende April bis Oktober

HIN & WEG

Auto: Wanderparkplatz Mühlebühl, direkt neben der Spitzkehre der L 109, 78136 Schonach im Schwarzwald (GPS: 48.128681, 8.156080)
ÖPNV: Buslinie zwischen Triberg und Elzach

ESSEN & ENTSPANNEN

3 **Berggasthaus Zur Schwedenschanze auf dem Rohrhardsberg,** Schänzlehof 19, 78136 Schonach im Schwarzwald, Tel. (0 76 83) 2 63, www.schaenzle.com

ENTDECKEN & ERLEBEN

1 **U(h)rwaldpfad Rohrhardsberg**
2 **Am Skihang**
4 **Schänzlehof**
5 **Ochsenhof**
6 **Elzwasserfälle**

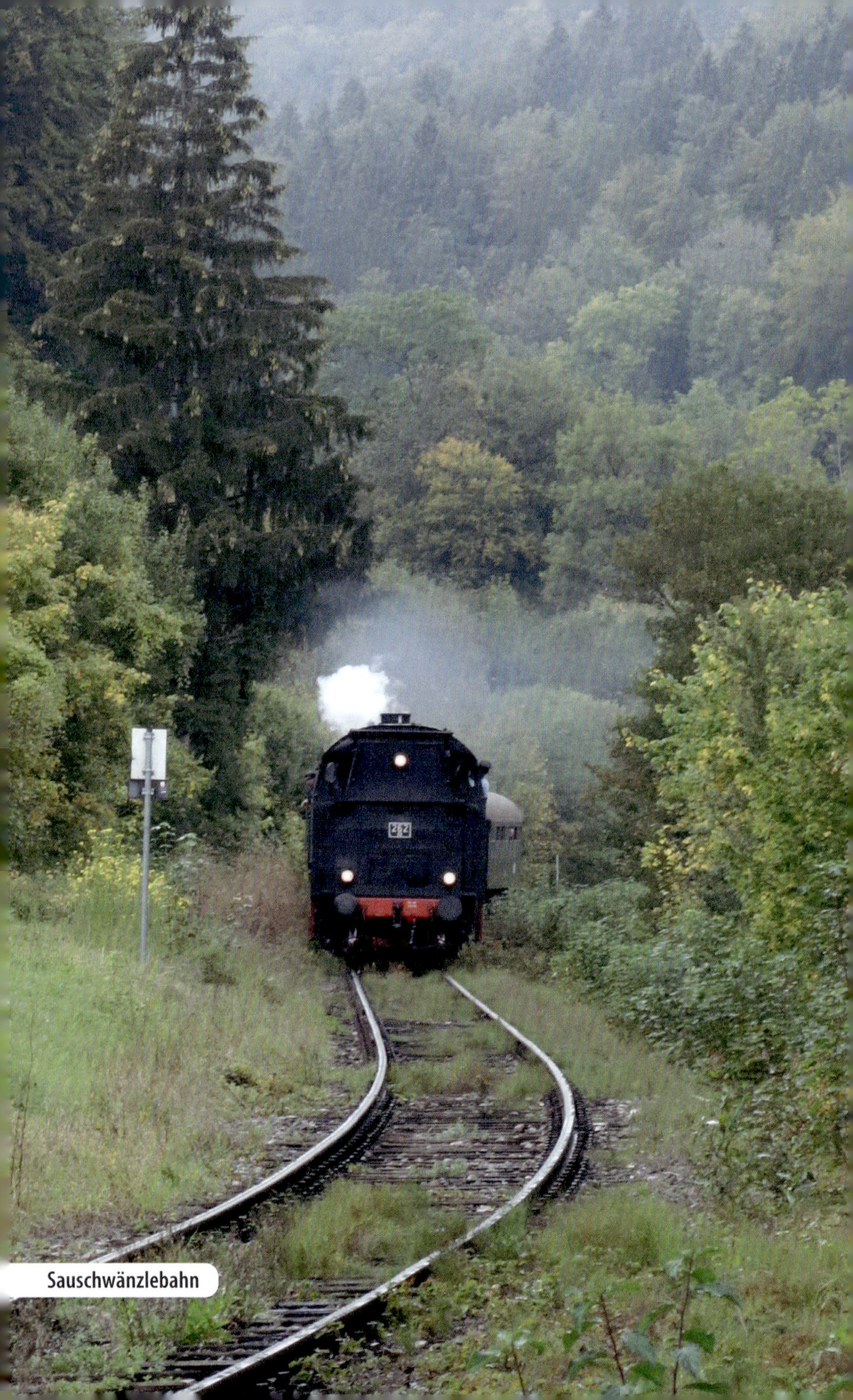

Sauschwänzlebahn

Volldampf voraus!

Der Sauschwänzle-Weg

Wir starten unsere Streckenwanderung in Blumberg-Zollhaus am nostalgisch erscheinenden Bahnhof der Sauschwänzlebahn. Damit gehen wir die Tour eigentlich rückwärts, was aber kein Problem darstellt, da die Strecke beidseitig ausgeschildert ist. Zudem haben wir so den großen Vorteil, dass wir weniger Höhenmeter im Aufstieg bewältigen müssen. Wir starten und folgen gut gelaunt dem Genießerpfad „Sauschwänzle-Weg" in Richtung Westen.

Am linken Wegrand können wir einige Holzskulpturen betrachten. Wenn uns das Glück hold ist, dampft rechts neben uns sogar die wild qualmende Dampflok vorbei. Der Weg führt in einem weiten Linksbogen für längere Zeit neben dem einspurigen Bahngleis her, dann wandern wir über eine Straße. Auf dem Bürgersteig gehen wir nach rechts und wenden uns nach 200 Metern scharf links der **Straße „Unter Zinnen"** zu. Jetzt sind wir am Ortsrand von **Blumberg** (715 m). Gegenüber der Sudetenstraße halten wir uns am Wegweiser Unter Zinnen nochmals links.

Für den Rückweg nutzen wir die ***Sauschwänzlebahn.*** *Daher ist es wichtig, während der Wanderung die Abfahrtszeit des Zuges im Blick zu haben. Am besten etwas mehr Wanderzeit einplanen. Hilfreich ist es, die Fahrkarten im Voraus zu bestellen (Tel. 0 77 02/ 5 13 00). Diese können dann vor der Wanderung am Bahnhofsschalter in Blumberg-Zollhaus abgeholt werden.*

An unserer linken Seite sehen wir den 749 Meter hohen Lindenbühl aufragen, dabei fällt unser Blick unweigerlich auf die Fabrikationsstätte des bekannten Schwarzwälder Schinkens, den „Schwarzwaldhof". Unterhalb des Waldrands gehen wir bequem den Feldweg entlang und gelangen so bald zum Standort **Wannen.** Die Wegführung leitet zunächst geradeaus weiter, bis in einer Linkskurve ein Pfad rechts in den Wald hinaufführt. Diesem folgen wir weiter bergwärts. In der Ferne er-

Kilometer: 11

Höhenmeter: 201

Stunden: 4

STRECKE

*Der **Schluchtensteig** ist ein bekannter Mehrtagesweg, der 6 Tage lang durch den Südschwarzwald und Hotzenwald führt. Dabei leitet er durch imposante Schluchten und auf Gipfel hinauf. Vielleicht eine Idee für alle, die nach den Wutachflühen Lust auf noch mehr Abenteuer haben.*

kennen wir die beiden Orte Epfenhofen und Fützen. In dieser wunderschönen Panoramalage erklimmen wir die ❶ **Ottilienhöhe** (800 m). Oben angekommen, schnaufen wir erst einmal kräftig durch, bis wir dann dem **Schluchtensteig** nach links folgen. Unser Weg führt jetzt relativ steil talwärts zum Standort **Am Buchberg.** Dort biegen wir rechts ab und wandern neben einer Hecke auf eine wunderschön gelegene Lichtung. Hier können wir noch etwas Sonnenlicht und Wärme auftanken, bevor wir in die Schlucht der **Wutachflühen** hineinwandern.

Aufgepasst, jetzt achten wir besonders auf die Wegführung, denn bereits 20 Meter nach dem Jägerhochstand zweigt links ein Pfad in den Wald ab. Gleich nach dem Forst leitet ein Wiesenweg weiter talwärts. Zuerst gehen wir rechts, dann wieder links, so erreichen wir zügig einen Wegetreff und queren dort einen geteerten Weg. Hier gehen wir in südöstlicher Richtung weiter. Kaum zu glauben, dass unter uns in einem Tunnel die Bahnstrecke der Sauschwänzlebahn verläuft. Wir folgen dem Weg so lange, bis ein Schotterweg scharf rechts zur **Bielwasenhütte** sowie auf den Bühl hinaufführt. Hier halten wir kurz inne und genießen einige Minuten die Stille. Beim Verlassen des Platzes folgen wir der schmalen Pfadspur Richtung Westen in den Wald.

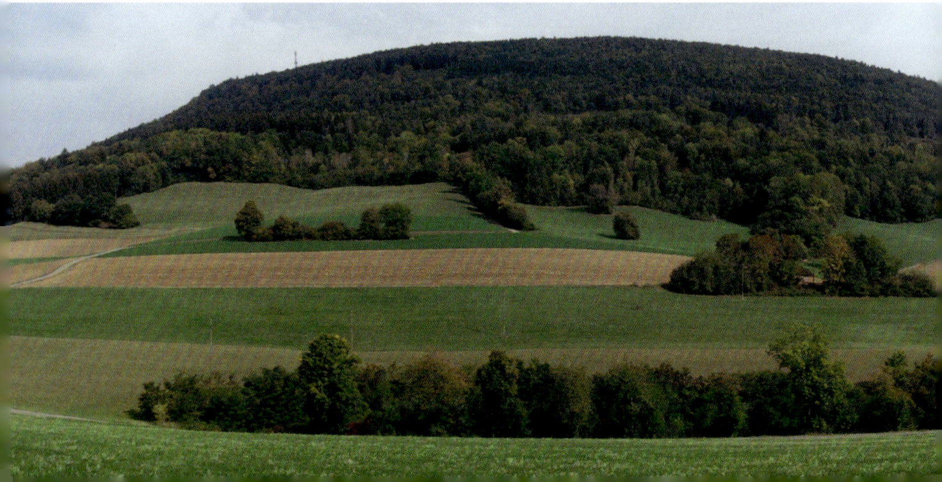

Weiter die Markierung fest im Blick schreiten wir auf der ausgetretenen Spur, die uns zwischen Wald und Wiese steil hinab zu dem Wegweiser **Hintere Reutenen** bringt. Der Sauschwänzleweg zeigt nach rechts zum Durchlass, der uns unter den Gleisen der Dampfeisenbahn hindurchführt. Danach wandern wir weiter zum Parkplatz Wutachflühen.

Jetzt ist Obacht geboten, denn der Weg durch die **2 Wutachflühen** ist kein Spazierweg. Auch nach lang anhaltenden trockenen Schönwetterperioden kann der Flühenpfad durchaus schmierig und rutschig sein. Wanderschuhe mit griffigen Profilsohlen, Trittsicherheit und eine Portion Schwindelfreiheit sind hier absolute Pflicht. Zudem sollte man grundsätzlich auf dem ausgeschilderten Pfad bleiben und sich die markierten Sektoren merken, das kann in Notfällen für die Retter überaus hilfreich sein. Als Schlechtwetterwalternative oder auch für alle, die lieber eine bequemere Variante wählen, führt ein Weg geradeaus, der bis zur Eisenbahnbrücke ausgeschildert ist.

Für die Seele

In den wildromatischen Wutachflühen erwartet uns ein unvergessliches Schluchtenabenteuer.

Wir nehmen die Normalroute und folgen dieser nach links direkt ins ausgewiesene Naturschutzgebiet der Wutachflühen. Im Wald bringt uns der schmale Pfad bald zu einem Aussichtsplatz, der einen giganti-

Panoramablick zum Buchberg

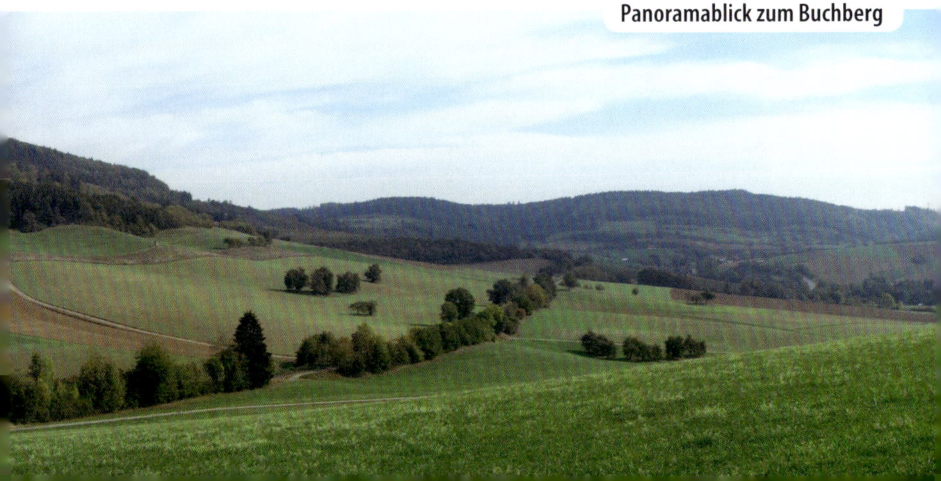

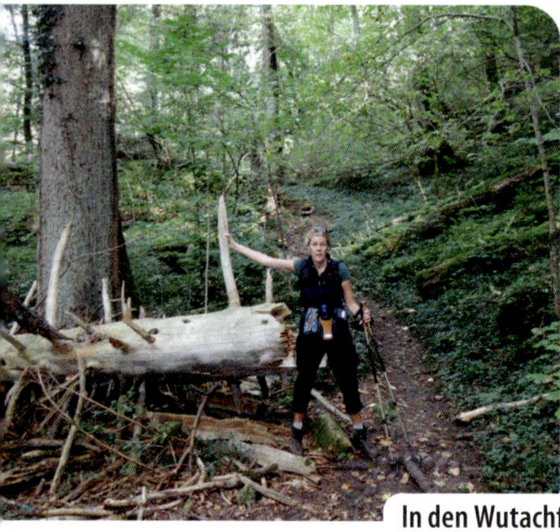

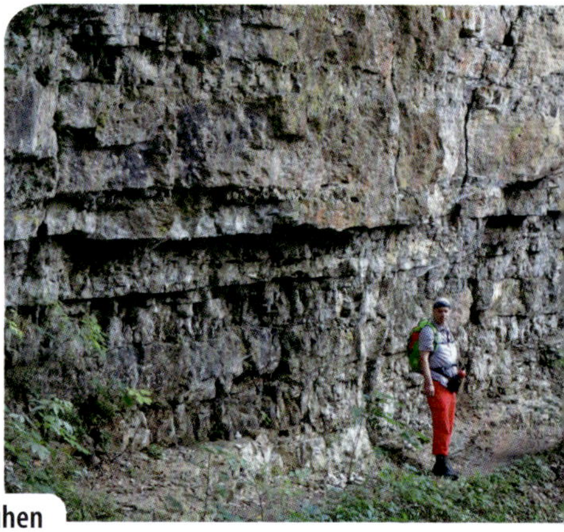

In den Wutachflühen

schen Tiefblick in die Schlucht freigibt. Trittsicherheit und Schwindelfreiheit fordern uns jetzt heraus, und wir setzen bewusst einen Schritt nach dem anderen. Auf ziemlich schmalem Terrain werden mehrere kleine Tobel, Schluchten, umwandert. Eng schlängelt sich der Pfad durch den waldbewachsenen Hang. Kurz nach einer zweiten Aussichtsstelle führen Serpentinen hinab, und wir gelangen auf den **Fernwanderweg Ostweg,** der mit einer schwarz-roten Raute gekennzeichnet ist. Er verbindet die beiden Städte Pforzheim mit Schaffhausen in der Schweiz. Der schmale Weg führt teilweise neben mächtigen Muschelkalkfelsen zum **3 Wasserfall Sturzdobel.** Umsichtiges Gehen ist weiter angesagt. Abgebrochene Bäume sind in wilder Ordnung überall verteilt. Neben dem Weg entdecken wir Farne und Moose, die durch das feuchte Klima hier besonders gut gedeihen. Am Wegweiser **Bei der Muttergottes** (575 m) gehen wir geradeaus weiter. Jetzt dauert es nicht mehr lange, bis wir eine Engstelle zwischen zwei Felsen durchwandern. Wir können sogar mit beiden Händen die Steine berühren, so schmal ist es hier. Immer wieder stellt sich uns die spannende Frage, ob es hinter der nächsten Biegung weitergeht. Doch irgendwie schlängelt sich der verwunschene Pfad immer weiter durch

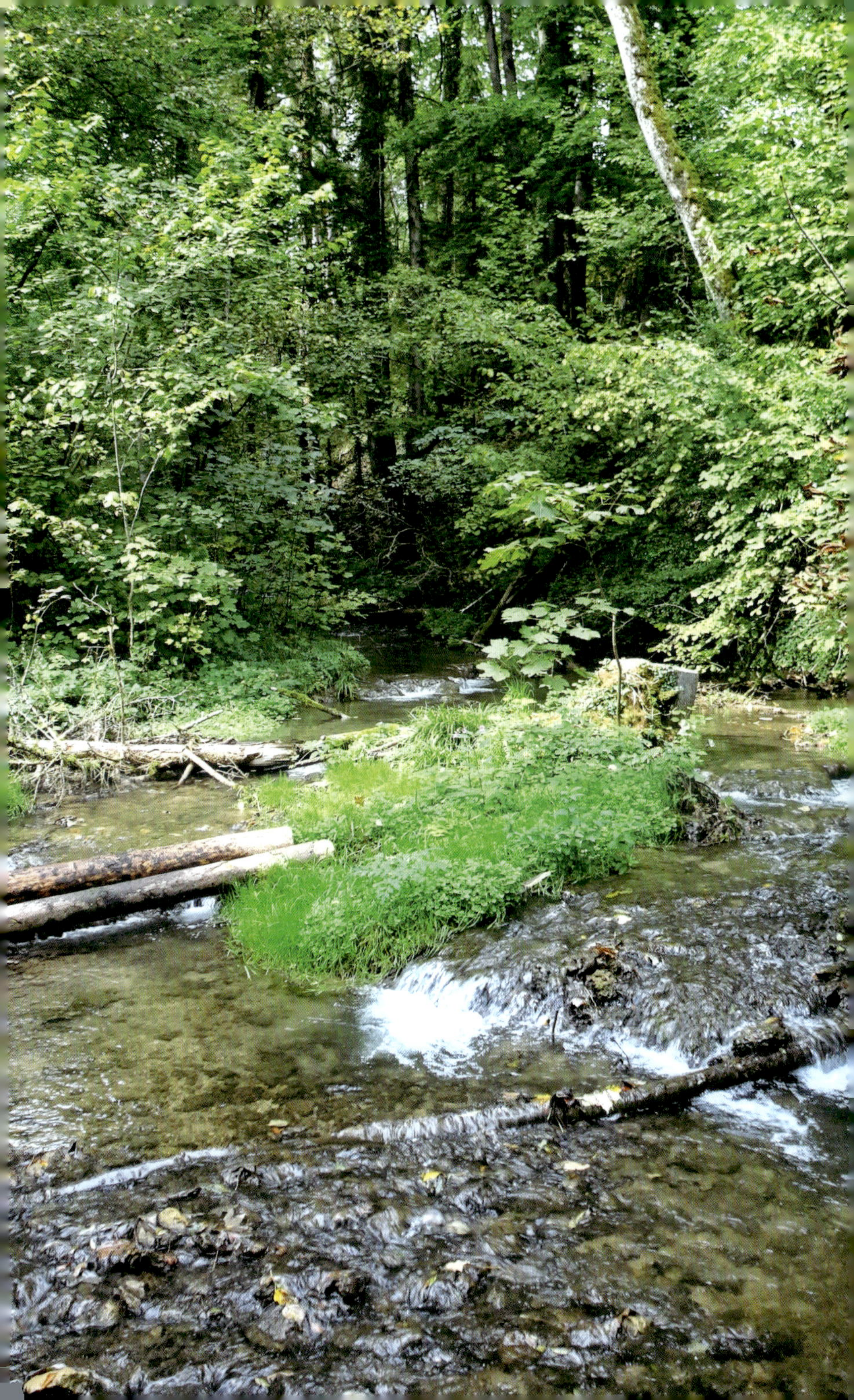

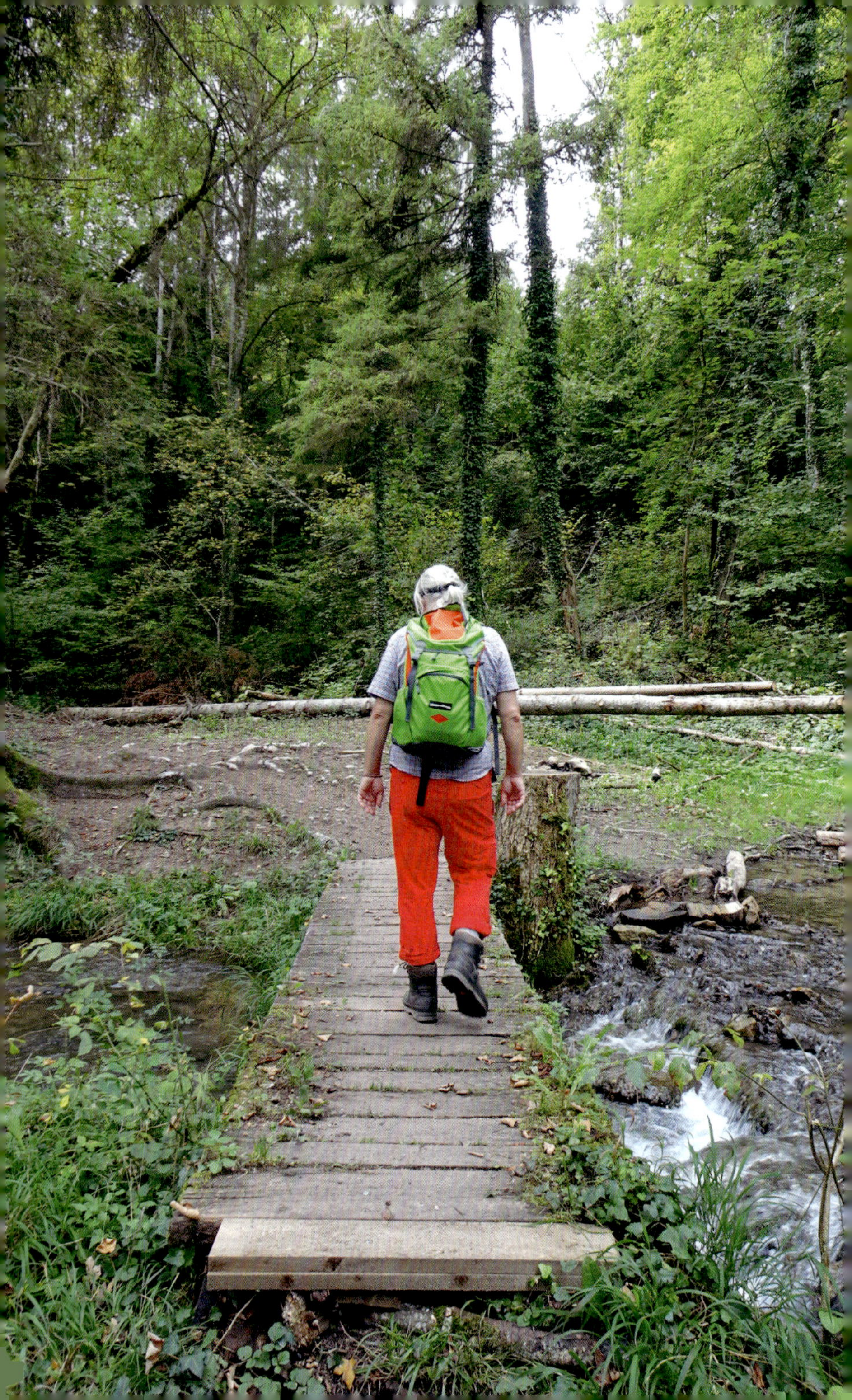

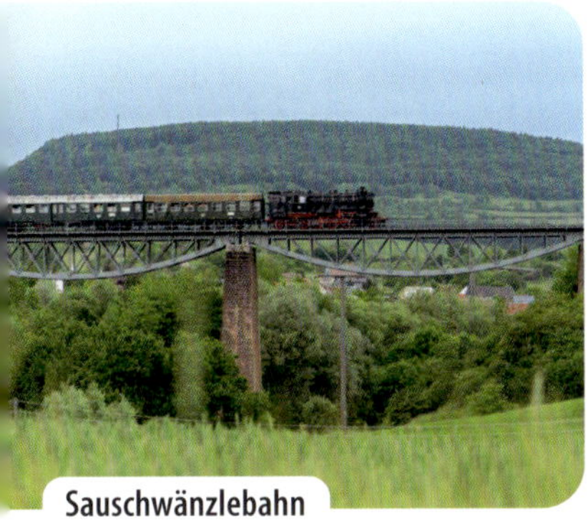

Sauschwänzlebahn

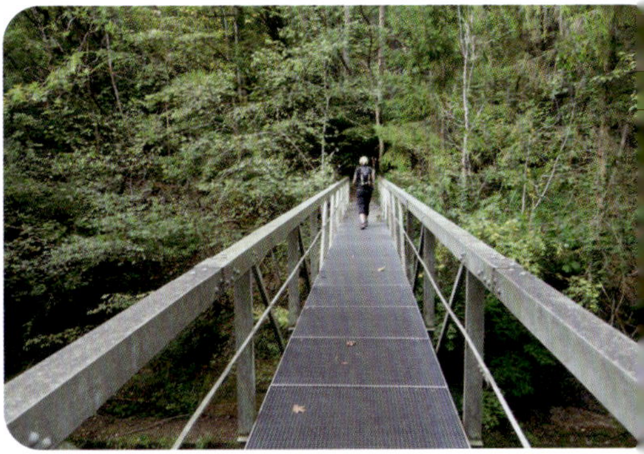

die felsige Landschaft. Am Mannheimer Felsen vernehmen wir aus den Tiefen der Schlucht deutlich das Rauschen der Wutach. Auf einmal ziert eine obskure Steinfigur den Wegrand. Links ragen stolz mächtige Felsen auf, und als sich der Wald lichtet, erreichen wir das Windbruchgebiet, in dem an Christi Himmelfahrt 2015 ein fürchterlicher Tornado wütete.

Vorsichtig steigen wir hinab zum Wegtreff **Bei der Eisenbahnbrücke** (520 m). Hier kommt auch die zuvor erwähnte Alternativroute wieder hinzu. Dann wenden wir uns rechts und gelangen zu einem Rastplatz. Wir machen eine kurze Vesperpause, nach diesem anstrengenden, aber lohnenswerten Weg. Dann geht's gestärkt weiter, und zwar unterhalb der Eisenbahnbrücke auf dem Wanderpfad zur Metallgitterbrücke. Mutig schreiten wir über die Brücke und spüren jede noch so kleine Bewegung, denn sie wippt leicht hin und her – nichts für schwache Nerven. Gegenüber führt der Weg kurz bergauf.

Herrlich, wie uns der Waldweg teilweise sehr nah ans Ufer heranbringt. Fast zum Greifen nah ist das Wasser. Auf einer Holzbrücke überqueren wir bald einen Zufluss der Wutach. An dieser Stelle bietet sich eine kleine Auszeit an. Umgeben von urwüchsigen Pflanzen ist dieser herrliche Platz eine wahre Kraftoase. Sofort ziehen wir unsere Stiefel aus und kühlen unsere warm gelaufenen Füße in dem eiskalten, glaskla-

*Die Streckenführung der **Sauschwänzlebahn** – von Blumberg nach Weizen stolze 25 Kilometer und 231 Höhenmeter – erinnert an das Ringelschwänzchen eines Ferkels, deshalb auch der seltsam klingende Name. Die Bahnstrecke wurde 1887–1890 erbaut und zunächst 1977 stillgelegt, bis sie kurze Zeit später als Museumsbahn wieder fahren durfte.*

*Wer durch die historische Bahnfahrt auf den Geschmack gekommen ist, besucht anschließend das **Eisenbahnmuseum** am Bahnhof beim Zollhaus-Blumberg. Das Modell der Bahn, Miniatureisenbahnen, Gerätschaften, alte Uniformen und vieles mehr lassen sich hier bewundern.*

ren Wutachwasser. Nach ausgiebiger Pause machen wir uns auf und passieren wenige Meter darauf eine kleine Höhle, die rechts des Wegs liegt. Bald darauf gelangen wir auch schon zum **Bahnhof Lausheim-Blumegg,** dem Endpunkt unserer Wanderung. Hier am Kiosk der ④ **Gaststätte Zur Wutachschlucht** können wir uns mit leckeren Kleinigkeiten die Wartezeit bis zur Bahnabfahrt vertreiben. Voller Vorfreude auf die bevorstehende Eisenbahnfahrt stehen wir rechtzeitig am Abfahrtsgleis. Schrill pfeift der Schaffner, dann ruckelt es kurz, bis die Lok sich langsam in Bewegung setzt. Mühevoll schnauft das Dampfross bergwärts. Über Brücken und Viadukte schlängelt sich der Zug wieder zurück nach Blumberg-Zollhaus.

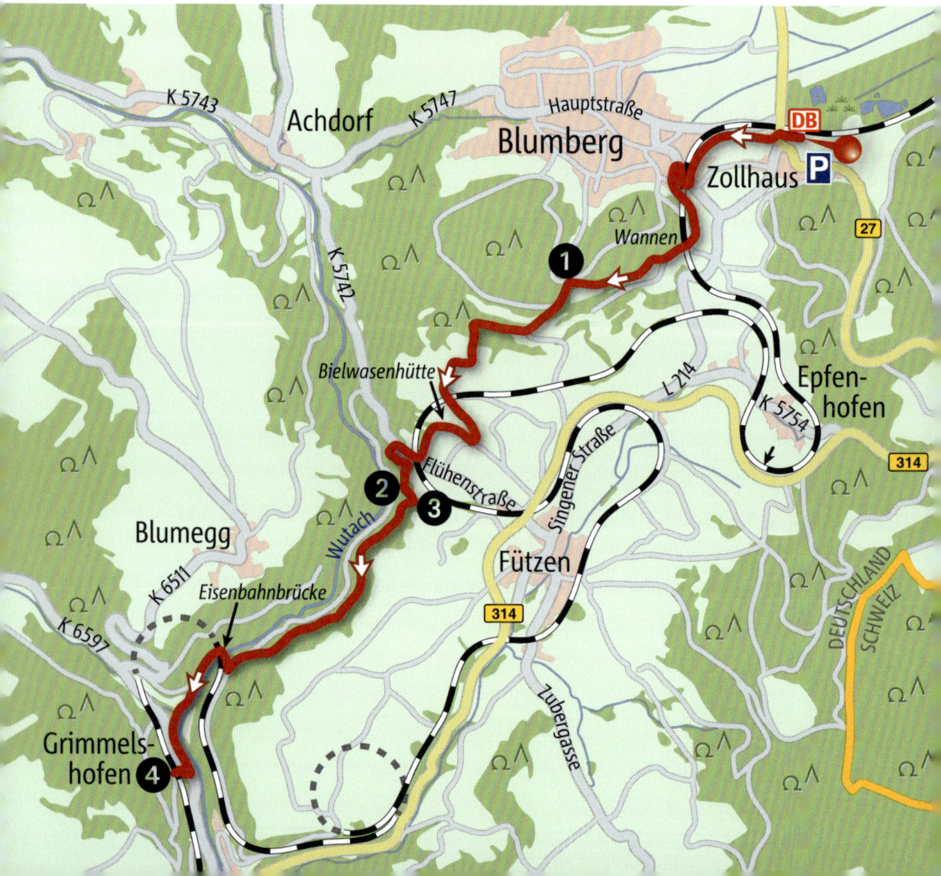

ALLES AUF EINEN BLICK

Entspannung

Abenteuer

Vielfalt

WIE & WANN

Weg durch die Wutachflühen nur für geübte Wanderer mit Trittsicherheit und Schwindelfreiheit geeignet; restliche Strecke ohne große Herausforderungen; beste Wanderzeit Ende April bis Oktober an trockenen und schneefreien Tagen

HIN & WEG

Auto: Von Donaueschingen B 27 in Richtung Schaffhausen nach Blumberg-Zollhaus, großer Parkplatz, Bahnhofstraße 1, Blumberg (GPS: 47.837655, 8.557170)
ÖPNV: Bahn- und Busverbindungen

ESSEN & ENTSPANNEN

4 Kiosk an der **Gaststätte Zur Wutachschlucht** (direkt neben dem Bahnhof Lausheim-Blumegg), Im Weiler 1, 79780 Stühlingen, Tel. (0 77 44) 3 79

ENTDECKEN & ERLEBEN

1 **Ottilienhöhe**
2 **Parkplatz Wutachflühen**
3 **Wasserfall Sturzdobel**

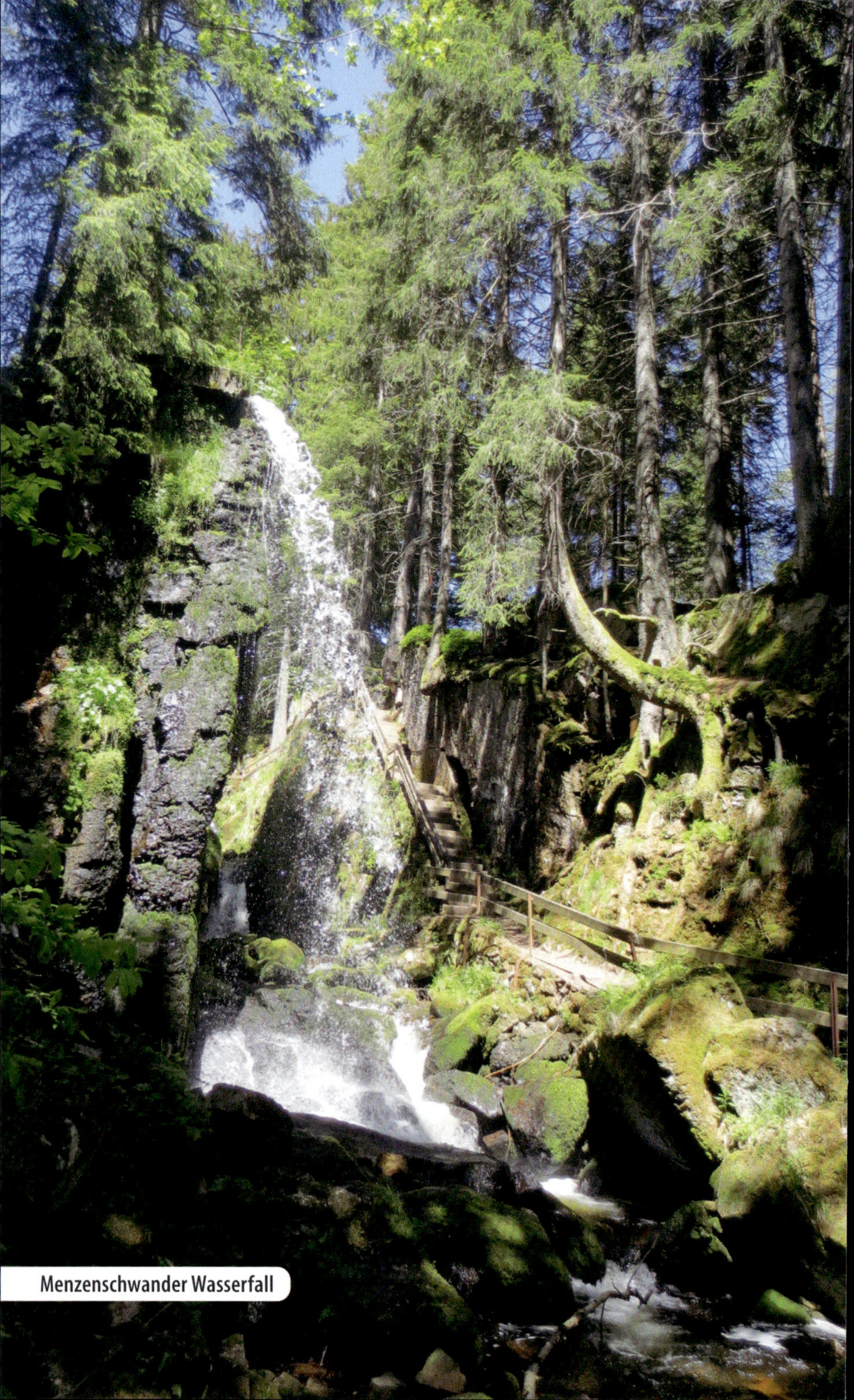

Menzenschwander Wasserfall

Pure Naturkraft

Zum Menzenschwander Wasserfall

Die Tour führt uns in das liebliche Menzenschwander Hochtal. Zur Wiesenblumenblüte im Wonnemonat Mai hat diese Region einen ganz besonderen Charme und wirkt ungemein beruhigend und ausgleichend auf angespannte Nervenkostüme. Aber auch zu anderen Jahreszeiten ist diese Gegend sehr beliebt, vor allem im Herbst, wenn die Luft trockener ist und einen Fernblick bis zu den Alpengipfeln zulässt. Unsere Wanderung beginnen wir am Mösleparkplatz in Menzenschwand-Hinterdorf. Nachdem wir unser Fahrzeug geparkt haben und die Wanderstiefel geschnürt sind, brechen wir auf und gehen zu dem geteerten Weg, der hinter einer Schranke in Richtung Westen führt. Als Orientierung dient uns die Markierung des **Menzenschwander Geißenpfads** sowie teilweise eine gelbe Raute. Überwältigt von diesem zauberhaften Landschaftsbild freuen wir uns auf das, was uns heute alles erwartet. Das Hochtal empfängt uns mit all seiner Pracht: Unzählige Wiesenblumen blühen in den unterschiedlichsten Farben. Bienen, Schmetterlinge und Grillen vervollständigen das Bild – eine wahre Kraftoase und ein perfekter Ausgangspunkt für unsere Wanderung. Bereits nach ein paar Minuten passieren wir die Talstation eines Skilifts. Entspannt gehen wir den herrlichen Weg entlang und halten immer wieder inne, um die prachtvollen Wiesen und das weitläufige Tal zu bewundern.

Ein Schotterweg leitet weiter ins Tal hinein, und ohne nennenswerte Anstrengung erreichen wir bei einer Holzhütte eine Kreuzung. Hier biegen wir nach links zum bergwärts

Kilometer: 12,3

Höhenmeter: 570

Stunden: 4,5

RUNDWEG

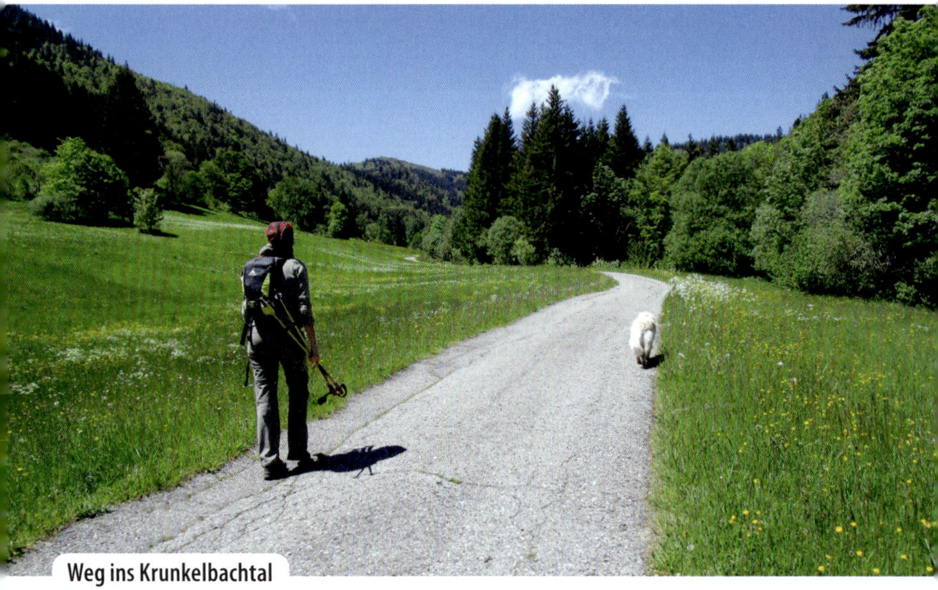

Weg ins Krunkelbachtal

*Unterhalb des **Albwasserfalls** flossen einst zwei Gletscher zusammen. Der größere davon grub sich tiefer ins Gelände ein, was heutzutage auch den Höhenunterschied im hinteren Tal der Menzenschwander Alb im Vergleich zu der Einmündung des Krunkelbachtals erklärt.*

führenden Krunkelbachweg ab. Vor uns baut sich mächtig das Herzogenhorn auf. Begleitet vom sanften, die Sinne beruhigenden Rauschen des Wassers wandern wir dem Berg ein Stückchen entgegen, biegen aber noch vor einer Baumgruppe mit Sitzbank nach links zu dem Wiesenweglein ab. Gemächlich folgen wir der Wiesenspur, die an grünen Viehweiden vorbeileitet. Einige Zeit später queren wir am Breitenstein einen Weg und wandern weiter in das lauschige und bewaldete **Krunkelbachtal.**

Nach dem Überqueren des friedlich dahinfließenden Bächleins gelangen wir leichten Fußes zur ❶ **Radonquelle,** die sich in einem Häuschen befindet. Übrigens kann man sich nach der Wanderung ein entspannendes Bad im Menzenschwander Radon Revital Bad gönnen. Radon ist ein radioaktives Element, dessen biologische Halbwertzeit lediglich 20 bis 30 Minuten beträgt. Das fluoridhaltige Wasser wirkt schmerzlindernd und wird erfolgreich gegen Beschwerden wie Rheuma, Polyarthritis und Arthrose angewendet.

Am folgenden Verzweig halten wir uns links und wandern durch einen wunderschönen Erlenwald. Im weiteren Verlauf bekommen wir erneut die Möglichkeit, den tollen Ausblick über die Wiesen der schönen Hochtal-Landschaft zu genießen, an deren Rand sich dunkle Tannen bis zu den Bergkuppen hinauf emporziehen. Mit diesem eindrucksvollen Blick wandern wir über die Hagenmatte und gelangen im sanften Gefälle entlang der Almweidenflächen hinab zum ❷ **Wasserfall – Bergcafé & Beizle.** Vor uns sprudelt ein kleines Bächlein, die Menzenschwander Alb.

Für die Seele

Beim harmonischen Klang der Geißenglöcken kommen wir unweigerlich ins Schwärmen.

Menzenschwander Hochtal

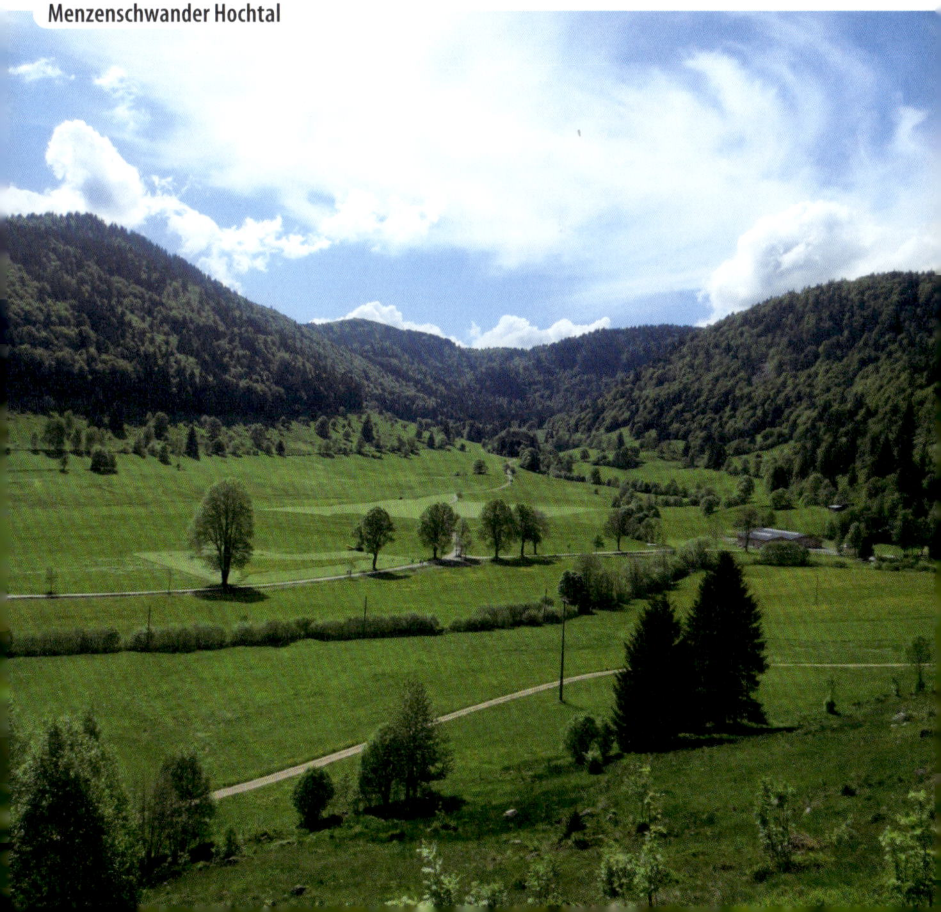

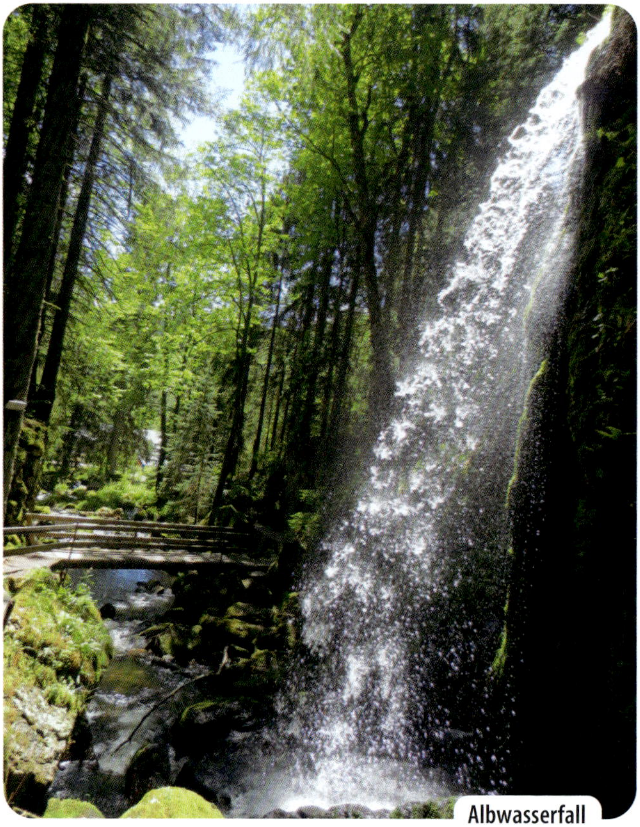

Albwasserfall

*Wer den **Albwasserfall** noch einmal auf eine ganz besondere Weise erleben möchte: Die Wassermassen sind von Mai bis September jeden Mittwoch, Samstag und Sonntag, jeweils von 20.30 bis 22.30 Uhr und im Oktober von 19.00 bis 21.00 Uhr beleuchtet.*

Direkt vor dem Wasser biegen wir links in den Wald hinein. Schon nach wenigen Metern vernehmen wir ein lautes Wasserrauschen. Als wir dem Weg weiter folgen, gelangen wir alsbald zu dem sagenhaften 3 **Albwasserfall** (900 m), der auch Menzenschwander Wasserfall genannt wird. Sehr eindrucksvoll, wie hier das Wasser hemmungslos und laut tosend zu Tale stürzt. Die unendliche Urkraft des Wassers wird einem hier deutlich bewusst. Die Wasserfälle sind ein Geotop, das uns tiefe Einblicke in die Geschichte der Erde und ihren geologischen Aufbau gibt. In der letzten Eiszeit entstand hier, durch die vom Feldberg kommenden Wassermassen, eine imposante Schlucht mit bis zu 30 Meter hohen Felswänden. Unvorstellbar, mit welcher Kraft sich das Wasser über all die Jahre in den harten Felsen aus Granitporphyr gegraben hat. Steinstufen führen neben den Kaskaden hinauf. Ein Geländer sichert zuverlässig vor der Tiefe. Einfach naturgewaltig! Das ohrenbetäubende Tosen der herabstürzenden Wassermassen wirkt wie ein Sturm auf unsere Sinne. Nachdem wir uns ein paar Meter entfernt haben, sind wir überwältigt von der Stille, die sich jetzt wieder in uns ausbreitet. Auf einmal sind unsere Gedanken zur Ruhe gekommen. Der Alltag ist ganz weit in die Ferne gerückt, und der Körper fühlt sich frei und beflügelt an.

Kurz nach dem Wasserfall schreiten wir den Fahrweg links hinab und wandern sichtbar wieder der Gaststätte „Zum Kuckuck" entgegen. Aber wir gehen nicht bis ganz dorthin, sondern wenden uns dem rechts abzweigendem Trampelpfad zu. Gräser, Farne und Abertausende Heidelbeerbüsche säumen den Weg. Das Weglein leitet hinauf zum 4 **Scheeslong dü Boah.** Links führt ein Stichweg zu einem Aussichts-

Klusenmoräne

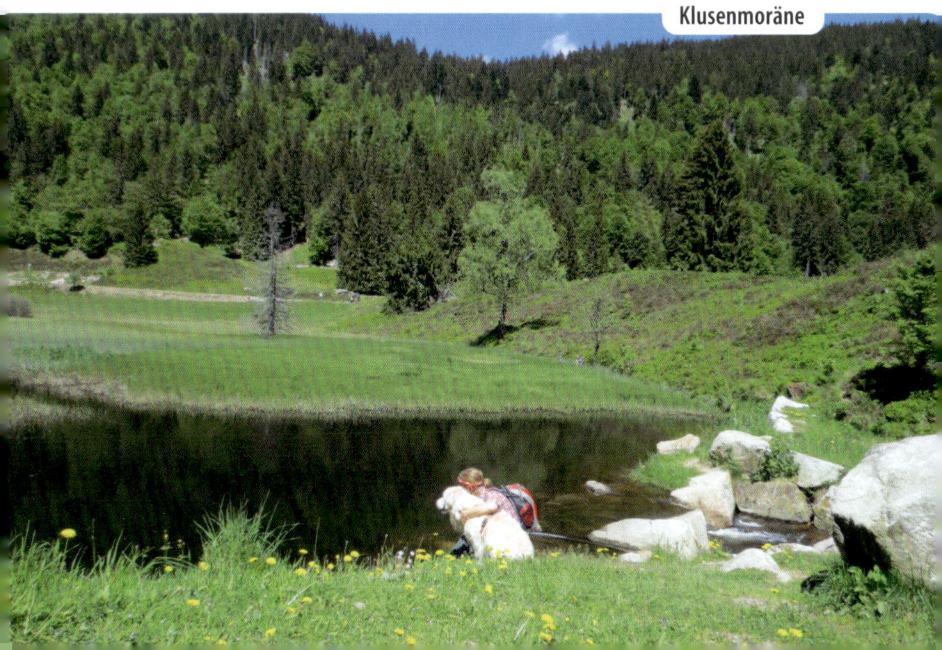

punkt. Unsere Wanderung leitet uns aber auf den breiten Weg nach rechts. Diesem folgen wir so lange in Richtung Norden weiter, bis ein Schotterweg linksseitig zur idyllischen 5 **Menzenschwander Klusenmoräne** (975 m) abzweigt. Wer Lust hat, kann sich hier ans Wasser setzen, durchatmen, abschalten, Kraft tanken, die Natur genießen oder einfach seinen Gedanken freien Lauf lassen. Ganz am Ende des Tals erkennen wir oben auf der Berghöhe das türkisfarben schimmernde Dach des ITZ Caritas-Haus Feldberg. Am Abzweig „Klusenwald" verlassen wir vorläufig den Genießerpfad und folgen im Anstieg dem Albsteig halb links in Richtung Nordwesten in den Wald. Bald geht es zum Wildbach am Standort **Maria Loch,** dort halten wir uns dann rechts. Jenseits des rauschenden Albbachs beginnt jetzt der steile Aufstieg zur B 317 und zum 6 **ITZ Caritas-Haus Feldberg** (1225 m). Ein schmaler Pfad führt uns hinauf, dabei wandern wir durch ein sehr wasserreiches Gebiet und gehen am Wegweiser Hochkopf Süd mit der gelben Raute rechts. Immer wieder halten wir kurz inne, um durchzuatmen. Das tut unheimlich gut, denn so ein Aufstieg bringt unseren Körper schnell auf Hochtouren.

Blick vom Caritas-Haus

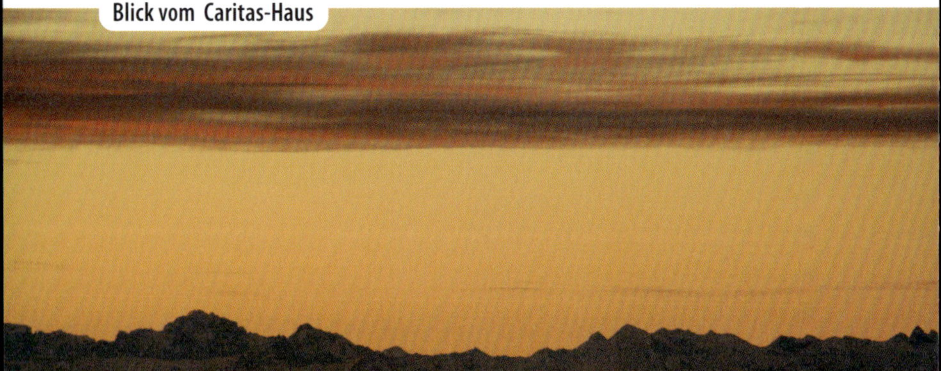

Oben angekommen werden wir bei günstigen Wetterverhältnissen mit einem Mega-Alpenpanorama belohnt. Unser Blick durchschweift das komplette Menzenschwander Hochtal und verliert sich am fernen Horizont in den Schweizer Alpen. Wir entdecken, dass wir uns jetzt auf dem berühmten Westweg befinden. Die rote Raute auf weißem Grund ist sein Wegzeichen. Aber gleichzeitig sind wir auch auf dem **Europäischen Fernwanderweg E1,** der mit rund 7000 Kilometern das Nordkap mit Salerno in Süditalien verbindet. Wir schreiten nach rechts und staunen nicht schlecht, als wir nach ein paar Minuten erneut einen traumhaften Ausblick über das unter uns liegende Tal haben. Kurze Zeit darauf wird das Gelände zur linken Seite etwas felsiger, und wir passieren die Hochkopfhütte. Jetzt verlassen wir auch schon wieder den Westweg, indem wir rechts gehen. Am Abzweig Hochkopfweg wenden wir uns dem rechts abzweigenden Pfad und der gelben Rautenmarkierung zu. Im Wald führt unsere Tour steil hinab zum Standort **Im Gschweih** (1045 m). Hier queren wir einen Forstweg und sind jetzt wieder auf dem Menzenschwander Geißenpfad. Ab hier nimmt uns ein „Alpiner Pfad" auf. In traumhafter Aussichtslage legen wir Meter um Meter zurück. Als wir uns umdrehen, sehen wir sogar den Turm des Seebucks (1449 Meter), einen Nebengipfel des Feldbergs, aufragen.

Im weiteren Abstieg fällt unser Blick unweigerlich wieder auf das Herzogenhorn und die beiden Spießhörner. Dieser Ausblick bringt unsere Energiedepots in Schwung und lässt uns leichten Fußes den relativ schmalen Wanderpfad durch den Hang absteigen. Je weiter wir hinuntersteigen, desto mehr öffnet sich der Blick in das idyllisch gelegene Menzenschwander Tal und das Krunkelbachtal. Plötzlich dringt der Klang kleiner, feiner

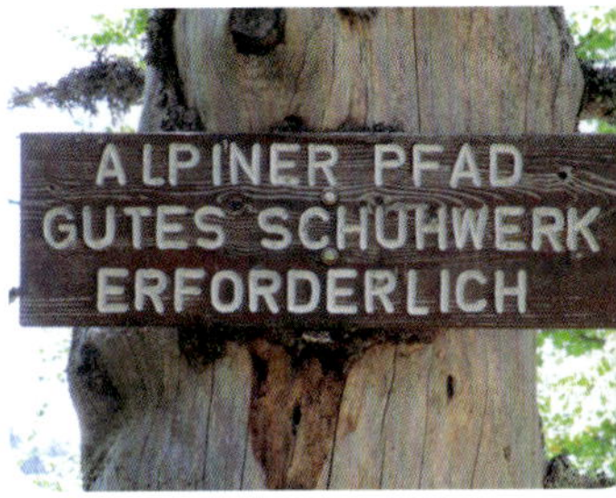

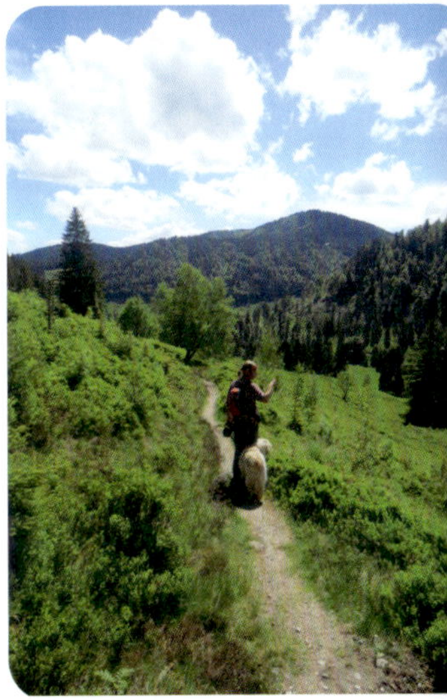

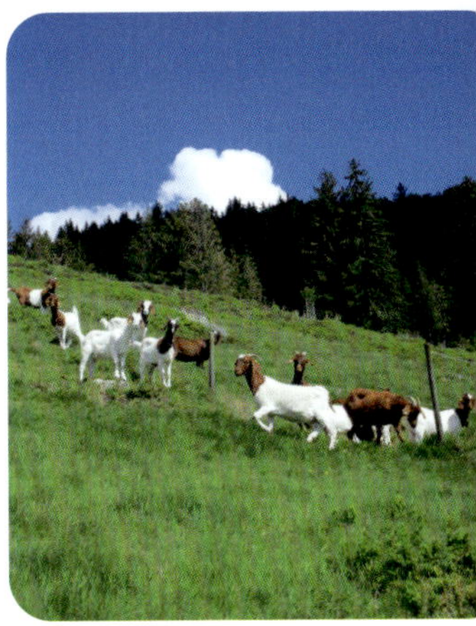

Glöckchen an unser Ohr. Herrlich, da sind die Geißen auf der Weide, die ihrem Geißenpfad alle Ehre machen. Einige Minuten lang beobachten wir die Weidetiere aufmerksam, dann wandern wir langsam, aber sicher hinab ins Menzenschwander Hinterdorf. Am Ende des Schwarzbergwegs biegen wir dann rechts zur **Hinterdorfstraße,** diese führt uns durch den schnuckeligen Ort zum Parkplatz zurück. Glücklich und zufrieden, aber durchaus auch etwas erschöpft, lassen wir unsere Wanderung noch einmal in Gedanken Revue passieren. Nach der Wanderung ist wohlige Erschöpfung angesagt. Doch ein Besuch im 7 **Menzenschwander Radon Revital Bad** wirkt wohltuend und weckt wieder neue Lebensgeister.

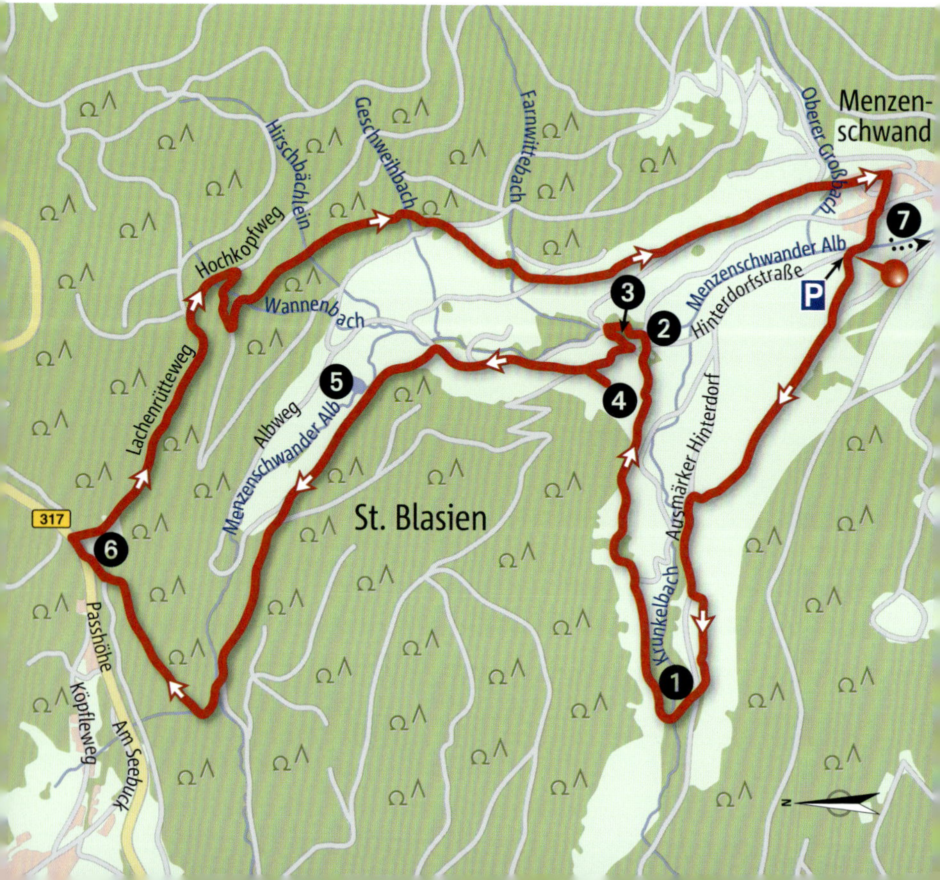

ALLES AUF EINEN BLICK

Entspannung 4/5
Abenteuer 4/5
Vielfalt 5/5

WIE & WANN

Teils schmale Pfade, gutes Schuhwerk ist ratsam; beste Wanderzeit Mai bis Oktober

HIN & WEG

Auto: Fahrt ins Menzenschwandertal an der Südflanke des Feldbergs zwischen Schluchsee und St. Blasien, Ausgangspunkt Mösleparkplatz in Menzenschwand-Hinterdorf, Hinterdorfstraße 57, 79837 St. Blasien (GPS: 47.832688, 8.066474)
ÖPNV: Busanschluss in Menzenschwand

ESSEN & ENTSPANNEN

2 **Wasserfall – Bergcafé & Beizle,** Hinterdorfstraße 58, 79837 St. Blasien-Menzenschwand, Tel. (0 76 75) 9 29 69 40 www.albhof-wasserfall.de

Diverse weitere Einkehrmöglichkeiten in Menzenschwand

ENTDECKEN & ERLEBEN

1 **Radonquelle**
3 **Albwasserfall** (Menzenschwander Wasserfall)
4 **Scheeslong dü Boah**
5 **Menzenschwander Klusenmoräne**
6 **ITZ Caritas-Haus Feldberg**
7 **Menzenschwander Radon Revital Bad,** In der Friedrichsruhe 13, 79837 St. Blasien, Tel. (0 76 75) 92 91 12

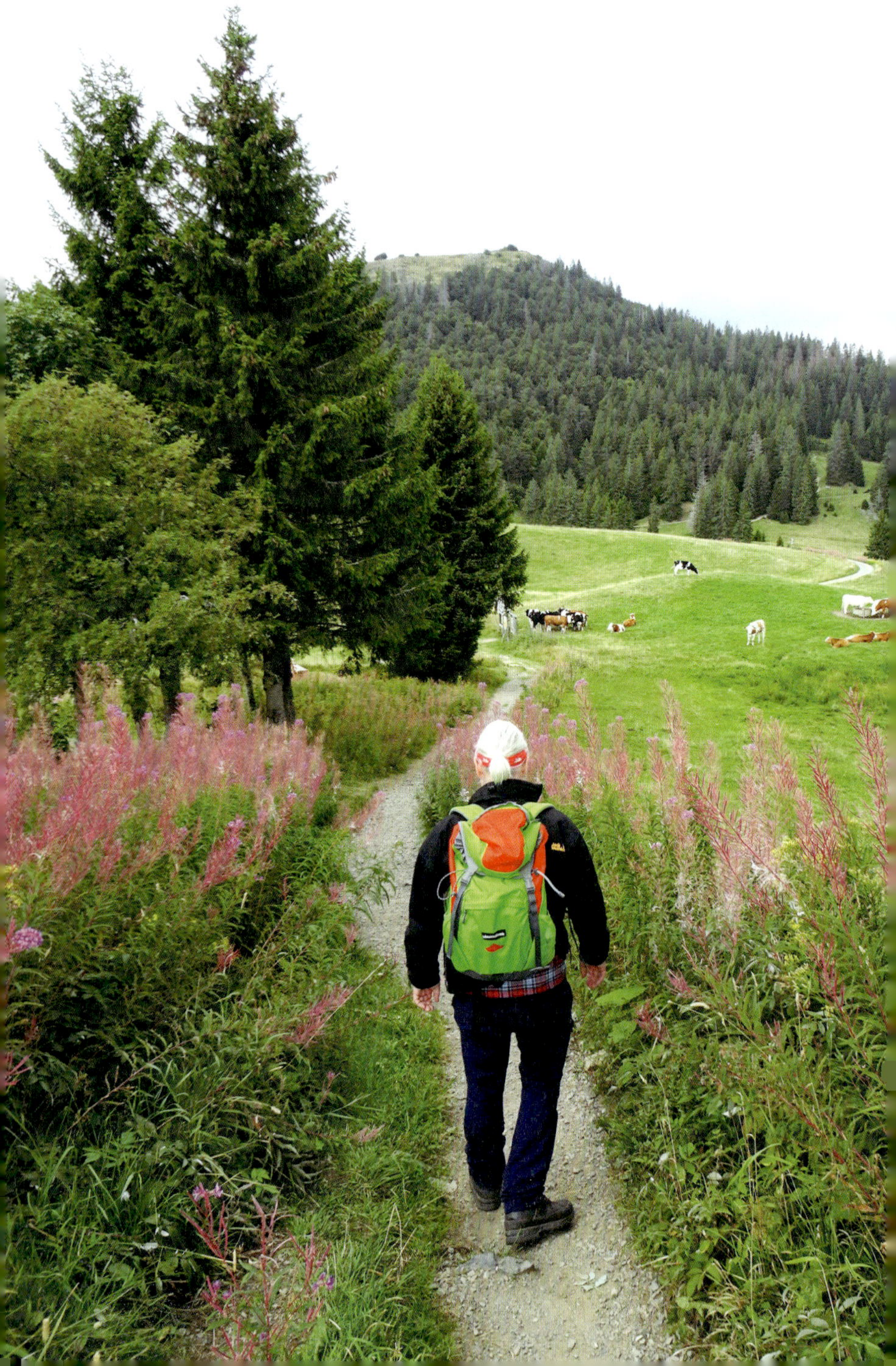

Nun wird's alpin!

Über das Herzogenhorn

Auf der Passhöhe des Feldbergs am Parkplatz Grafenmatt (1230 Meter) beginnen wir unsere Wandertour. Schon beim Aufsetzen des Rucksacks haben wir einen wunderschönen Ausblick auf das herrliche Umland mit Wäldern und Bergen. Wir folgen den Markierungen des **Westwegs sowie der Albsteig-Tour-West** vorbei an winterlichen Après-Ski-Hütten in Richtung Süden. Ein feinkörniger Schotterweg leitet bergwärts. Schon bald passieren wir die schön gelegene **Berghütte Auerhahn** sowie einige Meter weiter die **Emmendinger Hütte.** Mit jedem Schritt leitet uns der Weg weiter in die Höhe. Wir durchwandern hier eine Landschaft, die eher alpine Züge aufweist. Unser Weg führt weiter ins Naturschutzgebiet, wo er sich die breite Waldschneise hinaufschlängelt. Wir wandern rechts hinein in den Wald und gewinnen auf einem wurzelübersäten Weg weiter an Höhe. Wir setzen einen Fuß nach dem anderen und üben uns im achtsamen Gehen, so können wir rasch die vielen Gedanken der letzten Tage loswerden.

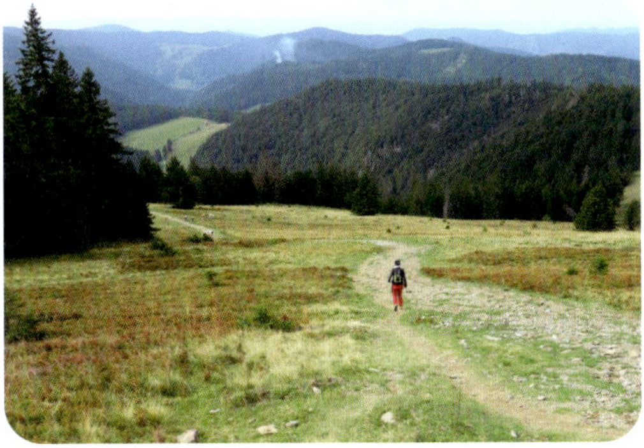

Kilometer: 9,9

Höhenmeter: 475

Stunden: 4

RUNDWEG

Blick vom Herzogenhorn hinüber zum Feldberg

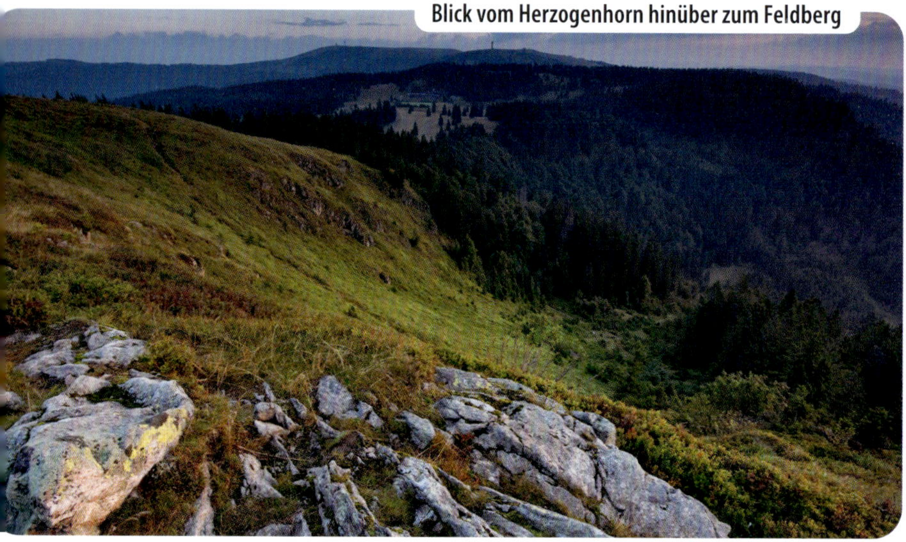

Beim ***Gasthaus Herzogenhorn*** *ist das Leistungszentrum für Wintersportler angesiedelt, ein Olympiastützpunkt der BRD! Mehrere bekannte Athleten haben hier schon trainiert, unter anderem Martin Schmitt (Skisprung) und Georg Hettich (Nordische Kombination).*

Nach dem Waldaustritt führt unsere Wanderung weiter bergan. Wenn unser Weg etwas abflacht, lassen wir langsam die winterlichen Sportanlagen hinter uns. Nach dem Überschreiten einer Kuppe wandern wir sanft talwärts zum ❶ **Gasthaus Herzogenhorn.** Hier ist eine Rast bereits ab 8 Uhr morgens möglich, wir aber wandern weiter und erblicken jetzt die baumfreie Kuppe des Herzogenhorns mit seinem hölzernen Gipfelkreuz. Wir bleiben stehen und uns wird klar: „Da geht's hoch, jetzt wird's sportlich". Wir holen einige Male tief Luft und sammeln unsere Kräfte, bevor wir dann in der Senke Glockenführe dem breiten Wanderweg geradeaus weiter bergwärts folgen. Meter um Meter schreiten wir voran zwischen Waldrand und Heideland, stets in Richtung Gipfel. Immer wieder atmen wir tief durch und füllen unsere Lungen bewusst mit der klaren, frischen Bergluft auf. Heidelbeeren wachsen am Wegrand und versüßen uns etwas den Anstieg zur ❷ **Schwedenschanze** (1375 m). Hier verlassen wir dann den Westweg und biegen mit dem Albsteig nach links ab. Langsam, aber sicher nähern wir uns dem windumbrausten und etwas kargen Gipfel. Bereits während unseres Aufstiegs schweifen unsere Blicke über das weitläufige Land. In freudiger Erwartung erreichen wir dann auf 1415 Meter den höchsten Punkt des ③ **Herzogenhorns.** Die Mühe hat sich wirklich gelohnt, gegenüber sehen wir den mächtigen Feldberg und den Seebuck. Auch erkennen wir das Herzogenhorn-Haus sowie das in der Sonne türkisgrün schimmernde Dach des Caritas-Hauses. Das liebliche Menzenschwandertal und das Bernauer Hochtal liegen zu unseren Füßen, dazwischen erheben sich die beiden Spießhörner, und davor erblicken wir die Krunkelbachhütte, bei der wir heute einkehren wollen. Dieser Rundumblick ist einfach faszinierend. Wie klein und unscheinbar erscheinen wir doch hier im Vergleich zu diesen Naturgewalten. Bei klarer Sicht und mit etwas Glück ist von hier aus auch ein Alpenblick möglich. Ein paar Sitzbänke laden zur Rast ein. Für ein paar Minuten genießen wir das traumhafte Panorama, dann steigen wir wieder den Gipfelweg hinab und biegen am Verzweig „Am Herzogenhorn" links ab.

Für die Seele

Uns erwartet ein Traumpanorama, denn das Herzogenhorn zählt zu den besten Aussichtsbergen im Schwarzwald.

Durch ein Weidegitter hindurch steigen wir den vor uns liegenden Grashang in Richtung Südwesten steil hinab. Der Weg führt durch eine Viehweide, glückliche Kühe sehen uns zu, wie wir unseren Weg talwärts fortsetzen. Mit großen sanften Augen starren sie uns an, lassen sich aber nicht in ihrer Ruhe stören. Nach dem zweiten Gatter führt unser Weg am **Oberen Hofmättle** links in den Wald hinein. Auf dem **Herzogenhornweg** schreiten wir nun entspannt durch den Mischwald hinab zum Zinken und folgen dort weiter der gelben Raute auf dem breiten Waldweg zum 400 Meter entfernten Kohlplatz. Mit etwas Glück können wir im Wald den Ruf des Auerhahns hören. Wir biegen scharf links ab und schreiten bald aus dem

*Das **Herzogenhorn** ist, vorausgesetzt man betrachtet den Feldberg (1493 Meter) und den benachbarten Seebuck (1449 Meter) zusammen als einen Berg, die zweithöchste Erhebung des Schwarzwalds. Seine Besteigung ist ein einziger Superlativ mit gigantischem Fernblick.*

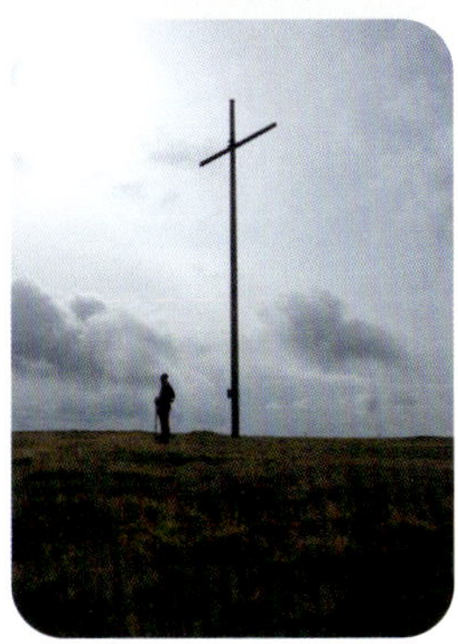

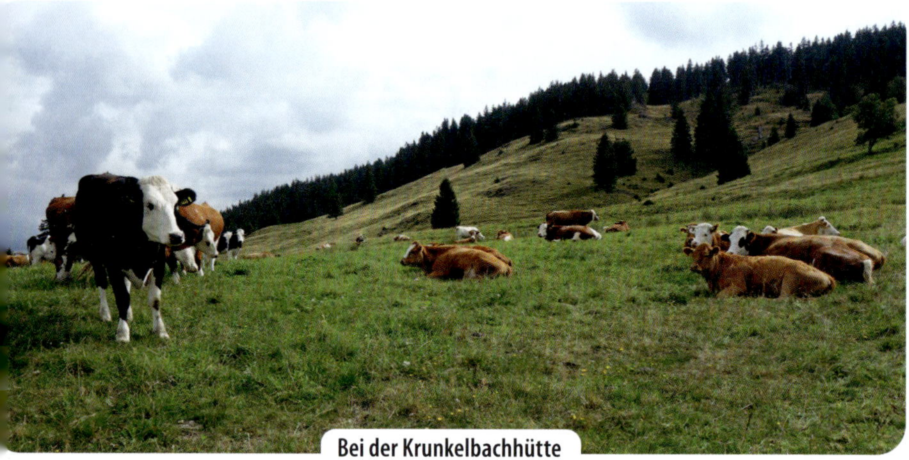

Bei der Krunkelbachhütte

Wald zum Roßrücken. Nach wenigen Schritten schon erblicken wir unser heutiges Einkehrziel. Wir wandern am Abzweig Krunkelbach vorbei, wieder entlang einer Viehweide und steigen hinauf zur ④ **Krunkelbachhütte** auf 1294 Metern. Hier freuen wir uns erstmal auf die gemütliche Pause, die haben wir uns auch redlich verdient. Ob Eintopf, Schwarzwälder Schinken oder aber leckerer Kuchen, hier findet sicherlich jeder etwas nach seinem Geschmack. Inmitten dieser atemberaubenden Landschaft schmecken uns der Eintopf und das Radler gleich doppelt so gut. Hier oben herrscht eine friedliche Stille. Diese Harmonie möchten wir gerne mit in unseren Alltag nehmen und versuchen, in uns ein Bild zu verankern, das wir dann im stressigen Treiben jederzeit abrufen können. Mit diesen guten Gedanken im Gepäck machen wir uns dann wieder auf den Weg in Richtung Herzogenhorn.

Am **Abzweig Krunkelbach** biegen wir halb rechts ab. Hier weist uns die blaue Raute den Weg in das Feuchtgebiet des Krunkelbachs sowie zum Krunkelbach-Sattel. Unser Weg führt uns zum Naturlehrpfad, und wir steigen auf steinigem Untergrund zu einer Lichtung hinauf. Rückblickend verabschieden wir uns etwas wehmütig von der Krunkelbachhütte. Die blaue Raute ständig im Visier folgen wir weiter dem Pfad, der teilweise alpine Züge aufweist. Hier ist konzentriertes Gehen von Vorteil. Die Wanderung führt durch urwüchsige Natur und teils über grobe Steine. Der wurzelige Boden könnte uns sicherlich einige spannende Geschichten vergangener Tage erzählen. Vorbei an einer Hochlagenquellmulde, in der seltene Pflanzen wachsen, zum Beispiel Rasenbinse, Sonnentau oder Sumpfherzblatt, schreiten wir am Fuße des Herzogenhorn-Nordosthangs durch den großen **Wächtenkessel.** Dort gehen in den Wintermonaten regelmäßig Lawinen ab, im Sommer aber wachsen und gedeihen in der fast baumfreien Zone schmackhafte Heidelbeeren.

Als sich der Wald öffnet, schlendern wir über einen Grasweg zur Glockenführe. Dann laufen wir rechts weiter, unser Weg bringt uns auf die bereits be-

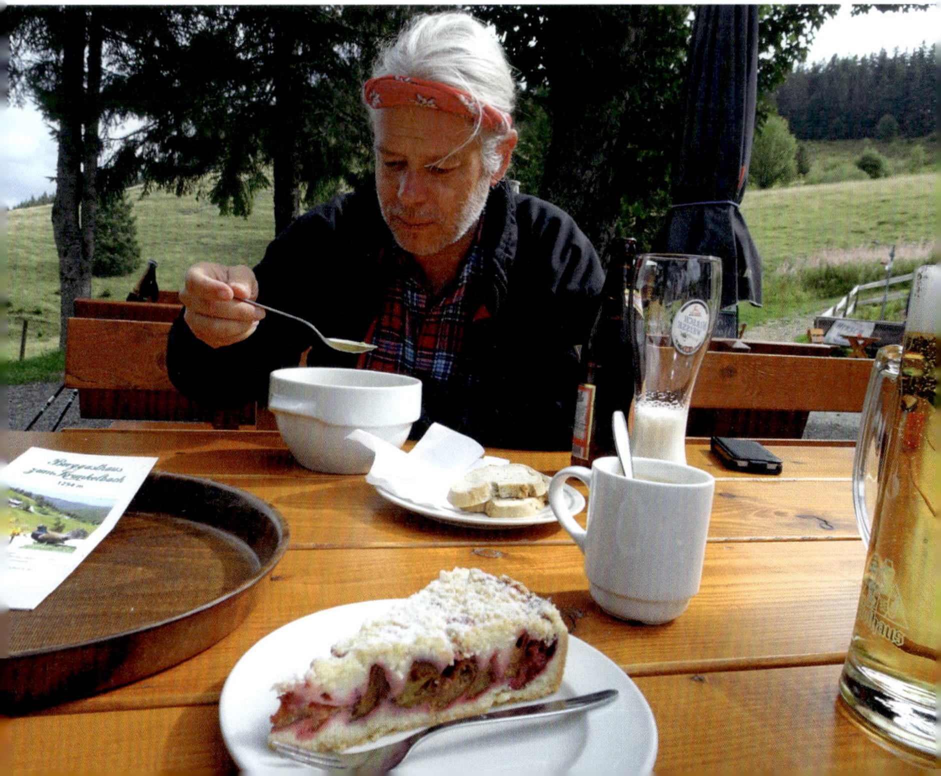

kannte Strecke zum Gasthaus Herzogenhorn. Kurzfristig blicken wir nach links zum Belchen hinüber. Danach halten wir uns an der Weggabel links, gehen über die Kuppe und gelangen so wieder ins Skigebiet. Unser Blick fällt unweigerlich zum Feldberg, der sich erneut in seiner vollen Pracht zeigt. Der freiliegende Seebuck-Gipfel nebst seiner Umlauf-Gondelbergbahn zieht unsere Aufmerksamkeit an. Nacheinander passieren wir jetzt die 5 **Emmendinger Hütte** sowie die 6 **Berghütte Auerhahn,** bis wir wieder auf der Passhöhe angekommen sind. Wer möchte, kann hier zum Abschluss noch einmal eine Rast einlegen. Als wir den Heimweg antreten, sind wir uns einig: Diese Tour erfüllt das Prädikat: „äußerst empfehlenswert“.

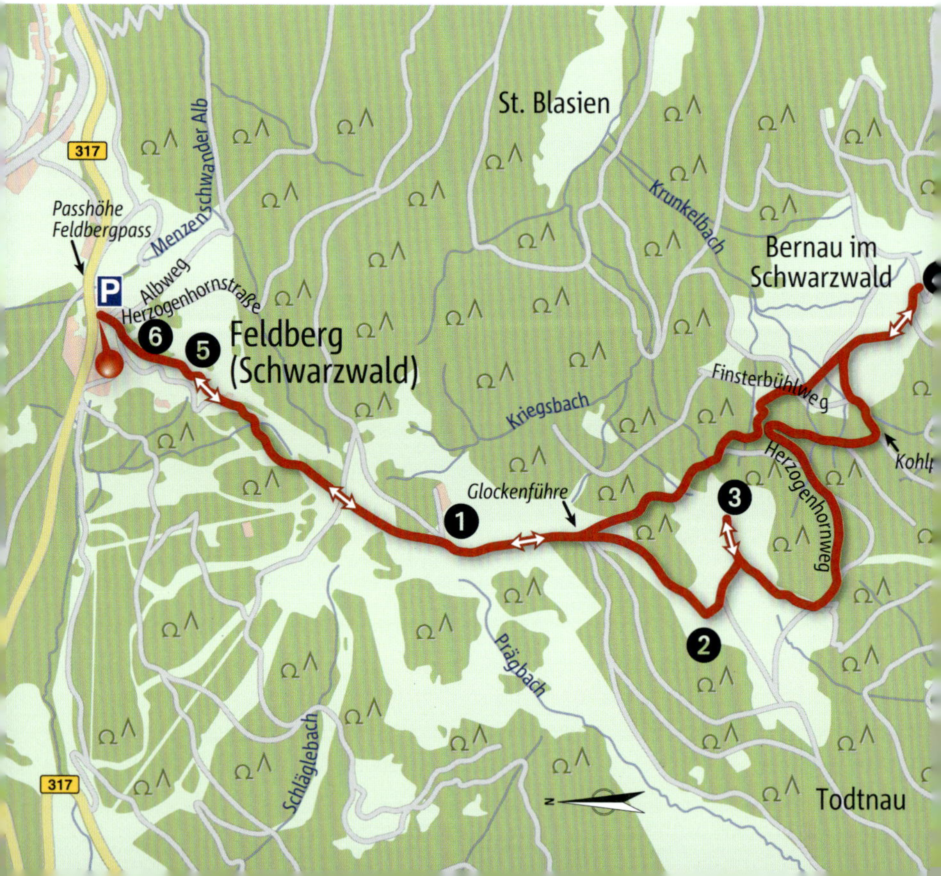

ALLES AUF EINEN BLICK

Entspannung

Abenteuer

Vielfalt

WIE & WANN

Leicht alpiner Abschnitt von der Krunkelbachhütte zur Glockenführe, sonst Wege ohne größere Herausforderung; beste Wanderzeit von Juni bis Oktober

HIN & WEG

Auto: Parkplatz Grafenmatt auf der Feldberg-Passhöhe, August-Euler-Platz 5, 79868 Feldberg (GPS: 47.856171, 8.029425)
ÖPNV: Busanschluss auf dem Feldbergpass

ESSEN & ENTSPANNEN

1 **Gasthaus Leistungszentrum Herzogenhorn,** Dr. Fredy-Stober-Straße 7, 79868 Feldberg-Ort, Tel. (0 76 76) 2 22, www.herzogenhorn.info
4 **Krunkelbachhütte,** Krunkelbachweg 10, 79872 Bernau-Dorf, Tel. (0 76 75) 338, www.krunkelbach.de
5 **Emmendinger Hütte,** Grafenmattweg 3, 79868 Feldberg-Ort, Tel. (0 76 76) 2 36, www.emmendinger-huette.de
6 **Berghütte Auerhahn,** Grafenmattweg, 79868 Feldberg-Ort, Tel. (0 76 76) 93 34 34, www.auerhahn-feldberg.com/de

Diverse weitere Einkehrmöglichkeiten am Feldbergpass

ENTDECKEN & ERLEBEN

2 **Schwedenschanze**
3 **Herzogenhorn**

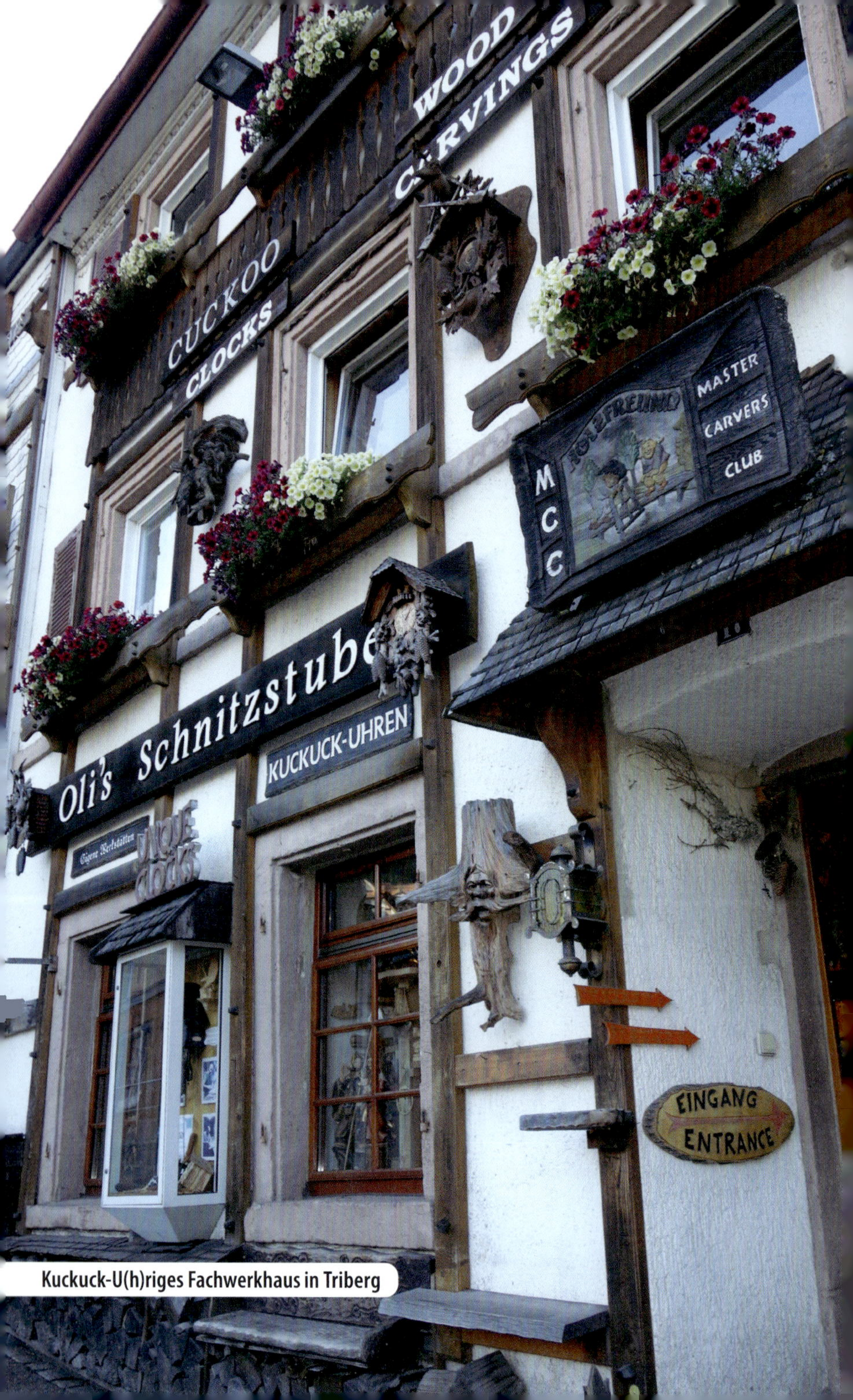

Kuckuck-U(h)riges Fachwerkhaus in Triberg

Zeitlos schön

Im Triberger Kuckucksuhren-Land

Wir beginnen unseren Marsch oberhalb von Triberg am kostenfreien Parkplatz Adelheid, mehr oder weniger direkt an der B 500. Von Triberg kommend, fährt man die Serpentinenstraße hinauf bis zum Kreisverkehr. Linker Hand ist dann der Parkplatz. Tribergs Highlight sind natürlich die Wasserfälle, die zu Deutschlands höchsten zählen. Das Naturschauspiel, direkt im Triberger Stadtzentrum zu finden, sorgt für einen großen Besucherstrom aus aller Welt. Dementsprechend viele Touristen, Autos, Motorräder und auch Busse sind hier an manchen Tagen anzutreffen.

Immer wieder gerne kehren wir nach ***Triberg*** *zurück, schließlich gibt es hier einiges zu sehen: Neben den gut sortierten Souvenirläden sind es vor allem die vielen Kuckucksuhren im Stadtzentrum. Der Uhrenpark Eble wartet mit der weltgrößten begehbaren Kuckucksuhr auf. Sie wiegt 6 Tonnen und hat einen Raddurchmesser von 2,60 Meter.*

Nachdem wir uns vergewissert haben, dass wir die Kamera eingepackt haben, gehen wir vorsichtig über den Kreisverkehr und folgen neben der leicht ansteigenden Straße der **gelben Rautenmarkierung** in nördliche Richtung. Von rechts vernehmen wir aus dem Talgrund die Geräuschkulisse der unzähligen Fahrzeuge auf der Serpentinenstraße. Kurz streifen wir den Triberger Gewerbepark und achten dabei in einer Linkskurve auf den Rechtsabzweig, der in den nahen Nadelwald leitet. Zum Glück lassen wir jetzt vorerst den ganzen Trubel hinter uns. Wir atmen erst einmal ganz tief durch und genießen dabei die klare Schwarzwaldluft, die ein klein wenig harzig duftet. Da Triberg zu den heilklimatischen Luftkurorten zählt, profitieren unser Körper und auch der Geist gleich doppelt. Durch die lichten Bäume erhaschen wir immer wieder einen Blick zu den anderen Bergen hinüber und folgen im leichten Abwärtsmarsch dem fein geschotterten Wald-

Kilometer: 5,8

Höhenmeter: 253

Stunden: 2,5

RUNDWEG

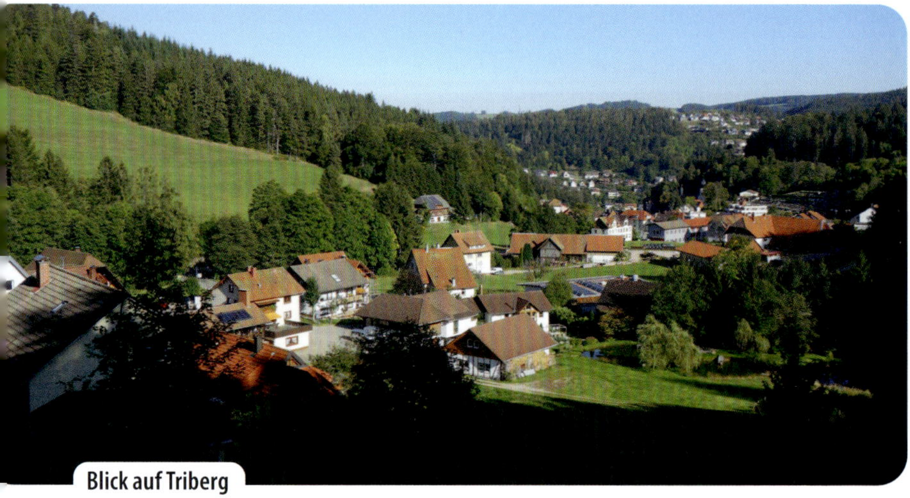

Blick auf Triberg

weg. Von rechts unten schimmern bereits die Triberger Hausdächer zu uns herauf. Farne, Gräser und Heidelbeeren bedecken den Waldboden. Zart dringt der Sonnenschein durch das Nadelgehölz. Wir wandern im Triberger Stadtwald weiter geradeaus und lassen den rechts abzweigenden Weg unberücksichtigt, unsere Route steigt nun kurz bergauf. Beständig die gelbe Raute im Blick, erkennen wir halb rechts auf der Anhöhe die Häuser von Schonach. Sanft rauscht der Wind durch die Baumwipfel und erzeugt einen sanften Klang, aber nein, es ist nicht nur der Wind, den wir da hören, denn das Rauschen wird mit jedem Schritt lauter. Es dauert eine Weile, bis uns klar wird, dass es der ❶ **Wittenbach** ist. Linksseitig wird das Gelände bald etwas felsiger, wir aber halten uns weiter an den breiten Weg. Wenig später erreichen wir den Standort **Steinbruch,** dort biegen wir halb rechts ab.

Jetzt geht es etwas steiler talwärts. Anfangs ist der Boden ein wenig sandig, aber der Weg ist breit und gut begehbar. In einer großen S-Kurve geht's weiter abwärts. Ein kleines Bächlein plätschert den Hang hinab. Als sich der Wald öffnet, blicken wir auf **Triberg.**

Breits beim ersten Haus empfängt uns ein lustiger Kuckuck, der die Wanderer halbstündig freudig begrüßt. Steil schreiten wir neben dem Wohngebiet weiter in Richtung Tal. Problemlos gelangen wir zur **2 ersten weltgrößten Kuckucksuhr.** Ein Wasserrad dreht sich an dem Gebäude. Schon alleine von seiner Rückseite gesehen, ist das schnuckelige Häuschen ein absoluter Hingucker. Gegen eine kleine Gebühr kann die Kuckucksuhr auch in ihrem Inneren besichtigt werden.

Für die Seele

Die Triberger Wasserfälle, aber auch die vielen Kuckucksuhren sind mehr als einen Blick wert.

Jetzt geht's auf der **Untertalstraße** mit der blauen Raute dem Zentrum entgegen. Gemächlich wandern wir in Richtung Südosten, queren erneut den Wittenbach und passieren ein Holzlager, eine Kuhweide sowie einen Bauernhof. Dieses Stimmungsbild vermittelt uns ein beschauliches, friedliches Landleben, fern des Triberger Trubels. Die Untertalstraße leitet in die **Alte Schonach Straße** über. Beständig verlieren wir an Höhe und schreiten entgegen der wenig befahrenen Einbahnstraße zur B 500. Vorsichtig setzen wir rechts versetzt beim Zebrastreifen über die Fahrbahn und können zum nahen **3 Bergsee** (760 m) hinüberwandern. Sehr harmonisch wirkt das Bild des kleinen Sees mit den Bootsanlegestellen und der Kirche mit Kuppeldach im Hintergrund. Im an-

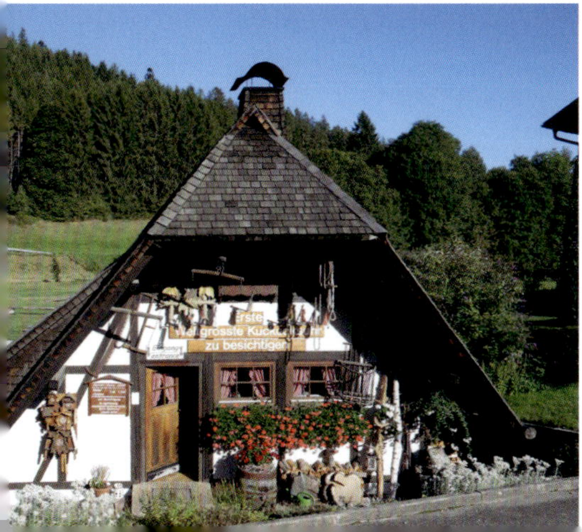

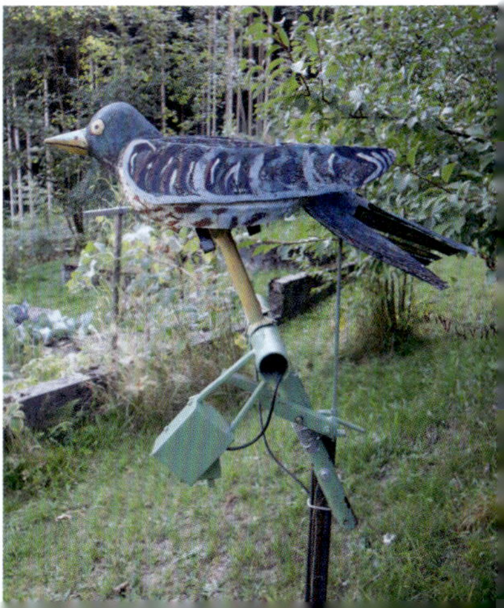

grenzenden ④ **Gasthaus Bergseestüble** lässt es sich gemütlich ausruhen. Die Speisekarte bietet für jeden eine kulinarische Auswahl. Bevor wir uns wieder auf den Weg machen, genießen wir am Ufer des Sees noch einige Minuten die wärmenden Sonnenstrahlen. Danach folgen wir weiter der blauen Raute sowie dem Ortenau-Baar-Weg hinab und gehen weiterhin entgegen der Einbahnstraße. So gelangen wir alsbald zur ⑤ **Wallfahrtskirche Maria in der Tanne.** Eine besondere Geschichte aus dem Jahre 1644 rankt sich um diese Kirche: So soll ein Mädchen durch das Quellwasser der Umgebung von ihrem Augenleiden geheilt worden sein. Ein Jahr darauf soll ein Schneidermeister durch die Waschung mit Quellwasser spontan von Aussatz gesundet sein. Als Dank stiftete er eine Marienstatue und stellte sie in die Höhlung einer Tanne, daher resultiert auch der Name „Maria in der Tanne". Erst in den Jahren 1699 bis 1705 wurde die heutige Wallfahrtskirche errichtet, davor stand hier eine Holz- und später eine Steinkapelle.

Messnerhäuschen

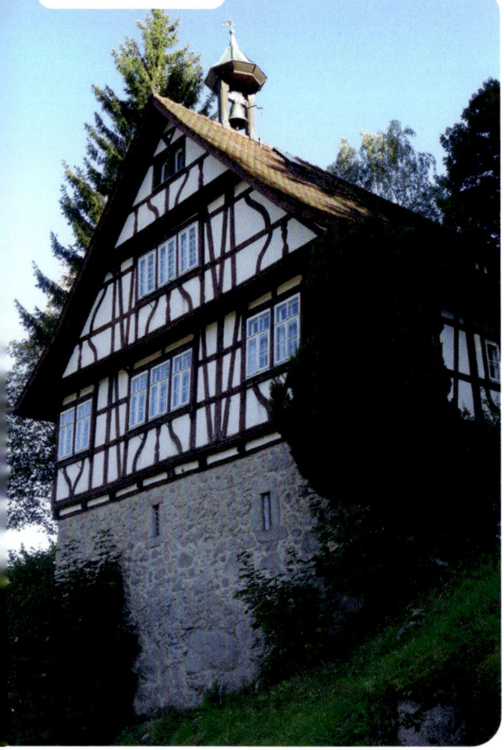

Nach dem Gotteshaus passieren wir das **Messnerhäuschen,** dass als zweitältestes Gebäude Tribergs gilt. Es wurde 1697 erbaut. Stolz thront das Fachwerkhaus hier am Hang. Beeindruckt wandern wir weiter hinab und blicken zu den Häusern, die hier in den Steilhang gebaut sind – eine architektonische Glanzleistung. Bald darauf wird es lebhaft um uns herum. An einem Busparkplatz vorbei gelangen wir wieder zur Bundesstraße. Für 300 Meter folgen wir auf dem Bürgersteig deren Verlauf immer entlang der **Clemens-Maria-Hofbauer-Straße** und

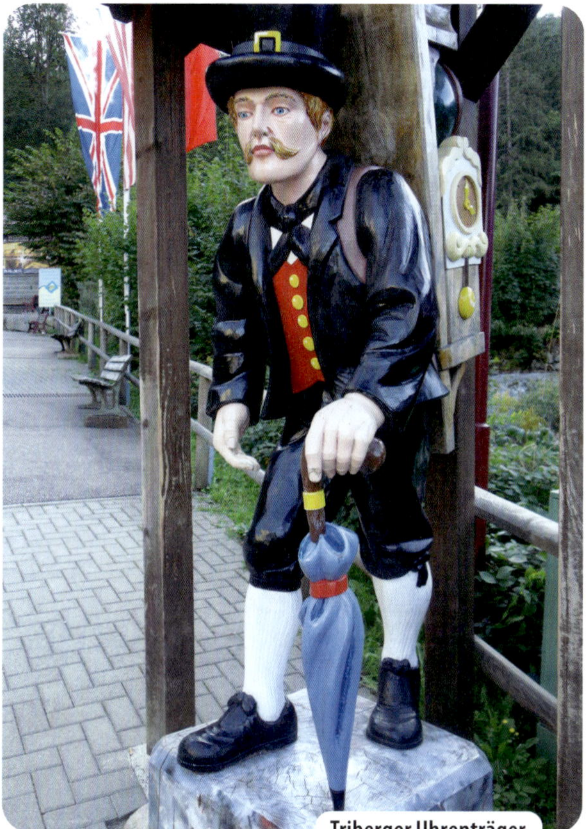

Triberger Uhrenträger

passieren dabei zahlreiche schmucke Ladengeschäfte mit allerlei Schwarzwald-Souvenirs.

Selbstverständlich darf die obligatorische Kuckucksuhr in keinem Kaufladen fehlen. Sie präsentiert sich in den ausgefallensten Varianten. Irgendwie kitschig, aber trotzdem auch schön, so eine traditionelle Kuckucksuhr mit Holzhaus, Drehmechanik, Kuckuck und Tannenzapfen. Jetzt überqueren wir die **Gutachbrücke** und gehen danach sofort rechts. Die hölzerne Statue eines Schwarzwälder Uhrenträgers empfängt uns am Haupteingang des **6 Triberger Wasserfalls** (680 m). Nachdem wir die Eintrittsgebühr entrichtet haben, er-

Zwischen den Jahren findet der ***„Triberger Weihnachtszauber“*** *statt, ein Event für die ganze Familie. Mehr als eine Million Lichter verzaubern in der Dunkelheit das Gebiet um die Wasserfälle. Dazu gibt es auf mehreren Bühnen künstlerische Darbietungen.*

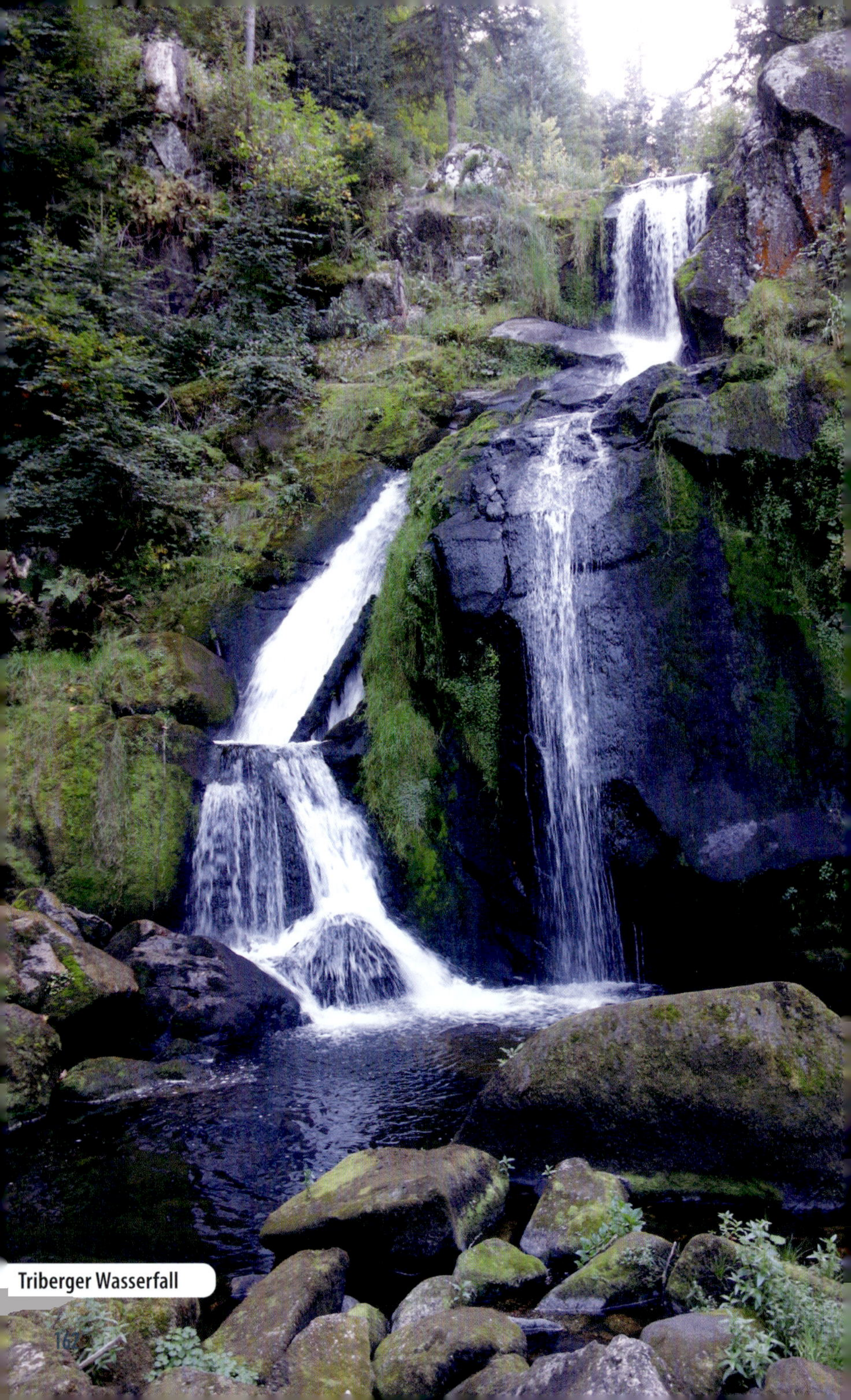

Triberger Wasserfall

wartet uns ein unvergleichliches Naturschauspiel. Bereits zu Beginn rauscht und sprudelt die quirlige Gutach neben uns über große Steine zu Tale. Mit sage und schreibe 163 Metern Fallhöhe sowie sieben Fallstufen gehört der Triberger Wasserfall zu den höchsten Wasserfällen Deutschlands. Vor uns entdecken wir bald die erste Fallstufe. In Serpentinen steigen wir steil bergwärts und können auf einer Rampe sehr nah an das Wasser herantreten. Gischt streift unser Gesicht, was wir als willkommene Erfrischung wahrnehmen. Beeindruckt steigen wir weiter hinauf und stellen fest, dass von einer zweiten Aussichtsplattform der Blick noch viel eindrucksvoller ist. Neben dem fallenden Wasser gewinnen wir weiter an Höhe und sind fasziniert von dem vorbildlich gesicherten Weg.

Mit jeder neuen Kehre gelangen wir wieder ans Wasser, dann durchwandern wir den hölzernen **Wasserfallpavillon,** dessen Dach mit grünem Moos bewachsen ist. Für alle, die sich zusätzlich über Flora und Fauna des Gebiets sowie über dessen Geschichte informieren möchten, sind Info-Tafeln am Wegrand angebracht. Kurz danach können wir auf der **Bergseebrücke** über den Wasserfall gehen und dort einen gigantischen Tiefblick genießen. Vor lauter Faszination für das Naturspektakel sind wir so abgelenkt, dass wir die Anstrengung des weiteren Aufstiegs kaum bemerken.

Wasserfallpavillon

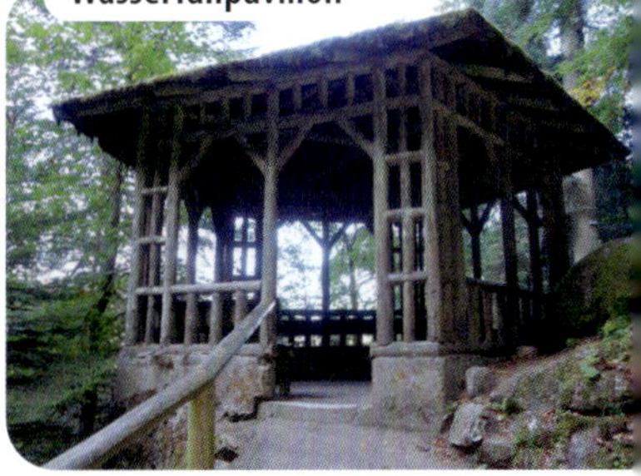

Auf einer Tafel lesen wir beispielsweise, dass schon zu früheren Zeiten berühmte Persönlichkeiten die Wasserfälle besuchten. Die **Scheffelbrücke** ist die nächste Attraktion am Wasserfall. Auch hier kann man über das tosende Wasser gehen. Wenig später erreichen wir das obere Kassenhäuschen. Da wir bereits im unteren Bereich bezahlt haben, brauchen wir natürlich keinen Obolus mehr zu entrichten. Leider verliert die Gutach zu unserer Rechten etwas an ihrer Attraktion, dennoch beeindruckt uns das facettenreiche Lichtspiel, das sich

ERFRISCHUNG 17

durch die Sonneneinstrahlung ergibt. Friedlich rauscht das Wasser neben uns talwärts. Plötzlich kommt uns der Gedanke an das Zitat eines Freundes in den Sinn, der bezüglich des Bergaufwanderns einmal sagte: „Wenn es steil bergauf geht, dann geh den Alpin-Schritt." Damit meinte er ein langsames Gehen in Form von kleinen Schritten. Bewusst wenden wir nun diesen Alpin-Schritt an und stellen überrascht fest, wie recht er damit hatte. Problemlos erreichen wir das hölzerne Portal von „Deutschlands höchsten Wasserfällen" und sind gleichzeitig schon wieder am Ausgangspunkt angelangt. Im 7 **Kiosk** nebenan können wir uns mit einer Erfrischung belohnen.

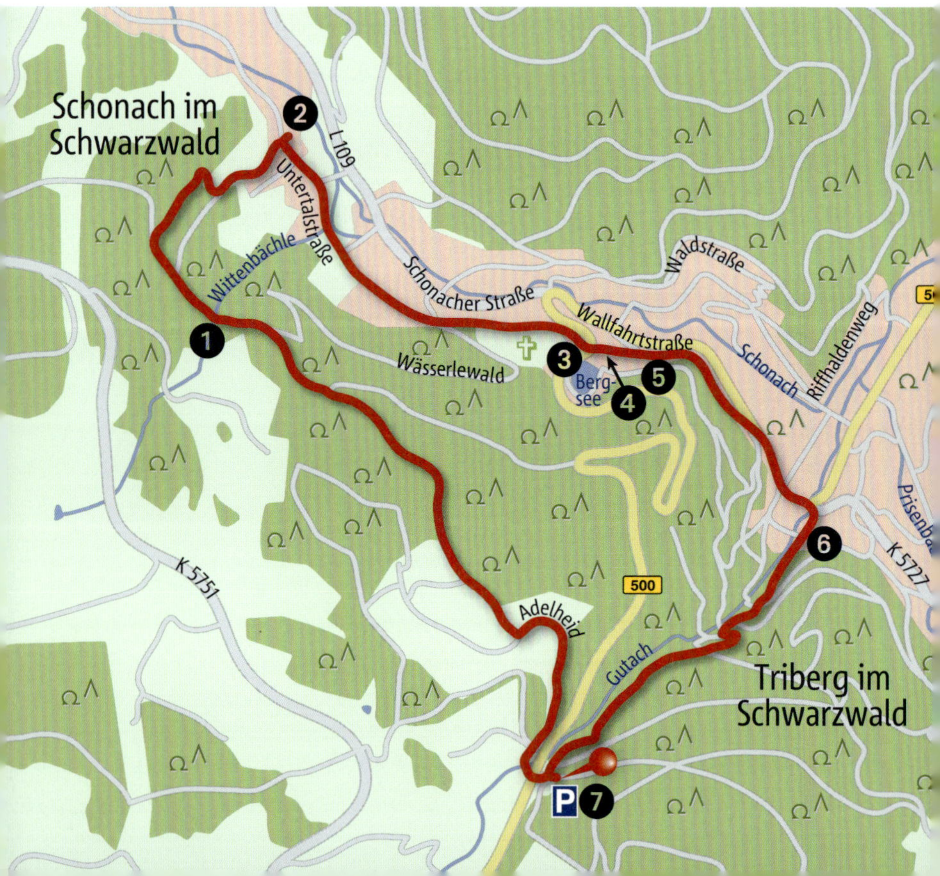

ALLES AUF EINEN BLICK

Entspannung 4/5
Abenteuer 5/5
Vielfalt 3/5

WIE & WANN

Relativ steiler Weg neben den Wasserfällen, aber gut begehbar; beste Wanderzeit April bis November

HIN & WEG

Auto: Parkplatz Adelheid (kostenfrei), oberhalb von 78098 Triberg, am Kreisverkehr, links des Industriegebietes (GPS: 48.123179, 8.222503)
ÖPNV: Bei Anreise mit dem ÖPNV Start der Tour in Triberg

ESSEN & ENTSPANNEN

4 **Gasthaus Bergseestüble,** Clemens-Maria-Hofbauerstraße 19, 78098 Triberg im Schwarzwald, Tel. (0 77 22) 91 64 44
7 **Kiosk** am Parkplatz Adelheid

Diverse weitere Einkehrmöglichkeiten im Zentrum von Triberg

ENTDECKEN & ERLEBEN

1 **Wittenbach**
2 **Erste weltgrößte Kuckucksuh**
3 **Bergsee**
5 **Wallfahrtskirche Maria in der Tanne**
6 **Triberger Wasserfall,** Haupteingang

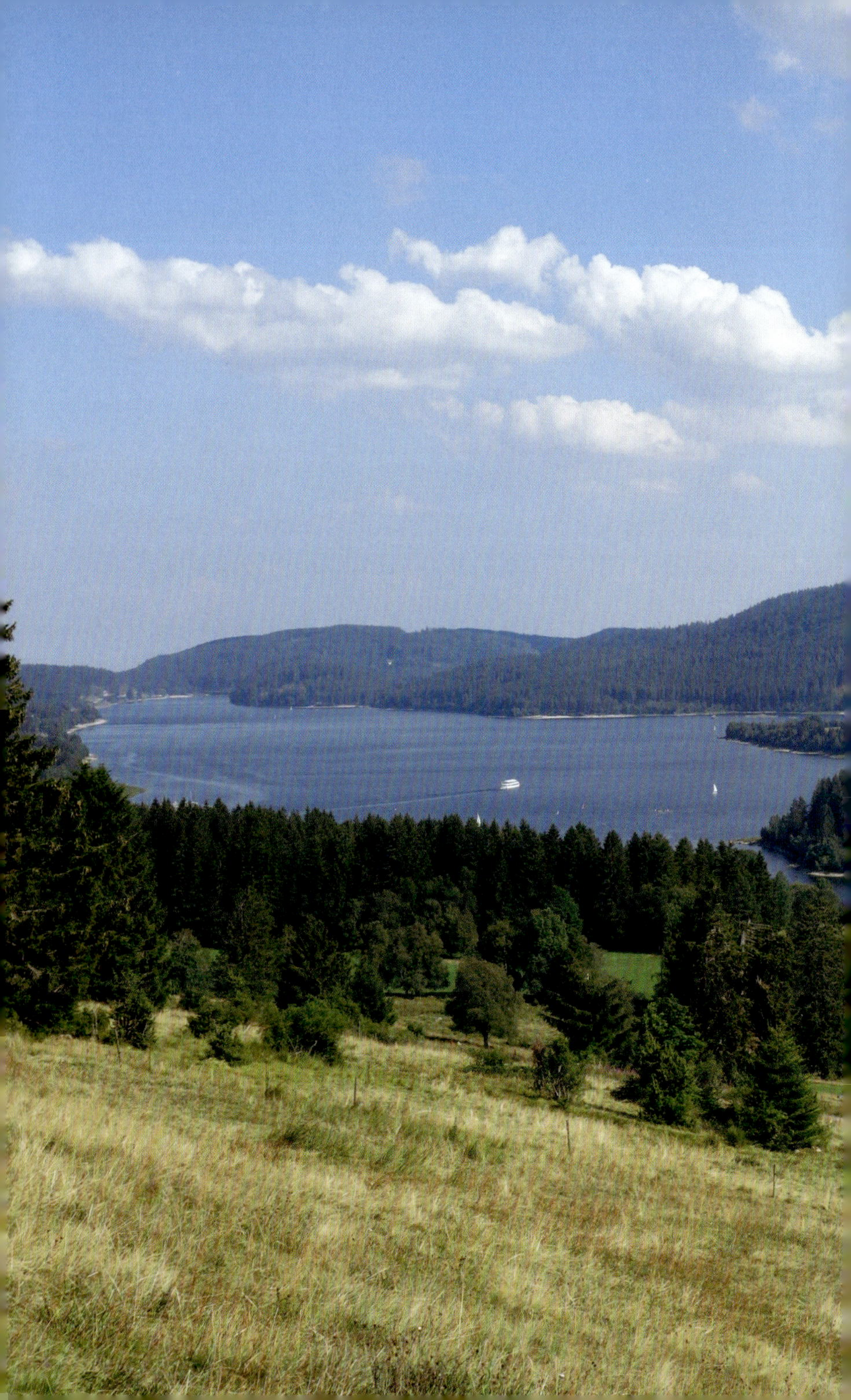

Baden und wandern

Traumtour am Schluchsee

Wir starten unsere Wanderung mit einer romantischen Bahnfahrt entlang des Schluchsees, die uns mit einem einzigartigen Ausblick über den See begeistert. Da das Barometer heute so richtig hochsommerliche Temperaturen zeigt, haben wir beschlossen auch unsere Badesachen einzupacken. Das Auto haben wir am Bahnhof bei Schluchsee-Aha, dem nördlichsten Zipfel des Sees abgestellt. Unsere Bahnfahrt führt bis zum Endbahnhof nach Seebrugg. Wenn wir dabei in Fahrtrichtung auf der rechten Seite sitzen, können wir bei der geschwungenen Brücke über der Fischbachmündung einen großartigen Blick hinüber zur Landzunge Amalienruhe genießen. Der Ausguck zur linken Seite, in Richtung der bewaldeten Schwarzwaldberge und zum Ort Schluchsee, ist aber auch sehr lohnenswert. Am **Bahnhof Seebrugg** ist Endstation. Alles aussteigen! Wir verlassen das Bahnhofsgelände und entdecken auch sogleich die Wanderwegmarkierung mit der roten Raute auf weißem Grund und einem mittigen, weißen Strich. Das ist das Wegzeichen des Mittelwegs. Dieser führt als Fernwanderweg von Pforzheim nach Waldshut an den Hochrhein. Dem Mittelweg folgen wir also am Anfang unserer heutigen Tour für ein gutes Stück. Beim Blick über das Wasser erkennen wir eine gewaltige Staumauer, über die wir nachher wandern werden. Weiter rechts schweifen unsere Blicke längs über den größten Schwarzwaldsee bis ins Feldberggebiet. Wir lassen uns von dieser phänomenalen Aussicht fesseln. Herrliches Wetter, tolle Ausblicke, Sonne pur, ein perfek-

Kilometer: 11,5
Höhenmeter: 90
Stunden: 4
STRECKE

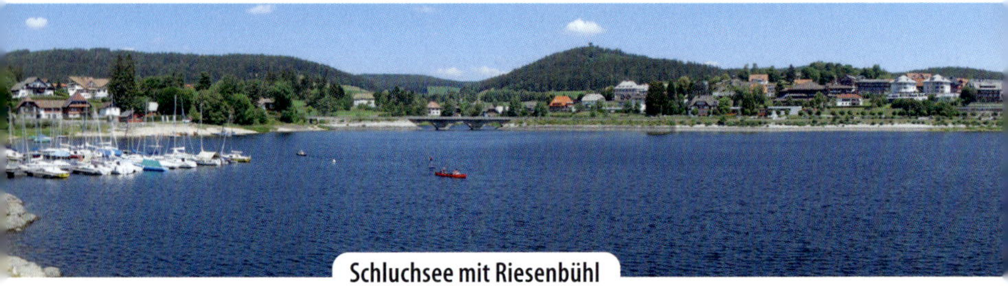

Schluchsee mit Riesenbühl

Die 1929–1932 errichtete ***Schluchsee-Staumauer*** *ist 63,5 Meter hoch, davon sind aber nur 36,5 Meter sichtbar. Ihre Kronenlänge misst 240 Meter, und die Breite beträgt 3,7 Meter. Sie wiegt stolze 285.000 Tonnen, so viel würden etwa auch 800 Jumbojets gemeinsam auf die Waage bringen.*

Der ***Schluchsee*** *ist 7,5 Kilometer lang und hat eine Breite von bis zu 1,5 Kilometern. Seine tiefste Stelle misst stolze 61 Meter, sein maximales Volumen beträgt 108 Millionen Kubikmeter Wasser. Er entstand bereits in der letzten Eiszeit vor ca. 10.000 Jahren.*

ter Wandertag erwartet uns – Herz, was brauchst du mehr?

Nach wenigen Schritten schon passieren wir rechter Hand das hübsch angelegte ❶ **Strandbad Seebrugg** mit seiner angrenzenden **Vesperstube.** Vor der Jugendherberge Seebrugg gehen wir rechts. Bald gelangen wir in die Nähe der B 500 und schreiten davor abermals rechts. Der Bürgersteig neben der Fahrbahn dient uns bis zur Staumauer als Weg. Der wunderschöne Ausblick auf den See lässt die Geräuschkulisse der nahen Straße beinahe in Vergessenheit geraten. An der ❷ **Schluchsee-Staumauer** angekommen, gehen wir rechts und wandern über das massive Bauwerk. Dabei können wir die Schiffe auf dem See genauestens beobachten. Nach der Überquerung halten wir uns erneut rechts. Ab hier führt uns ein neues Wegzeichen, die blaue Raute, auf unserem Weg weiter. Dieser Markierung folgen wir auf dem Seerundweg hin zum ❸ **Kiosk an der Staumauer.** Der einladende Biergarten bietet sich für eine Zwischenrast an.

Frisch gestärkt wandern wir weiter und treten bald in den Wald ein. An heißen Sommertagen spendet die kühle Waldluft eine wohltuende Frische. Tief tauchen wir ein in die angenehme Kühle. Der Wald duftet herrlich nach verschiedenen Hölzern und Pflanzen, eine leichte Brise Wind weht um unsere Nasen. Unter unseren Füßen knirschen Steine, auch hin und wieder trockenes Gehölz. Ein Gefühl von Einheit mit der Natur stellt sich plötzlich ein. Diesen Moment genießen wir ganz bewusst. Rechts schlummert der See, und immer wieder entdecken wir kleine verträumte Badebuchten. Mehrmals schweifen unsere Blicke weit über den See hinüber zum Ort Schluchsee mit seinem markant aufragenden Hausberg, dem Riesenbühl. Völlig entspannt und ohne große Höhendifferenzen wandern wir jetzt am lauschigen Uferweg entlang. Dann erreichen wir das Wasserentnahmebauwerk, das der ökologischen Stromerzeugung dient. Achtung, wenig später, dort, wo der Weg nach links abknickt, finden wir geradeaus hinter dem Nadelwald eine hübsche **Badebucht.** Wie ein kleiner Fjord liegt sie mitten im Grünen. Jetzt spätestens zahlt es sich aus, die Badesachen in den Rucksack gepackt zu haben. Wir genießen das ausgiebige Sonnenbad an diesem idyllischen Platz und erfreuen uns noch für einige Zeit an dem schönen Ausblick auf den See mit seinem leichten Wellengang. Plötzlich wirkt alles um uns zeitlos, und wir können vollständig entspannen.

Für die Seele

Mit Blick auf die sanften Wellen wandern wir am Ufer des schönen Schluchsees entlang und genießen Urlaubsfeeling.

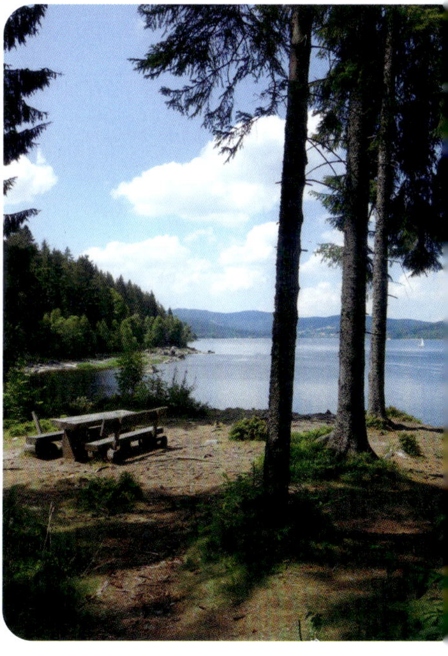

Frisch aufgetankt mit Sonnenenergie folgen wir weiter dem breiten Waldweg zum Unterkrummenweg und gehen dort rechts. Plötzlich entdecken wir hinter einer Bucht den traumhaft gelegenen Unterkrummenhof. In Luftlinie gemessen ist die urige Schwarzwald-Vesperstube fast schon in greifbarer Nähe, der Weg dorthin ist aber leider noch etwas weiter, denn wir müssen ja noch die ganze Bucht umwandern. Dabei passieren wir beim Krummenbach eine kleine Anglerhütte. Hier können wir uns an den Brunnen mit frischem Bergquellwasser erfrischen und unsere Trinkflaschen auffüllen – toller Service! Mit neuer Kraft wandern

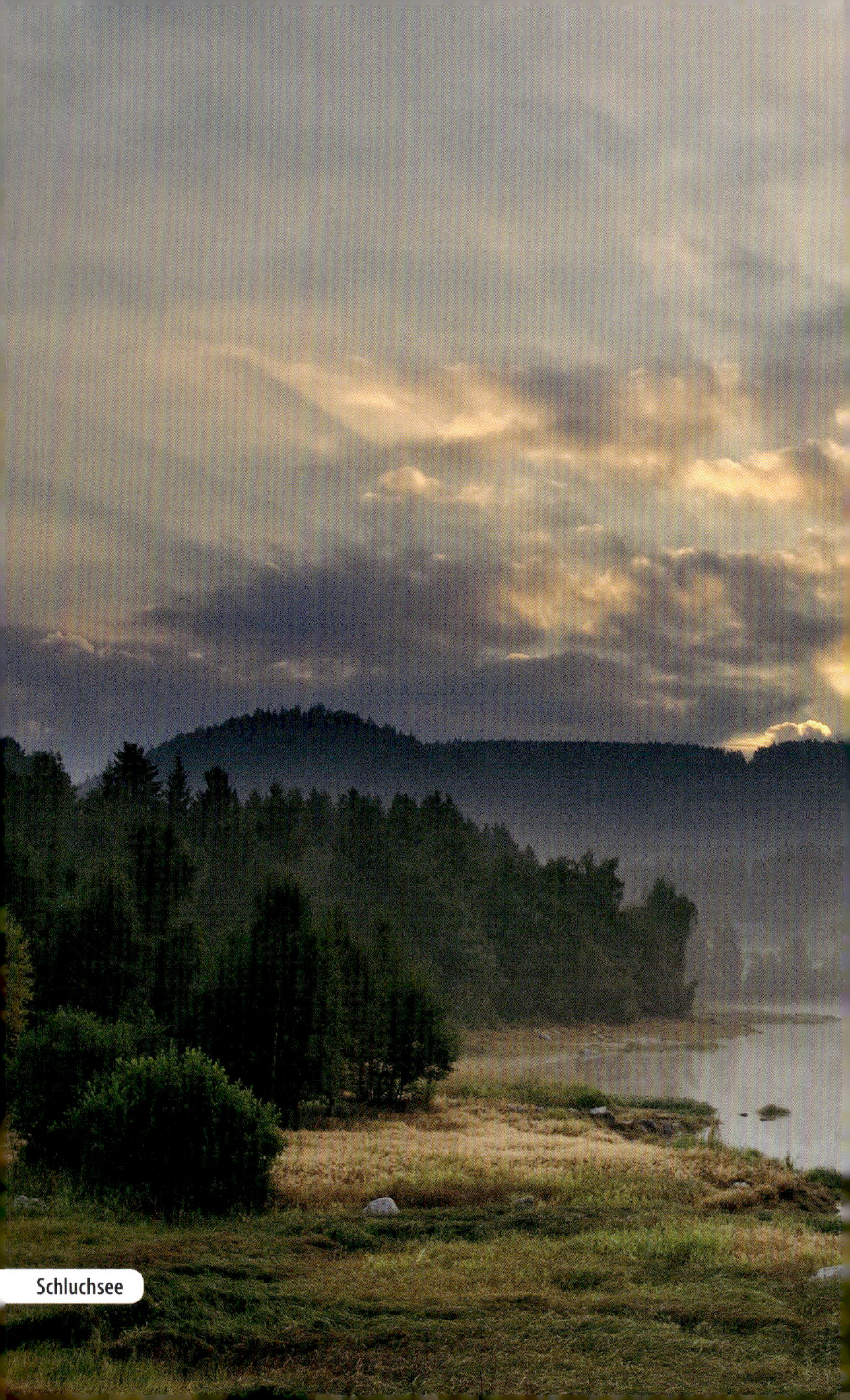

Schluchsee

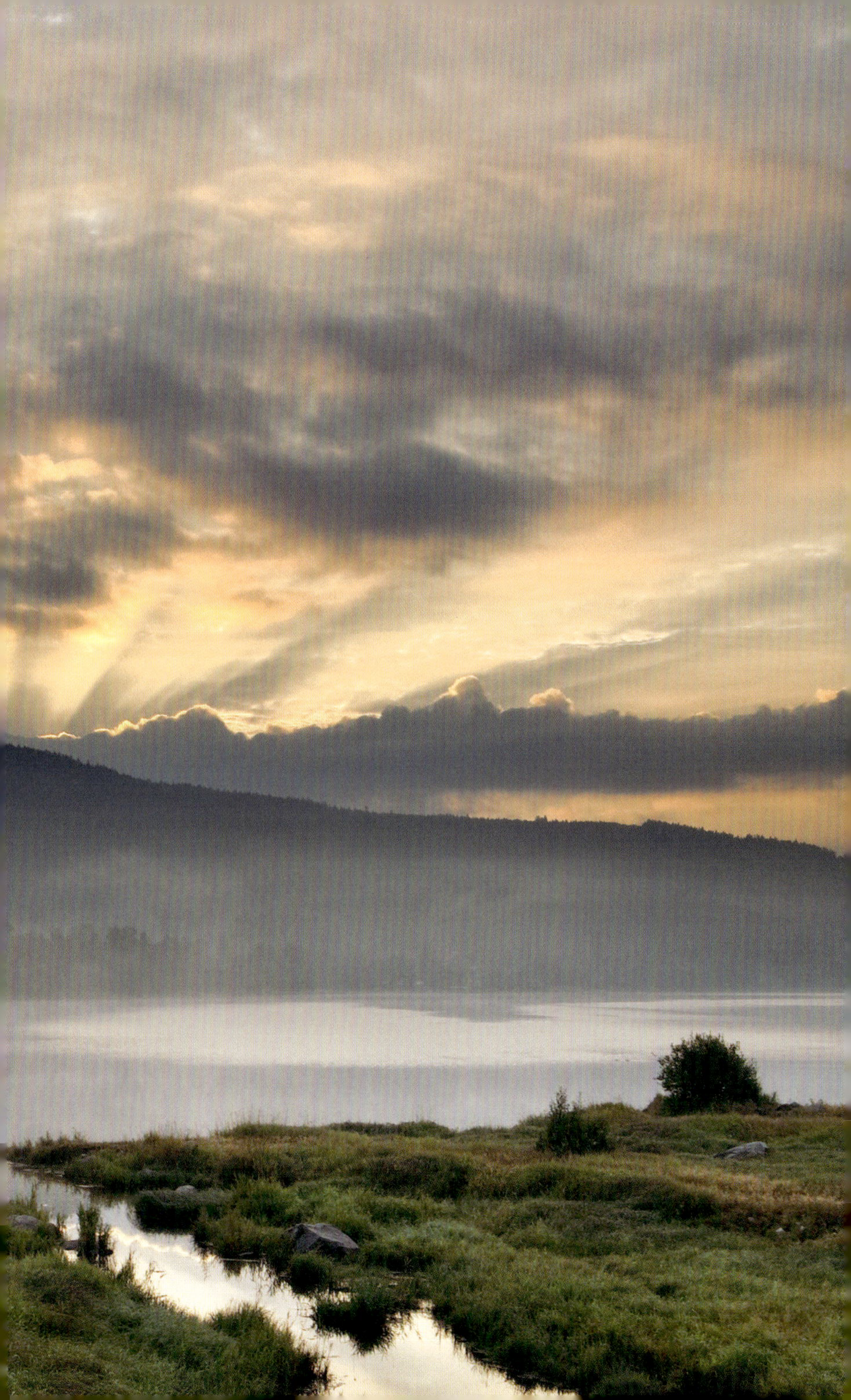

Unterkrummenhof

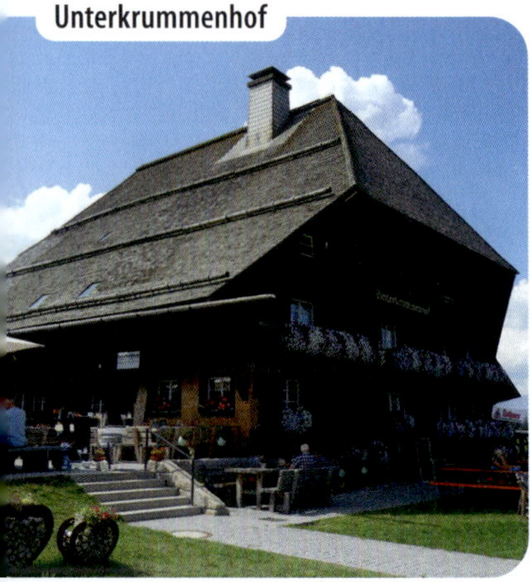

Muchenländer Brücke

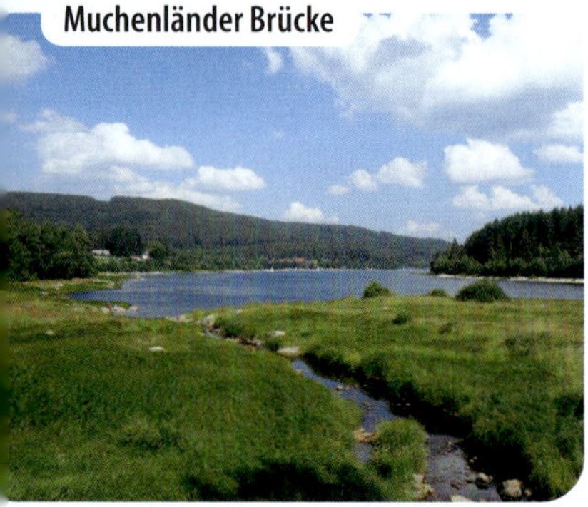

wir jetzt vollends auf die große Lichtung bis zur 4 **Vesperstube Unterkrummenhof.** Das Gasthaus bietet mit seiner wunderschönen Außenterrasse viel Platz für seine Gäste. Der leckere Flammkuchen ist an dieser Stelle ganz besonders erwähnenswert. Einen kleinen Wermutstropfen gibt es aber trotzdem: Bergeinsamkeit und Stille findet man hier eher selten, denn der Unterkrummenhof ist als absoluter „Geheimtipp" längst weit über die Grenzen des Schwarzwalds hinaus bekannt. In seiner leicht erhöhten Lage zum Schluchsee können wir von dem Freisitz aus das azurblaue Wasser überblicken und das muntere Spiel der Segelboote, Schiffe und Surfer beobachten.

Als wir dann endlich wieder starten, stellen wir fest, dass wir jetzt dem Wegzeichen des Mehrtageswanderwegs Schluchtensteig folgen sollten. Allerdings zeigt diese Markierung hier in zwei unterschiedliche Richtungen! Einmal würde es halb links zum Kirschbaumweg hinaufgehen (von oben gibt es einen schönen Seeblick) und der andere Weg führt unten weiter, in mittelbarer Ufernähe, in Richtung Nordwesten. Wir bleiben auf dem unteren Weg und gelangen so nach ein paar Hundert Metern zur **Waldwegkreuzung Waldmatt.** Von scharf links trifft jetzt die Variante des Kirschbaumwegs von oben herab auf unseren Weg. Unsere Markierung des Schluchtensteigs und die des Seerundwegs führen weiter zur **Muchenländer Brücke** und dann im weiten Rechtsbogen nach Unteraha. Dabei verlassen wir den breiten Weg und wandern rechts zum schmalen Wanderpfad in Richtung Ufer weiter. Immer wieder führen kleine Stichwege durch die Büsche zu dem Schluchsee-Strand mit schönen Bademöglichkeiten. Wer möchte,

*Der **Schluchsee** liegt auf 930 Meter Höhe und wird von klaren Bergbächen gespeist. Sein Wasser ist also eher kühl. Die allerbeste Jahreszeit für ein erfrischendes Bad ist der Hochsommer. Dann ist der See nämlich genügend aufgewärmt.*

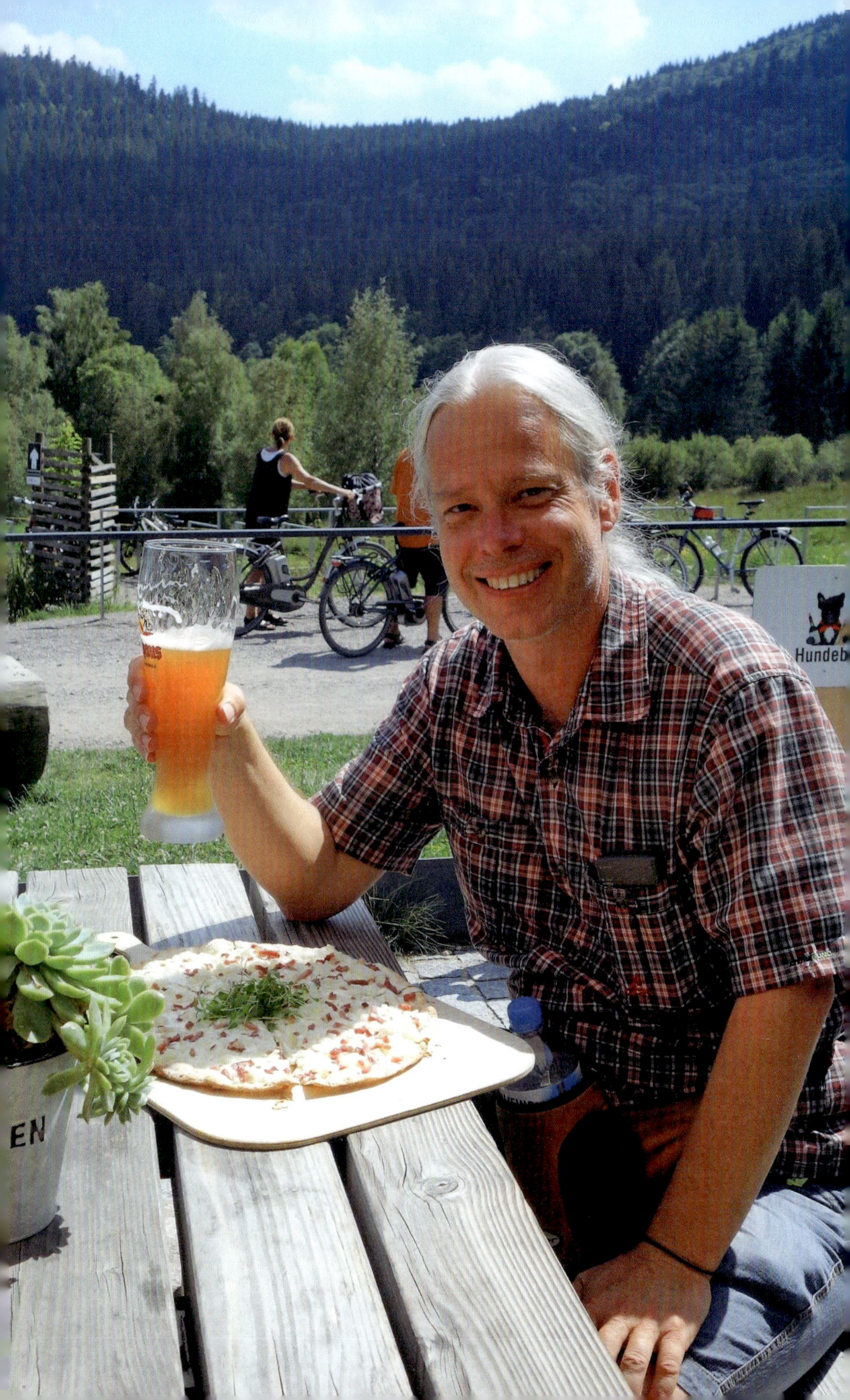
Hundeb
EN

kann sich jetzt nochmals in die Fluten stürzen oder sich einfach an den Strand setzen, meditieren oder seine Gedanken schweifen lassen.

Beim Weitergehen schreiten wir bereits nach wenigen Gehminuten halb rechts über einen Holzsteg und zur Brücke über die Schwarzachmündung. Aufmerksam achten wir jetzt auf die Wegmarkierung des **Genießerpfads Jägersteig.** Diese führt uns nämlich links unter der B 500 hindurch. Im nah gelegenen **5 Restaurant und Wellnesshotel Auerhahn** können wir uns zum Abschluss ausgiebig verwöhnen lassen. Wer möchte, steuert noch das Schwarzwald-Café oder das Schnapshäusle in Bärental an. Dort gibt es ein Schnapsmuseum sowie Backvorführungen.

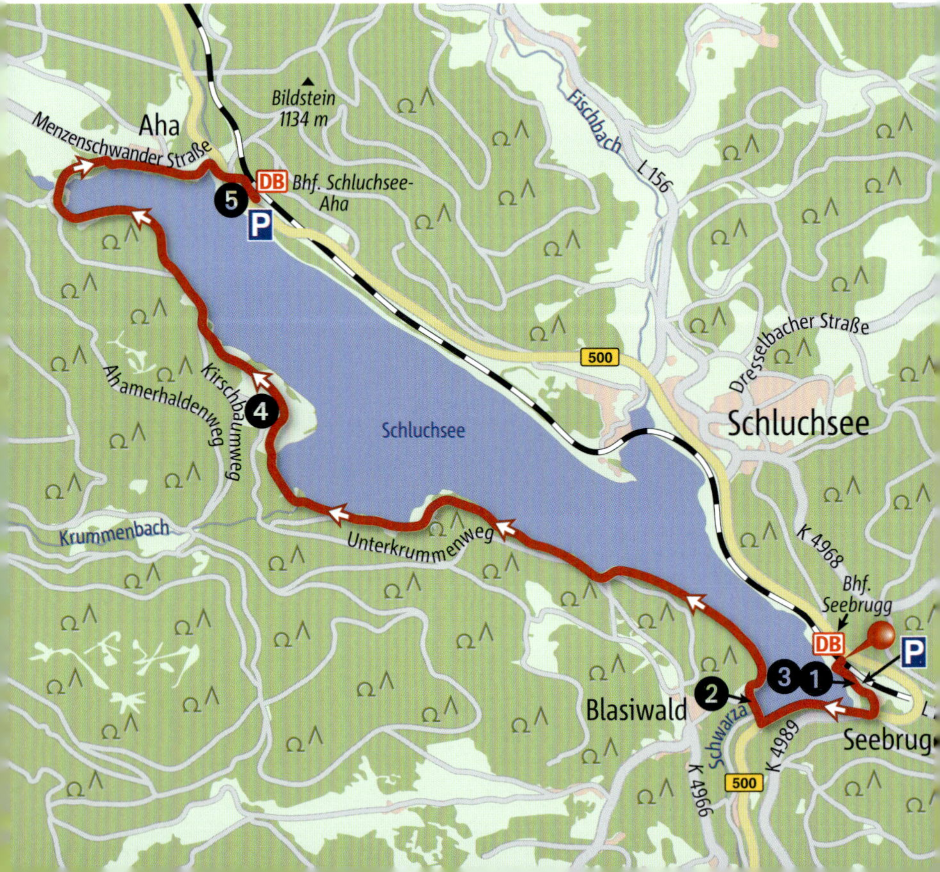

ALLES AUF EINEN BLICK

Entspannung 5/5

Abenteuer 5/5

Vielfalt 3/5

WIE & WANN

Gut begehbare Wanderwege mit relativ wenig Steigung, beste Wanderzeit Mai bis Oktober

HIN & WEG

Auto: Parkplatz beim Bahnhof Schluchsee-Aha, Vorderaha, 79859 Schluchsee (GPS: 47.83287, 8.13493) oder beim Bahnhof Seebrugg, Seebrugg 14, 79859 Schluchsee (GPS: 47.80284, 8.19236)

ÖPNV: Bahn- und Busverbindungen

ESSEN & ENTSPANNEN

1. **Vesperstube des Strandbads Seebrugg,** Seebrugg 12, 79859 Schluchsee-Seebrugg, Tel. (0 76 56) 9 87 97 29
3. **Kiosk an der Staumauer (Müllers an der Staumauer),** An der Staumauer 1, 79859 Schluchsee, Tel. (01 59) 02 54 21 27, www.staumauer-schluchsee.de
4. **Vesperstube Unterkrummenhof,** Unterkrummenweg 3, 79859 Schluchsee-Aha, Tel. (0 76 56) 15 00, www.unterkrummenhof.info
5. **Restaurant und Wellnesshotel Auerhahn,** Vorderaha 4, 79859 Schluchsee-Aha, Tel. (0 76 56) 2 48 99 88, www.auerhahn-hotel.com

ENTDECKEN & ERLEBEN

1. **Strandbad Seebrugg,** siehe ESSEN & ENTSPANNEN
2. **Schluchsee-Staumauer**

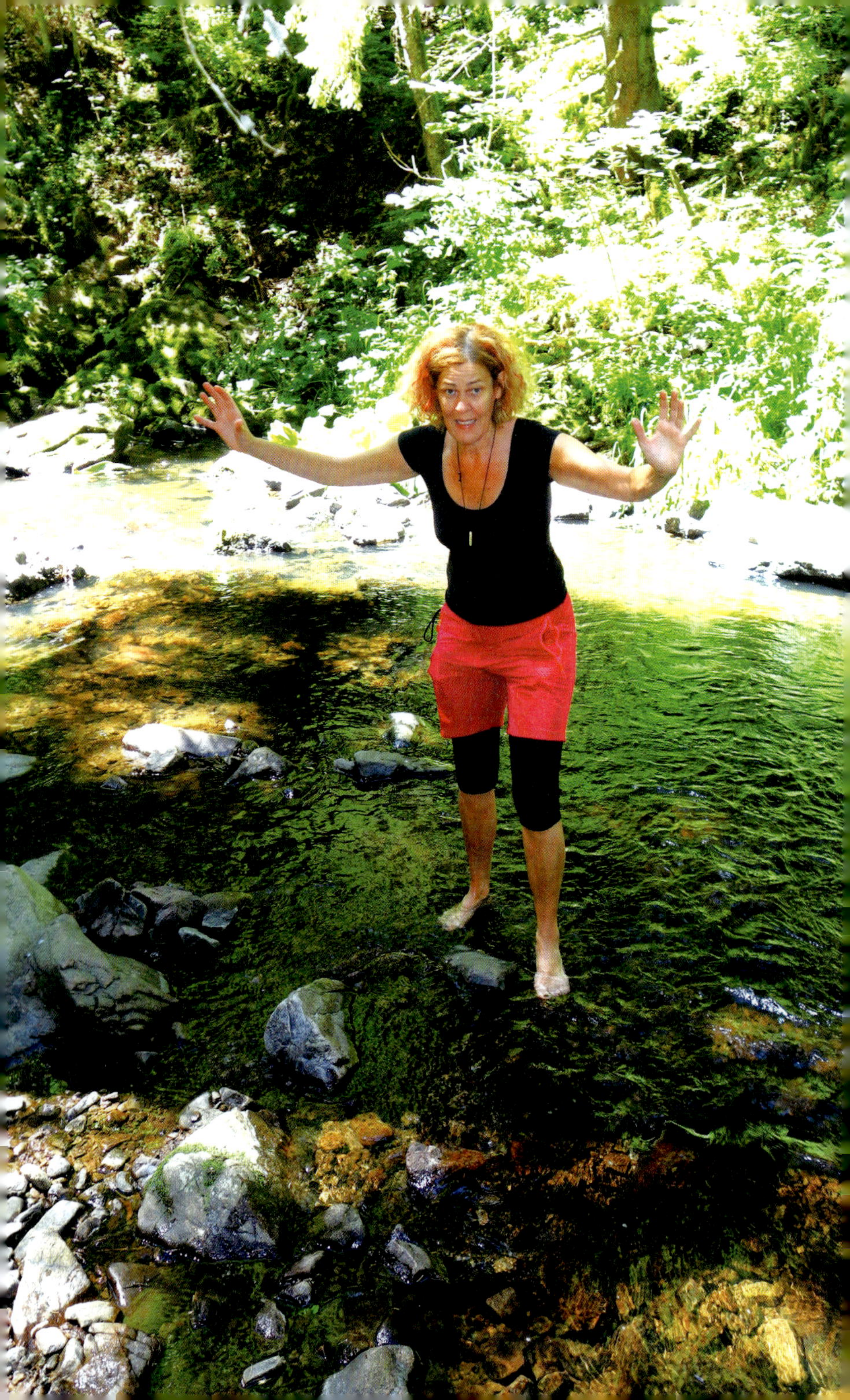

Mystische Natur

In der Rötenbachschlucht

Vom Wanderparkplatz Hardt folgen wir dem **Genießerpfad Rötenbachschlucht** auf dem anfangs asphaltierten Weg entlang der Birkenallee nach links in Richtung Südwesten. Eine blaue Raute dient uns zur Orientierung. Wir durchqueren einen kleinen Streifen Wald, danach endet der Asphaltweg, und wir blicken weit über die große Rötenbacher Wiesenfläche. Wir biegen nach rechts ab und wandern auf der Wiesenspur entlang einer Hecke dem Nadelwald entgegen. Am **Hardtschachen** (849 m) wenden wir uns vor den Bäumen rechts und folgen somit der empfohlenen Laufrichtung. Nach 100 Metern queren wir einen Fahrweg und wandern halb links hinter einer weiß-roten Schranke weiter. Umgeben von dichtem Nadelwald achten wir nach 2 Minuten auf den Rechtsabzweig des Waldpfads. Am linken Seitenrand entdecken wir unzählige Heidelbeerbüsche, die uns im Sommer geradezu zum Naschen einladen. Der Abstieg führt zu einem Fahrweglein, bei dem wir links gehen und bald einen Steinabbruch passieren. Wenig später entdecken wir vor einer Schranke ein großes Schild mit der Aufschrift: „Naturschutzgebiet Wutachschlucht". Davor biegen wir rechts zum Fußpfad ab und setzen auf einer Holzbrücke sicher über den lauschigen Rötenbach. Für eventuelle Notfälle merken wir uns jetzt den Rettungssektor C.

Am Anfang der Schlucht halten wir kurz inne und genießen den Klang des Wassers. Der schmale Pfad ist von hohen Gräsern gesäumt und versprüht einen kleinen Hauch

Kilometer: 10,8
Höhenmeter: 290
Stunden: 4
RUNDWEG

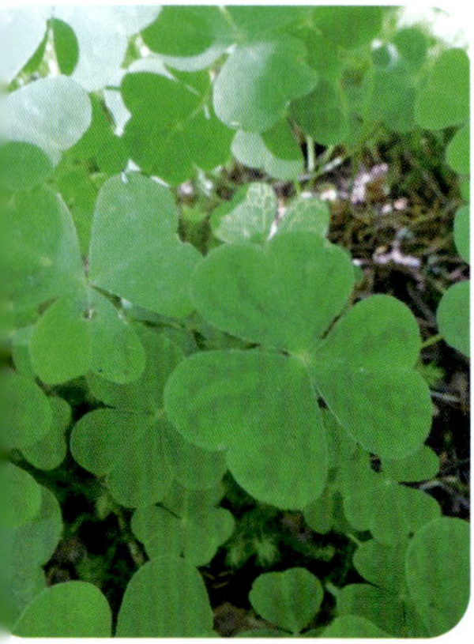

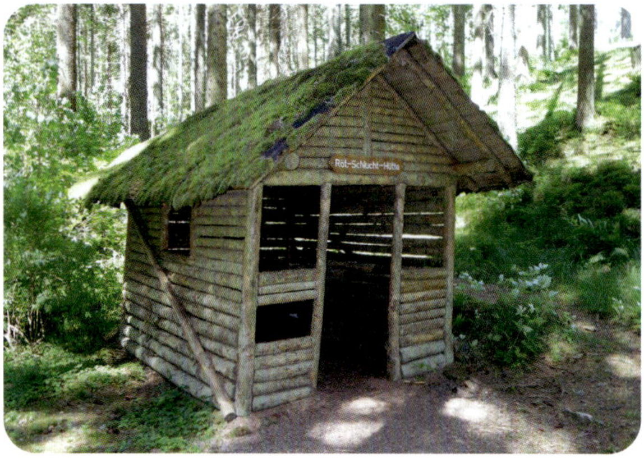

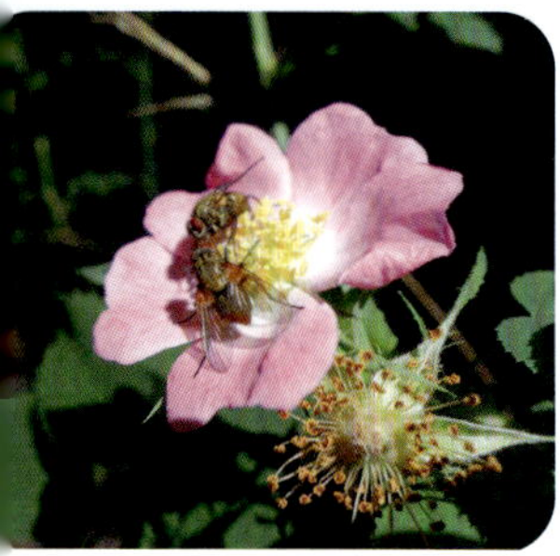

*Beim Wandern durch die **Schlucht** fällt die Vielzahl an bunten Schmetterlingen auf – unglaublich, wie viele verschiedene Arten es hier zu entdecken gibt. Das Totholz am Wegrand bietet zudem zahlreichen Kleinstlebewesen wie Waldameisen einen idealen Lebensraum.*

von Wildnis. Neben dem Rötenbach wandern wir sanft flussabwärts. Mit Leichtigkeit queren wir auf groben Steinen bald ein Bachbett und folgen weiter dem traumhaften Genießerpfad, der in einen dichten Wald leitet. Der Waldboden ist von Wurzeln geradezu übersät. Immer wieder bleiben wir stehen und lassen die Stille der Natur auf uns wirken. Bei der Sitzbank am Standort ❶ **Talwiesenhütte** setzen wir die Wanderung halb links hinter einem Schotterweg fort. Die schmale Wegspur führt weiter entlang des Rötenbachs und ist sehr abenteuerlich. Farne, Gräser, (Glücks-) Kleeblätter und Heidelbeeren ziehen unsere Blicke an. Bei einer Bank leitet der Traumpfad direkt ans Wasser, in dem wir uns die Füße abkühlen können.

Wir erreichen die **Roßgrabenbrücke** und folgen dem breiten Weg nach rechts. Bereits nach wenigen Schritten zweigt links ein schmaler Pfad zum Wasser ab. Eine Brücke mit Metallgitterboden bringt uns zur linken Uferseite, und schon bald wartet die nächste Brücke auf uns. Bei der ❷ **Rötenbachschluchthütte** finden wir in einem Kuckucksuhrgehäuse einen Wanderstempel. Das hölzerne Dach der Hütte ist von Moos bewachsen und verleiht ihr ein geradezu mystisches Aussehen. Kurz darauf geht's über die nächste Brücke, und auf schmalem Wege durchschreiten wir einen

Steilhang. Danach wandern wir steil hinab zum Wildbach, den wir auf der vierten Brücke kreuzen.

Das Gelände wird jetzt etwas felsiger und erfordert konzentrierte Trittsicherheit. Umgestürzte Bäume liegen in einer wilden Ordnung in der Schlucht und lassen die Urgewalten der Natur erahnen. Einen kleinen Wasserfall gibt es kurz vor einer Brücke zu entdecken. Insgesamt kommen wir in der Rötenbachschlucht nur sehr langsam voran, was auch kein Wunder ist, denn alle paar Meter bleiben wir unweigerlich stehen und bestaunen die einzigartigen Naturwunder. Hinter der sechsten Bachquerung gelangen wir zum ❸ **Rötenbachwasserfall** (750 m). Danach schreiten wir zur nächsten Brücke und müssen anschließend eine kleine drahtseilgesicherte Stelle überwinden. Wieder im Tal-

Für die Seele

In der Rötenbachschlucht gibt es eine wunderbare Naturidylle zu entdecken und auf dem Hörnle einen grandiosen Ausblick.

*Die reinigende Kraft des Wassers in der **Rötenbachschlucht** beruhigt den Seelenzustand ungemein. Wer sich festgefahren fühlt in seinen Gedanken und Gefühlen, der kann auf diesem Weg auf ideale Weise wieder in den Fluss kommen.*

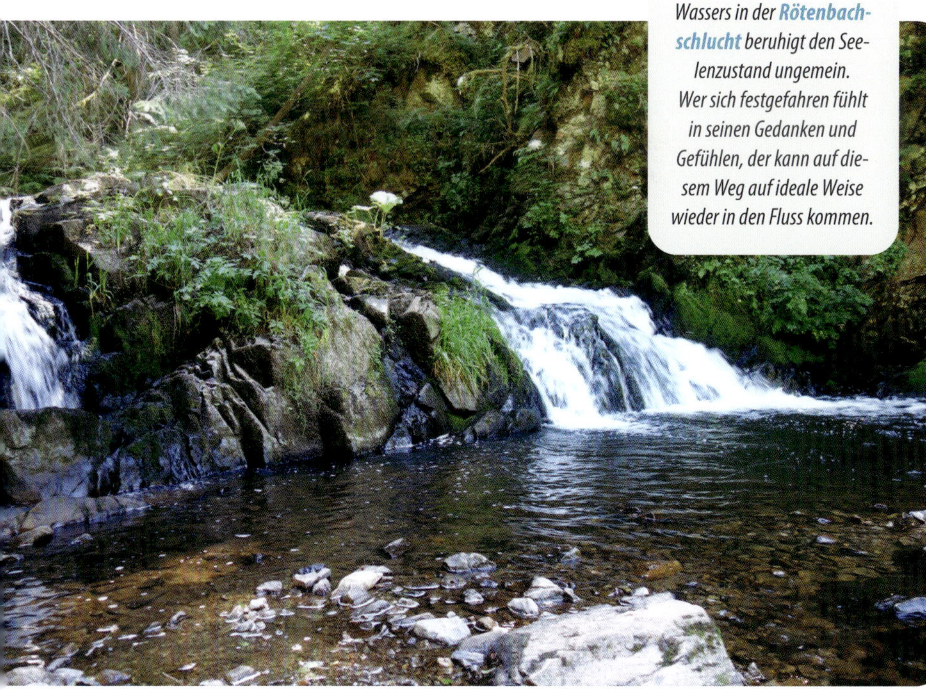

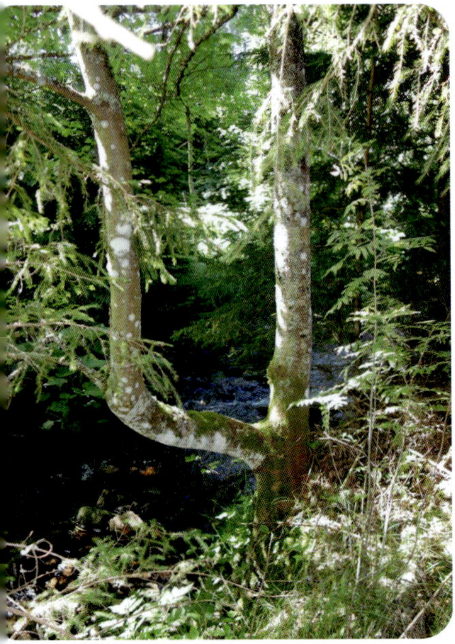

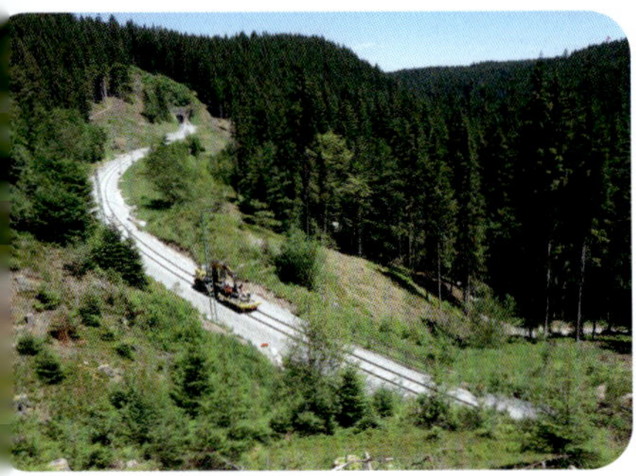

grund angelangt, können wir uns an der Furt erfrischen und ein Fußbad nehmen. Erneut setzen wir über eine Brücke, es ist die achte und letzte.

Wenig später erreichen wir die ④ **Rötenbachmündung.** Hier strömt der Rötenbach in die Wutach, wir befinden uns also jetzt inmitten der sagenumwobenen **Wutachschlucht.** Die Fernwanderwege Schluchtensteig und Querweg Freiburg–Bodensee treffen für kurze Zeit hinzu. Wir gehen nicht nach links über die Brücke, sondern geradeaus weiter. Unser Weg beschreibt einen Rechtsknick, und links hören wir schon die Wutach rauschen. An der Weggabel vor der **Wutachhalde** verlassen wir die Fernwanderwege bereits wieder und steigen halb rechts zum Genießerpfad bergan. Mit jedem neuen Schritt nimmt das Wutach-Rauschen deutlich ab. Bald durchqueren wir die mächtigen Geröllfelder der Wutachhalde und folgen weiter dem schmalen Pfad durch den dichten Wald. Dieser lichtet sich plötzlich, und wir erkennen rechts über uns die Eisenbahnstrecke, die Donaueschingen mit Freiburg im Breisgau verbindet. Durch einen kleinen **Tunnel** gelangen wir zur gegenüberliegenden Seite. Achtung, beim Tunnelaustritt achten wir auf den etwas gefährlichen Absatz zur Linken! Kurz darauf wenden wir uns am **Verzweig Finsterbühl** nach rechts und folgen dem Genießerpfad sowie der gelben Raute.

Steil geht's im Wald hinauf und vor einem Wasserrinnsal halten wir uns rechts. Unter uns erkennen wir die Eisenbahn samt Tunnel. Der abenteuerliche Pfad führt weiter in die Höhe. Etwas außer Atem erreichen wir das ⑤ **Hörnle** auf 893 Metern. Sitzbänke laden hier zur Rast ein und belohnen uns mit einem Feldberg-Blick. Zur anderen Seite schauen wir weit über die Wutachschlucht. Faszinierend, wie der Wald von oben aussieht. Waldbaden quasi aus der Vogelperspektive können wir hier erleben. Ein breiter Waldweg nimmt uns auf. Wir gehen rechts. Der Abstieg wirkt nach dem schweißtreibenden Aufstieg geradezu entspannend. Bedächtig setzen wir einen Fuß vor den anderen. Rechts unter uns liegt die Bahnlinie. Kurz nach dem ESV-Heim unterqueren wir die Schienen und lassen sämtliche Abzweige unberücksichtigt. Leichten Fußes wandern wir wieder zur Roßgrabenbrücke, auf der wir anschließend den Rötenbach queren. Der Lochweg führt nach links weiter, bis wir am 6 **Krebsgraben** rechts zum Krebsgrabenweg abzweigen. Der wurzelgesäumte Pfad führt neben dem Wildbach bergwärts. Ein pures Wandervergnügen steht uns jetzt bevor. Ein allerletzter Steg führt über das quirlige Wasser, dann öffnet sich der Wald. Vor der Wiese gehen wir links und schreiten entlang des Waldrands. Kurz vor dem Waldeck biegen wir links zum Waldpfad ab, gehen beim querenden Forstweg links und an der Gabel danach rechts. Wir erreichen einen 7 **Picknickplatz** und entscheiden uns für den rechten Weg. Wenig spä-

Das Hörnle

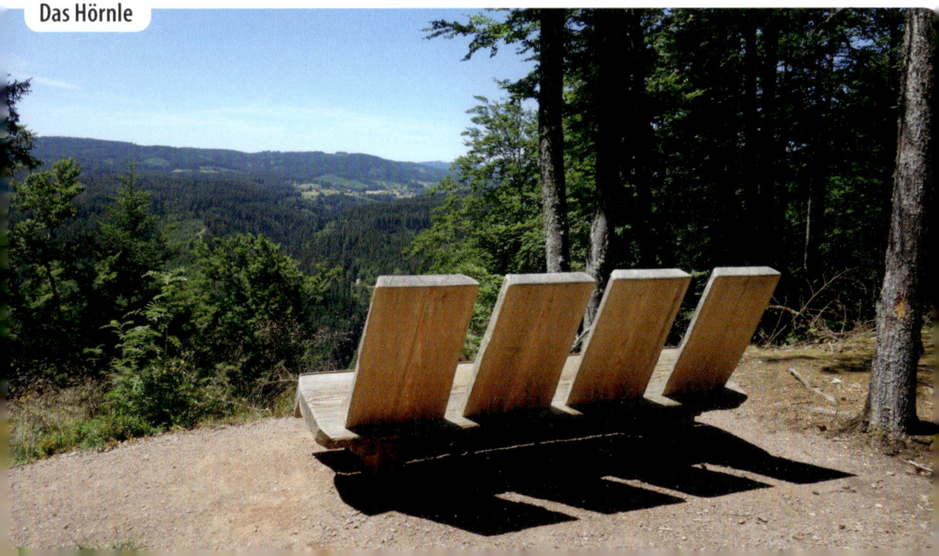

ter achten wir darauf, den Rechtsabzweig zum Ameisenpfad nicht zu verpassen. Hier ist der Name Programm, denn unzählige Ameisenhaufen säumen diesen Weg.

Wieder am Forstweg gehen wir rechts. Wenn sich der Wald erneut öffnet, erfreuen wir uns beim Sportplatz an dem 8 **Baar-Blick** (853 m). Bald gelangen wir wieder zum Hardtschachen und wandern nach rechts. Ab hier ist der Rückweg zum Ausgangspunkt bekannt. Die Glocken des Rötenbacher Kirchturms begrüßen uns zur Rückkehr. Im Traditionsgasthaus 9 **Zu's Bierhanse** (seit 1798 in Familienbesitz) oder im 10 **Rötenbacher Dorfladen** können wir unsere Wanderung entspannt ausklingen lassen.

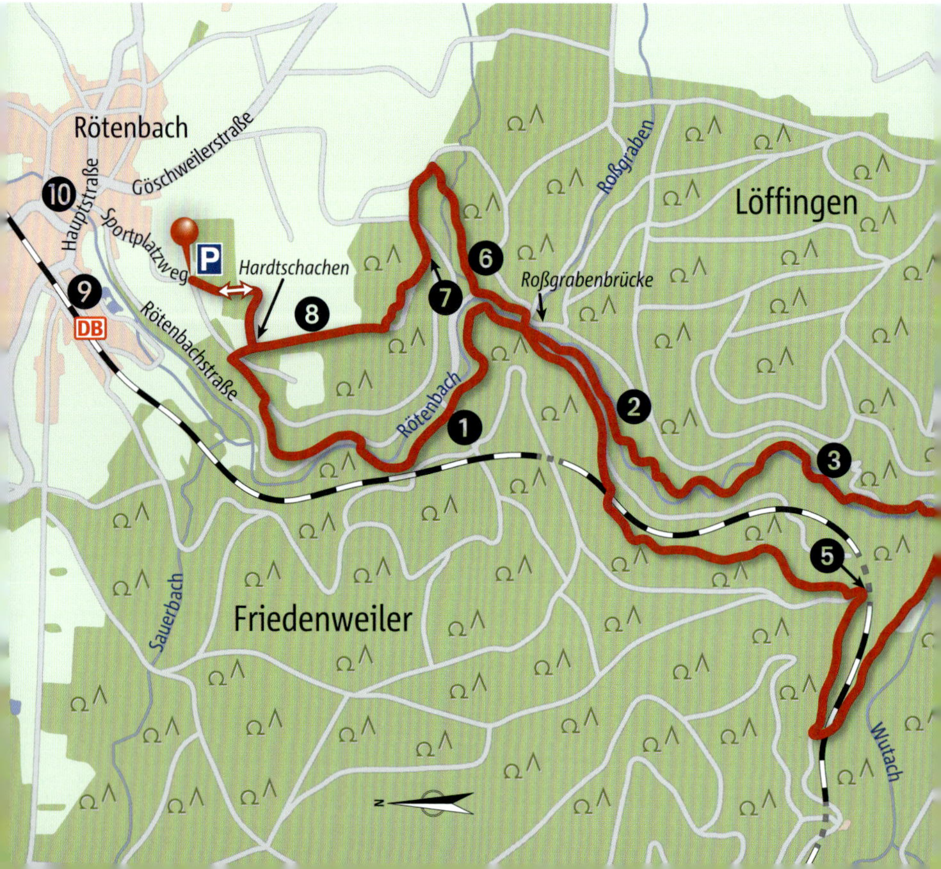

ALLES AUF EINEN BLICK

Entspannung ●●●●○
Abenteuer ●●●●●
Vielfalt ●●●●●

WIE & WANN

Trittsicherheit und Schwindelfreiheit erforderlich, nicht bei Schneeresten und Unwetter begehen; beste Wanderzeit Mai bis Oktober

HIN & WEG

Auto: Parkplatz am Sportplatzweg, 79877 Friedenweiler
(GPS: 47.888870, 8.291686)
ÖPNV: Bahn- und Busverbindungen

ESSEN & ENTSPANNEN

9 **Zu's Bierhanse,** Ellenbergweg 3 (beim Bahnhof), 79877 Friedenweiler-Rötenbach, Tel. (0 76 54) 16 19
10 **Rötenbacher Dorfladen,** Friedenweilerstraße 2, 79877 Friedenweiler-Rötenbach, Tel. (0 76 54) 8 05 90 82, www.dorfladen-rötenbach.de

ENTDECKEN & ERLEBEN

1 **Talwiesenhütte**
2 **Rötenbachschluchthütte**
3 **Rötenbachwasserfall**
4 **Rötenbachmündung**
5 **Hörnle**
6 **Krebsgraben**
7 **Picknickplatz**
8 **Baar-Blick**

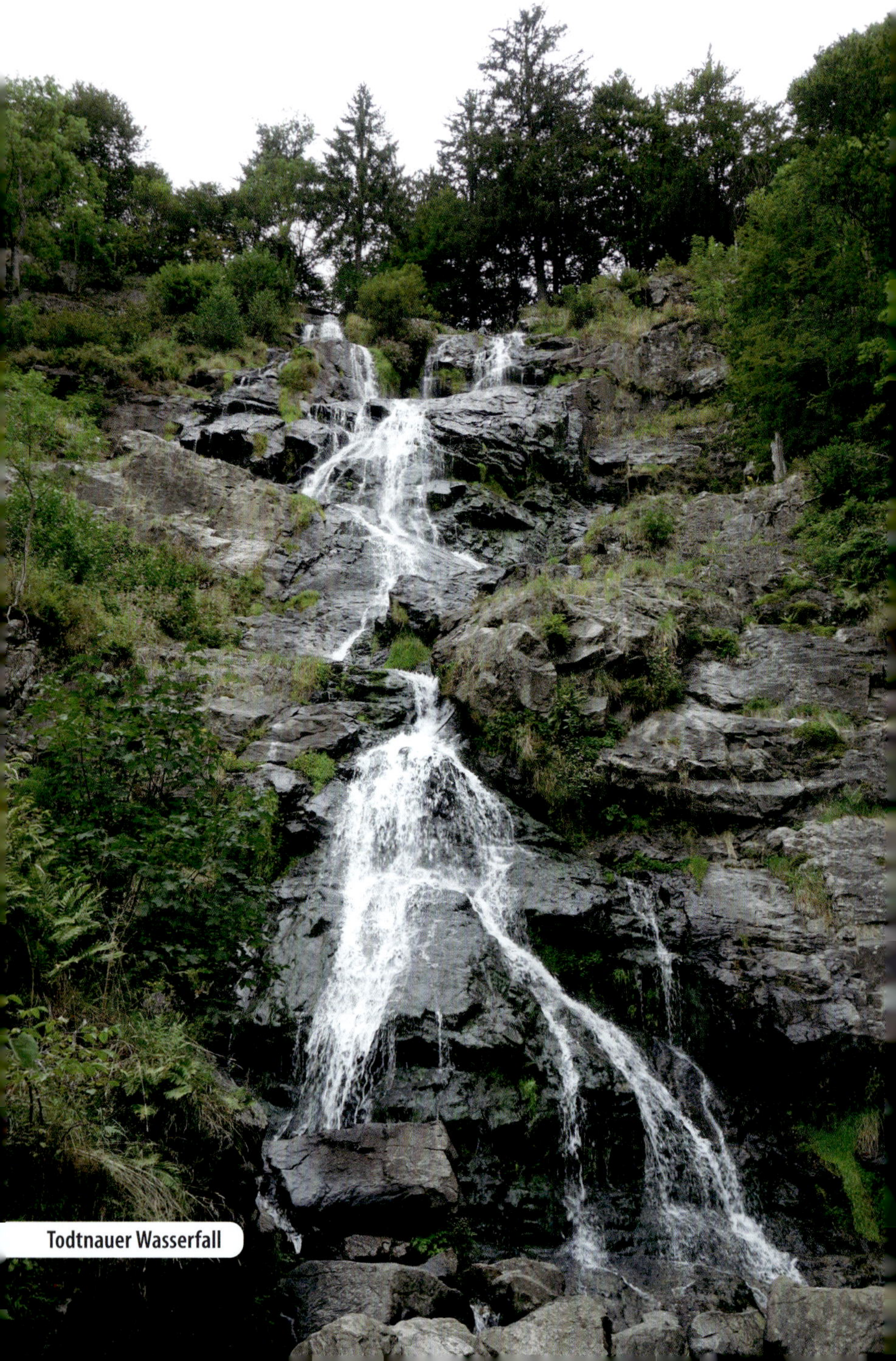

Todtnauer Wasserfall

Wilde Sturzfluten

Der Todtnauer Wasserfall

Wir beginnen unsere Wanderung an der Landstraße L 126, die von Todtnau zum Notschrei hinaufführt. Kurz vor der zweiten Spitzkehre erreichen wir einen großen Wanderparkplatz auf 810 Metern Höhe. Wer mit dem Bus anreist, beginnt diese Wanderrunde am besten in Todtnau oder aber an der Bushaltestelle beim Abzweig Aftersteg an der ersten Spitzkehre.

Wir wandern los zum **Eingang des Wasserfalls.** Dort treffen wir auf den ❶ **Kiosk,** bei dem man allerlei Schwarzwald-Krimskrams kaufen kann und der mit Speisen und Getränken aufwartet. An der Abschrankung ist ein kleines Kästchen befestigt mit der Bitte um eine Eintrittsgebühr. Wir bezahlen gerne die geringe Summe, die für die Instandhaltung der Wege verwendet wird. Gleich sehen wir rechtsseitig das markante Hasenhorn aufragen. Der feinkörnige Schotterweg, der leicht ansteigt, bringt uns in Richtung des Wasserfalls. Bald schon vernehmen wir das wilde Rauschen des Stübenbächles aus dem Talgrund. Wenig später erblicken wir bereits den ❷ **Todtnauer Wasserfall** (859 m). Gigantisch, wie hier das Wasser über die Felsklippen zu Tale stürzt, und faszinierend aus der Vogelperspektive von der ❸ **BLACKFORESTLINE Hängebrücke.** Der Genießerpfad „Wasserfallsteig" trifft hinzu, und wir folgen ihm und der blauen Raute die unzähligen Stufen hinauf. Mehrere Himmelsliegen laden uns zum Verweilen ein und bescheren ganz neue Perspektiven auf den Wasserfall. Beeindruckt von der Naturgewalt des Wassers steigen wir die Steinstufen hi-

*Die **BLACKFORESTLINE Hängebrücke** ist 450 Meter lang und bis zu 120 Meter hoch. Seit 2023 zählt sie zu den Attraktionen im Südschwarzwald.*

Kilometer: 11,4
Höhenmeter: 460
Stunden: 4
RUNDWEG

Todtnauberg

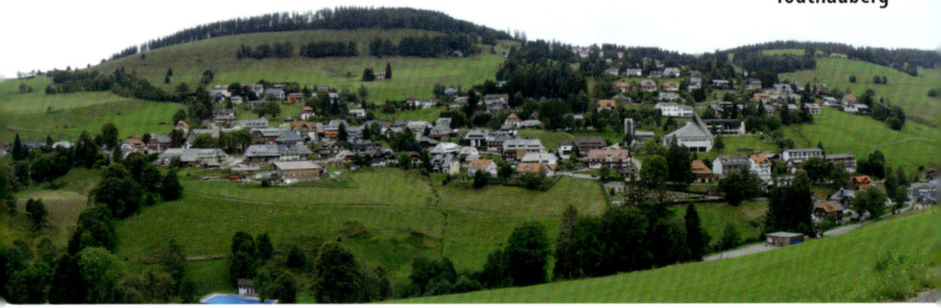

nauf. Wie klein wir doch im Vergleich zu diesem mächtigen Wasserfall erscheinen. Mit jeder neu erklommenen Stufe gewinnen wir nun rasch an Höhe. Wow, was für ein Tiefblick! Permanent leitet der Pfad weiter hoch, und ein Metallgeländer sichert vorbildlich vor den Tiefen des Abgrundes. Fast oben führt ein Brückle direkt über den Wasserfall. Wahnsinn! Schwindelerregend! Hier genießen wir einige Minuten den Ausblick von oben auf den Wasserfall sowie auf das Umland. Dann führt unser Weg weiter hinauf, wo ein weiterer, kleinerer Wasserfall wartet. Mittels einer Holzbrücke queren wir das Stübenbächle und steigen weiter in die Höhe. Immer die Genießerpfadmarkierung im Visier passieren wir noch ein paar weitere kleine Kaskaden.

Neben uns gluckst und sprudelt der Wildbach. Einfach toll, wie hier die Natur im Einklang ist. Oben angekommen erreichen wir den Höhenluftkurort **Todtnauberg** auf 1019 Metern. Dort folgen wir dem Schwimmbadweg neben dem Stübenbächle und gelangen bald zum ❹ **Berger Bad,** Deutschlands höchstgelegenem Freibad. Wer will, kann hier eine kurze Rast einlegen. Der **Schwimmbadkiosk** ist von außen zugänglich. Im weiteren Verlauf führt uns ein Schotterweg in einigen Kehren hinauf zum ❺ **Gasthof Sternen.** Wir wandern jetzt mit der gelben Raute nach rechts zur Kreuzmattstraße. Hier könnte man eine Glasbläserei besichtigen, wir aber schlendern gemächlich durch den

*„Pack die Badehose ein …", dieser Aufforderung schließen wir uns gerne an, wenn es zum höchst gelegenen **Freibad** Deutschlands geht. Im Höhenluftkurort Todtnauberg wartet im Sommer ein niedliches und hübsch nostalgisch anmutendes Schwimmbad auf uns – einfach nur schön.*

ruhig gelegenen Ort. Diese außergewöhnliche Stille erweckt in uns fast den Eindruck, dass hier die Zeit stehen geblieben ist. Im leichten Abwärtsmarsch gehen wir an den teils blumengeschmückten Häusern vorbei und biegen kurz nach dem Bach rechts ab zur **Ennerbachstraße.** Nach dem Haus Schöneck gehen wir rechts und verlassen bald den heimeligen Ort.

Für die Seele

Auf dem Weg hinauf zum Höhenluftkurort Todtnauberg hören wir den rauschenden Klang des Wassers und atmen tief durch.

Ein breiter Wanderweg führt uns weiter bergwärts und quert einen Skihang. Von hier aus haben wir einen guten Blick auf die Häuser von Todtnauberg. Den Linksabzweig lassen wir unberücksichtigt und sind bald von Bäumen umgeben. In einer Kehre gehen wir nach links und befinden uns zunächst noch im Wald. Der weitere Anstieg bringt uns erneut zum Skihang. Bei der Aussicht wird uns klar: Diese Anstrengung hat sich wieder einmal gelohnt. Todtnauberg liegt zu unseren Füßen, und die bewaldeten Berge ringsherum grüßen zu uns herüber. Nach einiger Zeit des Verweilens steigen wir im Wald noch ein Stückchen weiter aufwärts und erreichen wenig später die Freifläche 6 **Berger Höhe** (1120 m). Von hier aus wandern wir

BLACKFORESTLINE Hängebrücke

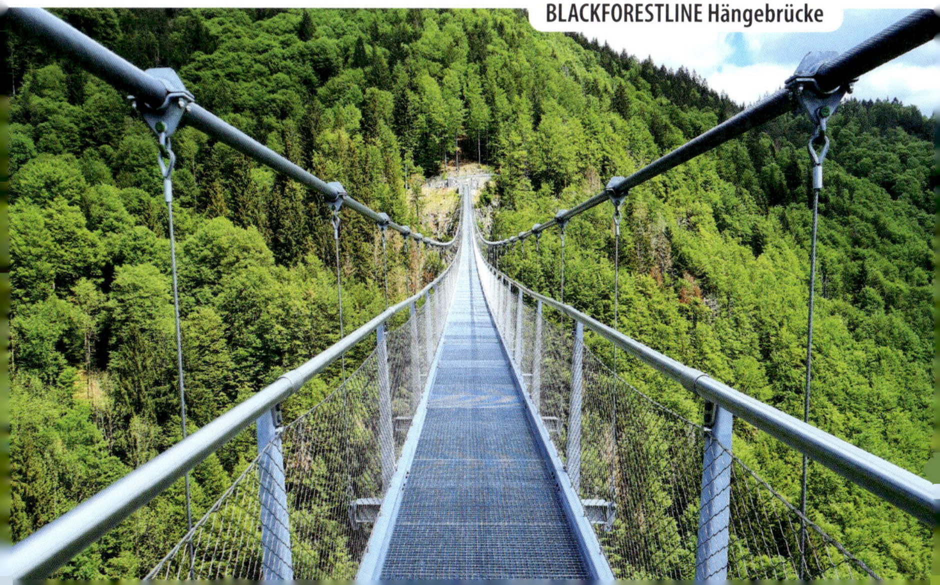

rechts und folgen der blauen Raute wieder in den Wald. Der breite Wanderweg schlängelt sich hinab zum **Spechtsboden.** Hier wenden wir uns dem zweiten Rechtsabzweig zu und folgen weiter der blauen Raute. Wandern in friedlicher Stille ist jetzt angesagt. Umgeben von Wald, Farnen, unzähligen Wildpflanzen, vereinzelten Pilzen und Heidelbeerbüschen können wir beim Wandern ein pures Waldbaden genießen.

Der breite Weg führt uns talwärts, die Abzweige lassen wir unberücksichtigt. Mühelos durchstreifen wir den Mischwald und gelangen so zum Wegetreff **Großer Rank.** Hier kreuzen wir einen Forstweg und wandern halb rechts hinab. Durch den lichten Wald blicken wir immer wieder tief ins Wiesental. Während des Abstiegs achten wir auf den Linksabzweig und wenden uns kurz darauf wieder nach rechts zu einem wunderschönen Waldpfad. Die wildromantische Wegspur lenkt uns durch den Wald, dessen Boden mit moosgrünen Steinen bedeckt ist. Ab dem Buchenwald wird das Gelände etwas felsiger und schroffer. Die Häuser von Todtnau kommen in unser Sichtfeld. Von einer exponierten Felsnase (866 Meter) genießen wir den Blick auf die Stadt und passieren wenig später eine kleine „hölzerne Hütte“. Nach ein paar Minuten achten wir bewusst auf den Linksabzweig, durchqueren dann eine Waldschneise

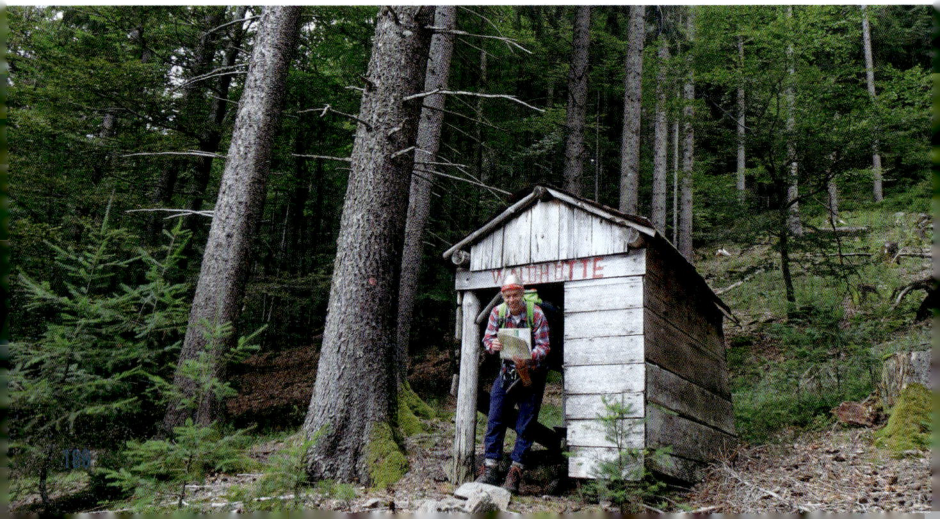

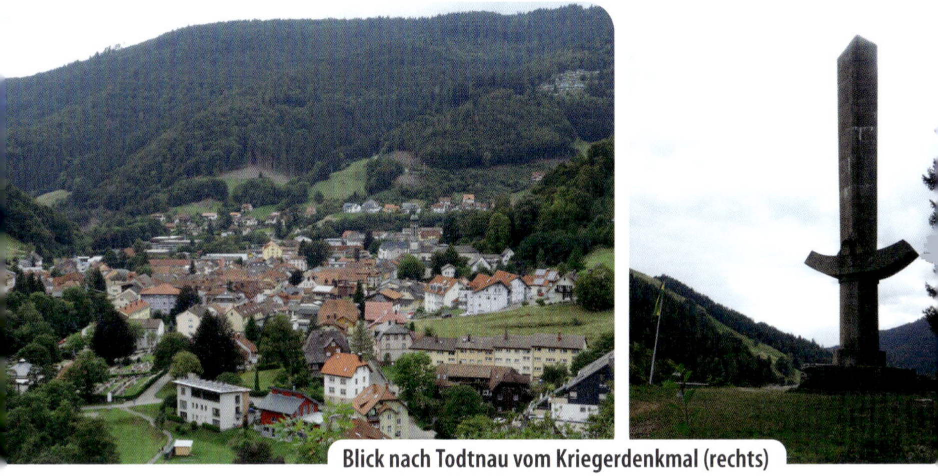

Blick nach Todtnau vom Kriegerdenkmal (rechts)

und schreiten im Zickzack talwärts. Vor dem Brandbachtal biegen wir noch vor einem Forstweg links ab. Beim Bergpfad passieren wir einen Kletterfelsen. Im weiteren Abwärtsmarsch erreichen wir das 7 **Todtnauer Kriegerdenkmal** mit seinem markanten Schwert. Wiederholt blicken wir hinab auf Todtnau und genießen für einige Zeit den herrlichen Ausblick.

Wir wenden uns links dem Forstweg zu und setzen unsere Tour fort. An der Weggabel bleiben wir auf dem unteren Weg und gelangen nach gut 5 Minuten zu einem „herzigen Platz". Hier hängen mehrere Holzherzen mit frommen Sprüchen in schöner Aussichtslage. Wir nehmen uns die Zeit und lesen in aller Ruhe die Lebensweisheiten, die hier liebevoll verewigt wurden. Weiter folgen wir dem Wegverlauf, bis wir an einer linksseitigen Sitzbank eine kurze Rast einlegen. Von hier aus haben wir einen guten Blick auf die Sommerrodelbahn, den sogenannten Coaster, am gegenüberliegenden Hasenhorn. Selbst die Todtnauer Kirchenglocken dringen bis zu uns herauf – das erweckt plötzlich in uns das Gefühl von Heimkommen. Als wir wieder unseren Weg aufnehmen, umwandern wir den kleinen Taleinschnitt des friedlich dahinplätschernden 8 **Brandbachs** und passieren den lustig bemalten Bauwagen des hiesigen Waldkindergartens. Etwa auf der Höhe der im Tal liegenden Kirche bleiben wir auf dem linken Weg und gelangen so zum **Hohweg.** Dort gehen wir halb rechts hinauf und folgen jetzt wieder dem Wasserfallsteig. Mächtige Buchen und Felsen säumen unseren Weg. Wir folgen der Markierung zum Wasserfall, der mit jedem Wanderschritt besser zu hören ist. Der Weg bringt uns noch einmal durch den Mischwald, bis wir dann wieder auf den Todtnauer Wasserfall treffen. Ab hier ist der Rückweg zum Parkplatz bekannt. Ein letztes Mal genießen wir das tosende Naturschauspiel und beenden dann zufrieden und glücklich unsere Tour.

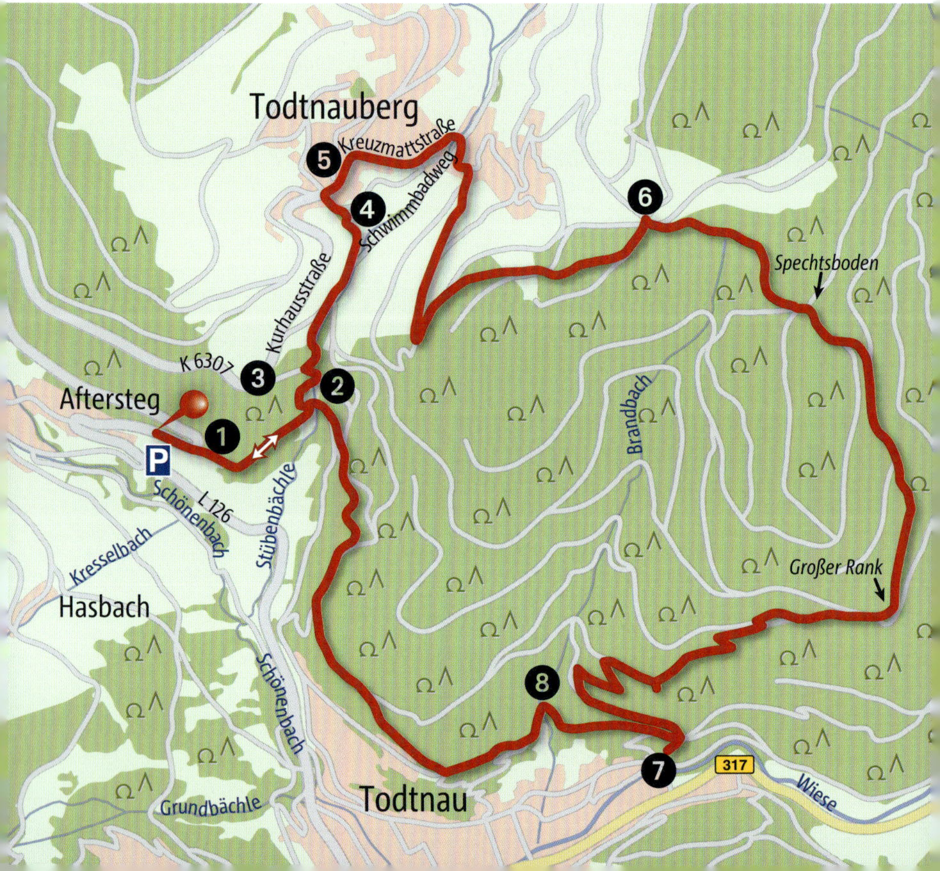

ALLES AUF EINEN BLICK

Entspannung
Abenteuer
Vielfalt

WIE & WANN

Durchweg gute Wegbeschaffenheit, beim Abstieg sorgfältig auf die Markierung achten; beste Wanderzeit Mai bis Oktober

HIN & WEG

Auto: Parkplatz, L 126, 79674 Todtnau (GPS: 47.842666, 7.932080)
ÖPNV: Bushaltestelle an der Straßenkehrwende oberhalb von Aftersteg

ESSEN & ENTSPANNEN

1. **Kiosk am Eingang des Wasserfalls,** L 126, 79674 Todtnau
4. **Birkles Berger Bad Bistro,** Schwimmbadweg 15, 79674 Todtnauberg, Tel. (01 74) 9 23 34 46, www.birkles-berger-bad-bistro.de
5. **Gasthof Sternen,** Kurhausstraße 1, 79674 Todtnauberg, Tel. (0 76 71) 9 92 59 60, www.todtnauberg-sternen.de

ENTDECKEN & ERLEBEN

2. **Todtnauer Wasserfall**
3. **BLACKFORESTLINE Hängebrücke,** Außer Ort 38, 79674 Todtnau, Tel. (0 76 71) 2 51 97 90, www.blackforestline.de
4. **Berger Bad,** siehe ESSEN & ENTSPANNEN
6. **Berger Höhe**
7. **Todtnauer Kriegerdenkmal**
8. **Brandbach**

Die GPS-Daten zu jeder Tour gibt es auf
www.droste-verlag.de

Auf dem YouTube-Kanal „Wanderkult mit Martin Kuhnle“ gibt es zahlreiche Clips zu weiteren Seelenwanderungen.

2., aktualisierte Auflage 2024
Konzeption/Satz: Droste Verlag, Düsseldorf
Einbandgestaltung: Britta Rungwerth, Düsseldorf, unter Verwendung von Bildern von © fotolia.com: Andrey Kuzmin; undrey; daboost; niroworld; © stock.adobe.com: MollyP
Fotos: Heidi Maria und Martin Kuhnle, außer:
S. 1: Tourist-Information Höchenschwand; S. 17: Hochschwarzwald Tourismus GmbH; S. 19: Hochschwarzwald Tourismus GmbH; S. 68: Tourist-Information Höchenschwand; S. 69: Tourist-Information Höchenschwand; S. 75: Klaus Hansen; S. 100: Hochschwarzwald Tourismus GmbH; S. 108/109: Hochschwarzwald Tourismus GmbH; S. 135 oben: Sauschwänzlebahn; S. 144: ITZ Caritas-Haus-Feldberg gGmbH; S. 150: Hochschwarzwald Tourismus GmbH; S. 170/171: Hochschwarzwald Tourismus GmbH ; S. 187: Peter Umstetter/Schwarzwald TV
Karten: Thorsten David, Bochum
Druck und Bindung: LUC GmbH, Greven

FSC www.fsc.org MIX Papier | Fördert gute Waldnutzung FSC® C011279

ISBN 978-3-7700-2594-7
www.droste-verlag.de